Geschichten aus dem Speisewagen

Torsten Körner

Geschichten aus dem Speisewagen

Unterwegs in Deutschland

Scherz

www.fischerverlage.de

Erschienen bei Scherz, einem Verlag der
S. Fischer Verlag GmbH,
Frankfurt am Main
© S. Fischer Verlag GmbH, Frankfurt am Main 2010
Gesamtherstellung: CPI – Ebner & Spiegel, Ulm
Printed in Germany

ISBN 978-3-502-15161-6

Für Stephan

Inhalt

Wie ich mich in den Speisewagen verliebte

Autos sind was für Solisten. Im Flugzeug schweigen Sardinen vor sich hin. In der Bahn jedoch findet man Platz (meistens), Geschichten und Menschen. Natürlich regt man sich über die Bahn gerne mal auf, über Verspätungen, überfüllte Züge, aber das zeigt nur, welche Bedeutung sie hat, welchen Stellenwert sie in unserem Leben einnimmt. Sie ist mehr als ein Verkehrsmittel, sie ist eine Existenzform. Mich hat die Bahn bisweilen aufgeregt, aber das Bahnfahren hat mich fast immer angeregt. Wenn man ehrlich ist, regt man sich ja nicht so sehr über die Bahn auf, sondern über die Menschen, die mit ihr unterwegs sind, ihre Manieren, ihre Eigenarten, ihr Verhalten. Und dieses Unterwegssein mit Fremden habe ich immer als Abenteuer erlebt, als Eintauchen in eine Fremde, die lästig und unbequem sein konnte, aber viel häufiger spannend, abwechslungsreich, interessant und bereichernd.

Ich gebe zu – es ist allerdings viele Jahre her –, dass ich, wenn ich in den Zug einstieg, so lange durch die Wagons wanderte, bis ich mich neben, vor oder hinter ein anziehendes Mädchen setzen konnte. Dann versuchte ich herauszufinden, was sie las, ob sie meine Blicke erwiderte und ob sie Lust auf ein Gespräch hatte. Manches Mal, wenn mir ein Mädchen gegenübersaß, das mir gefiel, fand ich nicht das richtige Wort. Rückblickend würde ich sagen, man denkt viel zu lange über das richtige erste Wort, den richtigen ersten Satz nach. Die Strecke ist wichtig, nicht der Start.

Ich entwarf im Kopf kleine Dialog-Dramen, bei denen sich ein Satz harmonisch in den anderen fügte, komödiantische Satzwechsel, die immer damit endeten, dass man Adressen austauschte, sich unendlich sympathisch fand, sich unsterblich ineinander verliebte und ewige Treue schwor. Meistens kam es anders.

Einmal jedoch waren keine Worte im Spiel. Es war im Winter 1989, die Mauer war gerade gefallen. Ich studierte seit einigen Monaten in Berlin und fuhr – da ich noch keine eigene Wohnung hatte – am Wochenende manches Mal zurück in mein Dorf nach Norddeutschland. Am späten Sonntagnachmittag ging es dann zurück nach Berlin. Der Bahnhof in Ocholt besaß einen Fahrkartenschalter, wo hinter dickem Glas ein Mann in blauer Uniform ruhte, vier Gleise, zwei Bahnsteige, einige altersschwache Bänke und einen Betonwürfel zum Unterstellen. Eine Reihe von riesigen windschiefen Pappeln neigte sich fragwürdig über die Gleise. Damals gab es noch einen durchgehenden Zug, der von Norddeich/Mole bis nach Berlin fuhr, ein Regionalzug, der an fast jeder Milchkanne hielt.

Als ich in Ocholt zustieg, war der Zug überfüllt, viele Reisende standen in den Gängen und hatten aufgegeben, einen Sitzplatz zu suchen. Ich hatte Glück. In einem Abteil für sechs Personen – die Polster waren ockerfarben, braun und orange gestreift – fand ich am Fenster einen freien Sitz. Mir gegenüber saß eine junge Frau, die aber immer noch einige Jahre älter als ich gewesen sein mochte. Sie hatte langes aschblondes Haar, ein schmales Gesicht und war hochgewachsen. Als ich mich ihr gegenübersetzte, lächelte sie. Es brauchte keine Worte. Es war eng im Abteil. Neben ihr saß ein älterer Mann, der mehrere Jacken übereinander trug und keineswegs gewillt war, auch nur eine einzige abzulegen. Er saß wie eine aufgequollene Riesenbohne in seinem Sitz. Neben mir wiederum saß eine fidele Großmutter, die allen Butterkekse anbot und die Bilder ihrer zahlreichen Enkelkinder kreisen ließ. Sie führte derart viel Gepäck mit sich, dass nicht alles oben auf der Gepäckablage Platz gefunden hatte, und so war meine Beinfreiheit durch eine ihrer wulstigen Taschen eingeschränkt. Daher wurden vier Beine, unsere, die sonst sorgsam Distanz gewahrt hätten, geradezu zusammengezwungen. Sie kamen ins Gespräch, Schienbein und Wade, Knöchel und Knöchel, Knie und Unterschenkel. Unsere Beine flossen immer mehr ineinander und das stetige Vibrieren des Zuges tat ein Übriges. Draußen war es jetzt dunkel, fast alle anderen schliefen, selbst der fidelen Großmutter waren irgendwann die Augen zugefallen. Nur in der äußersten, gegenüberliegenden Ecke hatte sich ein Mann hinter seiner Zeitung verschanzt und das Licht über seinem Kopf angeknipst. In dieser schummrig-schläfrigen Höhle achtete niemand auf uns und niemand merkte, wie unsere Beine immer vertraulicher kommunizierten. Wenn der Zug hielt, Bad Zwischenahn, Oldenburg, Hude, Delmenhorst, Bremen, Verden, zogen wir das Fenster herunter, standen auf, stellten uns nebeneinander, und jetzt waren es unsere Arme, die sich berührten. Sobald der Zug anfuhr, sanken wir zurück und wieder fanden sich unsere Beine. So ging es bis Berlin. Wir stiegen aus, kein Wort. Als wir auf dem Vorplatz vom Bahnhof Zoo standen, setzten wir unsere Taschen ab und fingen an, uns zu küssen. Wir küssten uns lange. Schließlich löste sie sich, winkte ein Taxi heran.

»Ich muss dann mal los!«, sagte sie.

»Ich auch! Andere Richtung!«, antwortete ich.

Das mit den Mädchen hat sich im Laufe der Jahre erledigt, obwohl ich nichts dagegen habe, neben einer gut aussehenden Frau zu sitzen. Wichtiger ist mir jedoch dieser angenehme Schwebezustand, in den mich das Bahnreisen immer noch und immer wieder versetzen kann. Man fährt ab und los und löst sich für eine gewisse Zeit von seinen vertrauten Bindungen. Auch wenn ich nur von Berlin nach Hamburg fahre – die Fahrt dauert nicht einmal zwei Stunden –, habe ich das Gefühl, ich reise. Kaum bin ich in Hamburg angekommen, habe ich Lust weiterzufahren. Ich komme gar nicht so gerne an, viel lieber bin ich unterwegs. Ich sitze gerne im rasenden Dazwischen, die Landschaft und mein Leben ziehen wie ein Film an mir vorüber. Das Drinnen und Draußen verbindet sich zu einem Bild, das so lebendig und voller Tiefe ist, dass ich glaube, ich könnte hineinspringen, darin umherwandern und die merkwürdigsten Abenteuer erleben. Ein unerklärliches Heimweh erfasst mich, Heimweh nach der Fremde, eine Sehnsucht, mich an völlig unbekannten Orten einzurichten oder in ein völlig fremdes Leben einzutreten. Ich möchte fremd-gehen, fremd-fahren, nicht in einem engen geschlechtlichen, sondern in einem weiten biographischen Sinne, in die Fremde gehen, mich fremd finden, mich in der Fremde wiederfinden oder gewinnbringend verlieren. Das ist Erotik ohne Sex.

Wir überqueren einen Bahnübergang, Autos warten hinter den heruntergelassenen Schranken, und für einen winzigen Augenblick blickt man in ein vollkommen unbekanntes Gesicht, das einen aber magnetisch anzieht, das lockt, das eifersüchtig macht auf dieses Leben, das ein anderer führt, ganz ohne dich. Und schon ist man weiter, Kilometer um Kilometer, und muss sich damit abfinden, dass man dieses Gesicht niemals wiedersehen wird. Einmal im Leben, ich werde es tun, die Notbremse ziehen, auf freiem Feld aussteigen und dem fremden Gesicht hinterherlaufen und – es natürlich nicht finden. Ich, das ist immer auch ein anderer, der gerade unterwegs ist wie ich, aber nie bei mir ankommt.

Je häufiger ich mit der Bahn fuhr – und mein Beruf als Autor brachte es mit sich, dass ich sehr viel mit der Bahn unterwegs war –, desto mehr fing ich an, den Speisewagen als *meinen* Ort zu betrachten. Sicher, manches Mal war er ein Zufluchts- und Ausweichort, weil man nirgendwo anders mehr Platz fand. Im Speisewagen hingegen war fast immer was frei und der Zwang, etwas konsumieren zu müssen, hielt sich in Grenzen. Mit zwei Bechern Tee oder zwei Flaschen Bier konnte man schon mal vier oder fünf Stunden unbehelligt auf seinem Platz verweilen. Im Gegensatz zum engeren Abteil oder zum Großraumwagen bieten die Panoramafenster des Speisewagens zudem einen kinoartigen Blick auf die Landschaft, das Land selbst bekommt ein Gesicht und man wird auf einmal vertraut mit Gegenden, die gar nicht zu uns gehören, die aber doch Heimat sind oder werden, wenn wir sie durchqueren und im Zeitraffer mit uns verknüpfen. Und während draußen die Landschaft wie ein Film am Reisenden vorüberzieht, bietet sich ihm im Speisewagen ein Schauspiel, denn der Speisewagen ist nichts anderes als eine Bühne, auf der wir uns bewegen, spielen, darstellen und ganz nebenbei auch noch essen. Es gibt Reisende, die sich in einen Winkel setzen, und man sieht es an ihrer Körperhaltung oder an der Art und Weise, wie sie ihre Ich-Utensilien um sich herum verteilen (Tasche, Handy, Zeitung), dass sie ganz für sich und bitte ungestört sein wollen. Die Mehrzahl der Reisenden aber hat nichts gegen ein Gespräch einzuwenden, zumal schon die Anordnung der Sitze im Speisewagen darauf angelegt ist, die Menschen miteinander ins Gespräch zu bringen. An den Zweiertischen muss man geradezu miteinander reden; es ist in diesem kleinen intimen Raum tatsächlich anstrengender, sich anzuschweigen, als ein wenig miteinander zu plaudern.

Was mir im Speisewagen immer wieder gefiel, war die Begegnung von ganz unterschiedlichen Menschen und Biographien. Menschen aus den verschiedensten Gesellschaftsschichten, die sich im Alltag sonst nie begegnen würden, die nie miteinander sprechen würden, weil ihre Leben einfach räumlich nicht aneinander stoßen, kommen ins Gespräch, obwohl und gerade weil sie so unterschiedlich sind. Die Münchner, sagt man, haben ihre Biergärten, in denen soziale Gegensätze ausgeglichen werden, die Kölner finden in ihren Brauhäusern zusammen, und das Land hat den Speisewagen, vielleicht einen der letzten Orte, wo sich Arbeitslose und Manager zuprosten. Der Speisewagen ist eine Art Restaurant, ein Bistro, er ist aber auch eine Kontaktbörse, ein Flirt-Pool, ein rasender Stammtisch, ein Landschaftskino, mitunter ein Beichtstuhl, ein mentales Entlastungsstübchen, ein Halt im Haltlosen. Draußen fließt die Landschaft vorbei und selbst Menschen, die gegen poetische Schwingungen ganz unempfindlich sind, geraten mitunter in nachdenklichere Stimmungen. Im Speisewagen schüttet mancher sein Herz einem Fremden aus, obwohl er zu Hause als maulfaul und verschlossen gilt. Man spricht zum großen Nimmerwiedersehen, man labt sich am Fremdsein des Gegenübers. Der Fremde hört zu, nickt wohltuend und steigt nach zwei Stunden Gespräch aus. Er verliert sich in einer fremden Stadt, einem unbekannten Leben und Wirkungskreis. Und er trägt von da an ein Stück von mir in die Fremde.

Vor vielen Jahren fuhr ich einmal mit der Bahn nach Italien, die Fahrt ging über München. Ich war am frühen Abend in den Zug gestiegen und freute mich auf die bis dahin längste Bahnfahrt meines Lebens. Ich ging in den Speisewagen, um ein Bier zu trinken. Am Nebentisch saß ein Mann, der augenscheinlich schon betrunken war. Gerade als ich mich gesetzt hatte, stand ein Mann auf, der bis dahin mit dem Betrunkenen am

Tisch gesessen hatte. Ob die Männer bereits sehr lange oder erst seit kurzer Zeit zusammengesessen hatten, war für mich nicht auszumachen. Der Betrunkene starrte dem Mann, der so abrupt aufgesprungen war, nach und rief ihm hinterher »Und Ihre Frau wird Sie auch betrügen, da können Sie Gift drauf nehmen!« Der Steward – früher nur »Kellner« genannt – kam und bat den Mann, sich zu mäßigen. Der Betrunkene bestellte noch ein Bier. Er sackte jetzt in sich zusammen und ich hatte Gelegenheit, ihn ungestört zu betrachten. Er war etwa fünfzig Jahre alt, hatte dichte schwarze Haare und trug einen dunklen Anzug. Auf den Knien lag eine schwarze Aktentasche, deren Leder schon recht abgeschabt war. Der Mann wirkte gepflegt, aber insgesamt ebenfalls etwas abgetragen, abgelebt. Die Haut war dünn und fahl. Das Gesicht war schmal und die Schultern hingen schlaff nach vorn. Er sah aus wie eine vielfach gestempelte, hin und her und in die Irre geschickte, stark ausgeblichene Briefmarke. Er knetete seine Hände ohne Unterlass, so als ob er sie waschen würde. Dann fummelte er an seinem Ehering herum. Er zog ihn ab und dann gleich wieder an. Das ging eine ganze Weile so. Schließlich streifte er den Ring endgültig ab, ließ ihn liegen, rief »Stimmt so!«, erhob sich und torkelte davon. Der Steward kam, schüttelte den Kopf und fragte die anderen Gäste, wohin der Betrunkene gegangen sei. Den Rest der Geschichte kenne ich nicht, der Mann blieb für mich verschwunden, und ich weiß nicht mehr, ob ich noch sitzen blieb, mich in den Gang stellte und rauchte (das ging damals noch) oder ob ich versuchte, zu schlafen.

Nun kann man im Speisewagen aber nicht nur jemanden kennenlernen, miteinander sprechen oder essen, nein, man kann sich hier – in Gesellschaft – auch viel besser einsam, isoliert, ausgestoßen oder verlassen fühlen. Wer unter Liebeskummer leidet, an Heim- oder Fernweh, wer an seinem Leben, so wie es ist, zweifelt und an sich selbst Anstoß nimmt, findet im Speisewagen Linderung durch ein Vollbad an Melancholie. Ich trinke tagsüber in der Regel keinen Alkohol, aber im Speisewagen mache ich davon gelegentlich eine Ausnahme, denn es genügt schon ein Glas, um den Rausch des Unterwegs- und Verlorenseins zu verstärken. Und wenn man ohnehin angeschlagen ist – Gibt es mich eigentlich noch? Was will ich? Wer liebt mich? Wohin geht meine Reise? Ist wenigstens die Katze treu? –, verbinden sich der Flatterblick auf die Landschaft, die schaukelnde Geschwindigkeit, der Schwebezustand des Reisens und die kleine Dosis Alkohol zu einem grandiosen existentiellen Schwindel, der einem auf eine äußerst angenehme Art und Weise den Boden unter den Füßen wegzieht.

Ich erinnere mich an eine Frau, die im Speisewagen allein an ihrem Tisch saß, eine Flasche Bier stand vor ihr, eine Schachtel Zigaretten lag daneben. Aber sie trank und rauchte nicht. Sie hatte den Kopf an die Scheibe gelehnt und weinte. Schnee deckte die Landschaft zu, es war kurz vor Weihnachten. Obwohl der Speisewagen sehr voll war, setzte sich niemand zu ihr, dabei war ihr Weinen keineswegs auffällig. Sie schluchzte nicht, sie schüttelte sich nicht, gab keinen Laut. Saß ganz still, fast entspannt. Nur die Tränen liefen. Selbst der Steward hielt sich zurück, sie anzusprechen. Irgendwann stand sie auf, ließ ein Fünfmarkstück auf dem Tisch liegen. Die Flasche Bier war noch voll.

Die offizielle Bezeichnung für Mitarbeiter in der Bordgastronomie ist übrigens »Restaurant-Steward«. Dabei wird im offiziellen Sprachgebrauch – etwa in Stellenausschreibungen der Bahn – nicht zwischen »Steward« und »Stewardess« unterschieden. Um jedoch der Alltagssprache näher zu sein – kein Gast im Speisewagen würde »Steward, zahlen bitte!« rufen – und um aufdringliche Assoziationen an Flugreisen (»Stewardess«) zu vermeiden, werden in diesem Buch wahlweise auch angestammte Begriffe wie »Kellner« oder »Kellnerin« verwendet, ohne damit irgendeine Wertung vorzunehmen. Allerdings trifft auch das Wort »Kellner« das Wesen der »Mitarbeiter in der Bordgastronomie« nicht ganz, denn es teilt nichts von Bewegung und Reise mit. In unserem Vorstellungsraum gehört der Kellner zu einem bestimmten Ort und Lokal, in der Bahn jedoch ist er oder sie im Unterwegs zu Haus und bedient auf der Strecke.

Ich habe mich schon als Schüler und Student immer in den Speisewagen gesetzt, vorausgesetzt, ich hatte Geld und ein Platz war frei. Er hat mich selten enttäuscht, er war Flucht- und Fundort, er war Zeitmaschine und Geduldsspiel, Museum verflogener Hoffnungen, Labor für kommende Träume und biographische Bastelwerkstatt. Wenn ich auf all diese Fahrten und Erlebnisse heute zurückblicke, ärgere ich mich, dass ich sie nicht festgehalten habe, all die Menschen, die ich traf, die Geschichten, die man sich anhörte oder sah, die Stimmungen oder Atmosphären, die sich breitmachten und den Speisewagen beherrschten. Geschichten aus dem Alltag und die Geschichte des Alltags. Wie viele Romane, wie viele Kultur- und Gefühlsgeschichten habe ich verpasst, welche Geheimnisse versäumt? Was für Einsichten und Ausblicke habe ich fahrlässig verschenkt? Jeder Mensch lebt viele Romane! Geblieben sind mir Fragmente, Impressionen, einige Gesichter, ein paar Fetzen Biographie.

Lässt sich das rückgängig machen? Wohl kaum! Aber vielleicht kann man es noch einmal anfangen, anders beginnen und all die Geschichten bergen, die sich sonst im Schienenmeer verlieren würden. Ich habe mir eine Netzkarte gekauft, mit der ich ein Jahr lang in jeden Zug steigen und jederzeit innerhalb Deutschlands losfahren kann. Ich will gar nicht wissen, wo ich ankomme, ich werde die Fahrpläne nicht studieren, sondern die Begegnungen. Ich werde mich in den Speisewagen setzen und alles probieren. Speisen, Gespräche, Menschen, Blicke, Worte, Bilder, Energien, Zeichen jedweder Art, Geschwindigkeiten, ich werde mich einmischen, zuhören, belauschen, beobachten. Ich schreibe das auf.

Und lege mein Ohr auf das Gleis der Geschichten und fahre jetzt jeden Tag fremd. Einsteigen, bitte!

Jagdfieber

»Ich muss Sie jetzt leider verjagen!« Das ist also der erste Satz, mit dem man mich empfängt! Ein zu Herzen gehender, erfrischender Auftakt. So sollte jede Reise beginnen. »Ich muss Sie jetzt leider verjagen! Das sind unsere Plätze!« Sie hat es noch einmal gesagt, und wie zur Bekräftigung baut sich jetzt eine halbe Hockey-Mannschaft pubertierender Jungen hinter ihr auf. Sie ist eine hochgewachsene, gut aussehende blonde Frau, Typ Hamburger Kaufmannsgattin, die weiß, was sie für ihr Geld erwarten darf. Sie hat jetzt einen ganz strengen Zug um den Mund, als hätte ich ihre Handtasche stehlen wollen.

»Verjagen müssen Sie mich nicht, es reicht, wenn Sie mich bitten!«, antworte ich und stehe auf. Wir befinden uns in der 1. Klasse im Großraumwagen des ICE von Berlin nach Hamburg. Die Platzreservierungen wurden nicht ausgewiesen. Es ist ein Irrtum zu glauben, in der 1. Klasse ginge man zivilisierter miteinander um. Dabei hatte die Fahrt gut begonnen.

Auf dem Bahnsteig hatte ich Henning getroffen, einen jungen Mann, der vor fünfzehn Jahren in einem Tutorium gesessen hat, das ich geleitet hatte. In dieser kleinen Arbeitsgruppe wiesen wir älteren Studenten die jüngeren Semester in das Thema »Experimentelle Literatur« ein und erarbeiteten mit ihnen gemeinsam Referate. Der Professor des Seminars war ein kleiner, untersetzter Mann mit eisgrauem Bart, der, wenn die Studenten zu lange nichts sagten, seine Tasche auf das Pult schmetterte und ausrief: »Wenn Sie schweigen, kann ich das auch!« Dann ging er.

Henning war erstaunt, dass ich seinen Namen noch wusste. Ich staunte auch, aber Henning war ein angenehmer Mensch, keiner, den man vergessen musste. Er war inzwischen verheiratet, arbeitete als Buchhändler in einem Berlin Kulturkaufhaus und spielte in seiner Freizeit in einer Heavy-Metal-Band. Er lud mich zu einem seiner Konzerte ein. Wir verabschiedeten uns herzlich.

Ich habe mich inzwischen eingerichtet, die Hockeymannschaft auch, ihre Kellen liegen im Gepäckfach. Einige spielen Karten, einer sieht auf einem Laptop einen Spielfilm, einer liest, ein anderer schreibt SMS, einer zerbeißt krachend Chips. Von meinem Platz aus kann ich in den Vorraum des Großraumwagens sehen, dort, wo die Toiletten sind und die Werbeplakate hängen. Vor den Abteilen der 1. Klasse hängen Werbeplakate für Mittel gegen Harnbeschwerden. Gibt es da einen Zusammenhang? Leiden einkommensstarke Führungskräfte eher an Prostata-Beschwerden? Werden überhaupt unterschiedliche Plakate vor der 1. und 2. Klasse geklebt? Das Plakat zeigt einen drahtigen Mittfünfziger, der unwiderstehlich lächelt. »Auch unterwegs weniger Müssen müssen!« Toll! Da hat aber ein Werbetexter schelmisch um die Ecke gedacht. Weniger Müssen müssen! Das wollen wir ja eigentlich alle, ob wir es jetzt an der Blase haben oder nicht.

Ich gehe in den Speisewagen. Besteck klappert. Es ist halb drei. Der Speisewagen ist gut gefüllt. Einige Reisende haben dicke Bücher vor sich auf den Tisch gelegt, versunken in phantastische Reiche. Einer löffelt Suppe, einer hat Kopfhörer im Ohr. Ich setze mich an einen Zweiertisch, an dem ein Mann sitzt, Mitte vierzig. Dunkle längere Haare. Dunkler Teint, braune Augen, schmale lange Finger. Wir grüßen uns kurz, er nickt einladend. Mein Blick fällt auf ein anderes Werbeplakat am Eingang zum Speisewagen. Da wird für einen Elektrorasierer von Braun geworben. »Sieger erkennt man an ihrer Ausstrahlung!« Dazu das amtliche Siegel in Rot »Testsieger (1,6)«. Ich rasiere mich nass, fahre mit der Hand über mein Kinn und frage mich, was ich ausstrahle. Ob sich mein Nachbar elektrisch rasiert? Vielleicht ist es wirklich so einfach im Leben? Sieger elektrisch, Verlierer nass! Mein Gegenüber liest, sporadisch, es sieht so aus, als ob er die Sätze wie eine Medizin zu sich nimmt, immer nur kleine Dosen, zwei, drei Sätze, mehr nicht. Dann schaut er wieder auf und sieht zum Fenster hinaus. Das Buch stammt von einem Autor namens Suzuki, es heißt »Die große Befreiung« und ist, so verkündet es zumindest der Untertitel, eine Einführung in den Zen-Buddhismus. Wovon will sich der Mann befreien? Aber bevor ich den Mann etwas fragen kann, schließt er die Augen und lehnt seinen Kopf an die Scheibe. Zuvor hat er sich türkisfarbene Stöpsel in die Ohren gesteckt und dann einen ebenfalls türkisfarbenen Schal über den Kopf gelegt und wie ein Kissen zwischen sich und die Scheibe geschoben. Wie lange wird diese fragile Konstruktion halten?

Die Landschaft draußen ist winterlich kahl. Die Bäume sehen verdrossen aus, eine dünne Schneeschicht liegt über den Feldern. Wohin man auch blickt, überall Hochsitze. Deutschland scheint ein Volk von Jägern zu sein, Stillsitzer und Auflauernde überall. Es gibt gedrungene Hochsitze, Ein- oder Zweisitzer, es gibt hohe schmale Hochsitze, solche, die allein stehen, andere lehnen sich an einen Baum, manchmal stehen sich zwei auf einem Feld gegenüber. Manche sind nach vorne offen, andere sind zu allen Seiten geschlossen, offenbar gibt es eine Tür. Man kann die Hochsitze, an denen man vorbeirast, kaum zählen. Jetzt sehe ich sogar einen mobilen Hochsitz auf Anhänger mit vier Rädern. Nur ab und zu entdeckt man ein stilles Reh, das vor der Übermacht der Hochsitze kapituliert und sich in sein Schicksal ergibt. Da, ein Fuchs! Er läuft über ein Feld mit tiefen Ackerfurchen, rauf und runter geht es, er sieht aus wie ein Ruderboot in schwerer See. Auf keinem der Hochsitze ist ein Mensch zu sehen. Nur vor einem umgestürzten Hochsitz steht ein Mann mit seinem Hund, die Hände auf den Rücken gelegt und betrachtet den Schaden. Alles da draußen ist grau, braun, fleckig weiß. Wohltuend gelb leuchtet ausnahmsweise ein Hinweisschild, es gibt hier offenbar in der Nähe einen Ort, der heißt »Kummer«.

Der Mann mir gegenüber schlägt jetzt wieder die Augen auf, lange hat er diese Position nicht beibehalten können. Er trinkt grünen Tee.

»Können Sie den Tee empfehlen?«

»Ja«, erwidert er, »der schmeckt wirklich angenehm!«

»Entschuldigen Sie meine Neugier, sind Sie Musiker?«

Er ist verblüfft, ich verschweige, dass ich ein Notenblatt gesehen habe, das aus seiner Tasche geragt war.

»Ja, wie kommen Sie darauf?«

»Ich weiß nicht genau, Sie tragen so einen Musikerschal« – er sieht seinen Schal verwundert an –, »und die Farben Ihrer Ohrstöpsel sind die gleichen wie die Ihres Schals. Außerdem lesen Sie ein Buch über Zen-Philosophie. Sie sind auf Harmonien aus, oder?«

»Ich bin Pianist!«

»Und was für Musik spielen Sie so?«

»Ich bin klassisch ausgebildeter Pianist! Ich unterrichte in Berlin und pendle zwischen Hamburg und Berlin. Und was machen Sie?«

»Ich bin Journalist. Zurzeit schreibe ich am liebsten in der Bahn, da kann ich mich am besten konzentrieren. Klingt komisch, oder!«

Das scheint ihn jedoch kein bisschen zu verblüffen.

»Nein, gar nicht. Ich saß mal im Flugzeug neben Wim Wenders, der mir erzählte, er könne am besten im Flugzeug arbeiten und die meisten Drehbücher hätte er während langer Flugreisen geschrieben.«

»Vielleicht sind seine Filme im Lauf der Zeit deshalb so langatmig geworden!«

Er geht auf den Witz nicht ein. Vielleicht schätzt er gerade die meditativen Filme des Regisseurs Wim Wenders?

Uns bleibt nicht mehr viel Zeit. Wir fahren schon durch Hamburg-Billbrook. Gleich kommen wir am Hauptbahnhof an. Jetzt hätte ich wegen der lebhaften Unterhaltung fast die Zeche geprellt, der Steward zupft mich am Ärmel.

Der Winter hat sich eingerichtet. Dauerfrost. Schneegestöber. Ich bin auf dem Weg nach Köln. Sitze in der 1. Klasse im Großraumwagen. Früher hatte ich immer gedacht, die 1. Klasse sei etwas für Genuss-Reisende, sie stünde für Behaglichkeit, Komfort, entspanntes und ausgeruhtes Reisen, für lange Strecken und Urlaubsbeginn. Mittlerweile habe ich einen anderen Eindruck gewonnen. Zumindest tagsüber ist die 1. Klasse ein mobiles Büro für alle möglichen Geschäftsleute, die hier telefonieren, Termine verabreden, Konflikte schlichten, Konzepte entwerfen, Gutachten erstellen, Mitarbeiter delegieren, Akten ordern, Treffen nacharbeiten, Chancen sondieren. Man ist kaum sicher vor dieser geschäftig lautstarken Betriebsamkeit. Zu dieser Tageszeit scheint die Mehrzahl der Reisenden aus uniformierten Männern zu bestehen, die alle mit den gleichen habituellen Accessoires ihrer Kaste ausgestattet sind. Sie bevorzugen dunkle Anzüge, jüngere Männer wagen auch einmal hellere Farben oder dezente Muster. Sie telefonieren mit flachen Handys, handhaben Organizer, Mini-Computer, sie klappen ihre Laptops auf, sie sind digital vernetzt. Um mich herum wird so wild und entschlossen telefoniert, dass ich mich selbst nicht verstehe – dabei sage ich gar nichts.

Man wird ständig mit Sätzen konfrontiert, hinter denen weitläufige Geschichten stecken, ganze Biographien, die man aber nicht zu fassen bekommt, weil man nur Bruchstücke des Gesprächs mitbekommt, die Gegenseite nicht hört und man all die Sub- und Kontexte nicht kennt, die die Dialoge erst verständlich machen. Im Speisewagen schaufelt ein Mann Löffel um Löffel Zucker in seinen Kaffee. Die Ohren sind fleischig, die Haare grau und so dicht, als ob er einen Helm trüge. Während er telefoniert, malt er mit dem Kugelschreiber Arabesken auf seinen Notizblock. Ein Satz bleibt bei mir hängen: »Für mich wäre es wichtig, die Wettkampfzeiten von der Kleinen zu wissen!« Ist er ein Trainer, ein Journalist oder ein Physiotherapeut?

Ein anderer Satz, ein anderer Mann, Schnauzbart, Ohrring, lichtes Haar und Jeans: »Wir müssen endlich zu vorzeigbaren Ergebnissen kommen!«

Ein dritter Mann isst Gulaschsuppe und telefoniert dabei (obwohl die Piktogramme unmissverständlich darauf hinweisen, dass hier Ruhe erwünscht ist). Der Mann ist Anfang vierzig, Jeanshose, Camper-Schuhe, Kapuzenpullover, offenbar ein Kreativer, er strebt modisch und habituell Jugendlichkeit an. Sein Mac-Book steht aufgeklappt vor ihm. Er sagt anklagend, fast verzweifelnd: »Aber warum kommunizieren Sie das dann nicht? Wir arbeiten jetzt zwei Jahre zusammen und dann so was! Mein Akku ist gleich alle, wir müssen jetzt hier eine Entscheidung treffen … Hallo? … Hallo?« Er stampft mit dem Fuß auf.

Und was hat die Frau zu verbergen, die kurz vor Düsseldorf ins Handy haucht: »Wir kommen jetzt gleich in Hamburg an, Du, ich muss Schluss machen!«

Geradezu poetisch wird ein Mann im konservativen nadelgestreiften Anzug mit Einstecktuch: »Wenn wir den Trottel noch mit ins Boot nehmen müssen, dann brauchen wir neue Segel. Und am besten noch einen Motor!« Und nach einer Pause: »Ein Schiff brauchen wir für so viel Dummheit, ein ganz großes Schiff!«

Das Handy ist nicht nur Medium und Message, es ist der Lebensgefährte. Es ist die fünfte Extremität, die die Schwangeren bald auf ihren Ultraschallbildern zu sehen bekommen.

Gestern, das Personal im Speisewagen kam aus Sachsen. Die Servierkräfte heute kommen unüberhörbar ebenfalls aus Sachsen. Ich muss unwillkürlich an das bekannte Couplet von Otto Reutter denken: »'n Sachse is immer dabei.« Vielleicht werden Sachsen im Speisewagen bevorzugt eingestellt, weil sie ein so lustiges Idiom sprechen und ihre gute Laune gewinnbringend in den Dienst der Bahn stellen? Sachsen reden offenbar gerne mit sich selbst, meine Sächsin tut es. Sie hat immer einen Spruch auf den Lippen, der in erster Linie ihrem Kollegen gilt, sich aber von Fall zu Fall auch an die Gäste richtet. Das ist kostenlose Comedy. Einem Gast, der zahlen will, ruft sie zu, so dass alle es hören können: »Sie möchten sich also finanziell verändern?« Gelächter.

»Das haben Sie aber cool gesagt«, antwortet der Gast. Der Mann mit den fleischigen Ohren ruft: »Ich möchte mich Ihrer Einladung anschließen!« Und eine Weizenbier trinkende Mittfünfzigerin posaunt: »Ich möchte mich nicht nur finanziell verändern, das darf mein Mann aber nicht wissen!« Gelächter.

Die Strecke von Berlin nach Köln hatte mir gefallen. Auf dem Rückweg war ich zu müde, um noch Gespräche und Begegnungen zu suchen. Ich verkroch mich in einen stillen Winkel und schlief. Als ich erwachte, der Nacken ganz steif, saß mir gegenüber ein älteres Ehepaar, das ebenfalls schlief. Ihr Kopf war an seine Schulter gerutscht, beider Münder standen leicht offen. Wenn Zugreisende in den Schlaf gleiten – und sie schlafen noch nicht tief – und ein Rest ihres Bewusstseins kontrolliert noch die physiognomischen Regungen, dann wählen sie ein Einschlafgesicht aus, eine, wie sie meinen, nicht zu beanstandende Miene, ein befestigtes Gesicht, das unangreifbar ist. Wenn sie dann aber in tiefere Schlafregionen sinken, friert dieser Ausdruck in der oberen Gesichtshälfte ein und man denkt, man könne ihn wie eine Gipsmaske abnehmen. Die untere Hälfte des Gesichtes hingegen verrutscht und dementiert den oberen Ausdruck. Erst wenn sie längere Zeit schlafen, setzt ihnen der Schlaf ein anderes Gesicht auf, löst die Kunstgesichter ab, die Züge entspannen sich und nicht selten kommt das Kind zum Vorschein, das der Schlafende einst gewesen ist. Ich beschloss, die Fahrt nach Köln gleich am nächsten Tag noch einmal zu wiederholen. Den Reiz in der Wiederholung suchen.

Von Berlin nach Köln. Im Speisewagen ist nichts los. Ich habe Zeit, die Karte genauer zu betrachten. Für jeden Monat hat die Bahn einen deutschen Spitzenkoch gebeten, vier Gerichte in Bio-Qualität zu kreieren. Der Spitzenkoch in diesem Monat heißt Oliver Heilmeyer, er kann einen Michelin-Stern, siebzehn Gault-Millau-Punkte und somit drei Hauben vorweisen. Er lacht. Bleckt die Zähne. Weiße steife Haube, weißer Kittel. Das Lachen eines Haifisches. Es heißt, Spitzenköche seien in der Küche gefährlich wie Raubtiere. Diesem glaubt man es. Eines seiner Gerichte heißt »Gefüllte Kalbfleischröllchen mit Rucola an Kartoffel-Kürbis-Stampf«. Zu jedem Gericht wird dem Kunden ein lyrisches Text-Biskuit serviert, das ihm das Raffinement des Gerichtes nahebringen soll. Die Kalbfleischröllchen werden so besungen: »Sanft in eigenem Saft gegart, erhalten die zarten Kalbfleischröllchen durch ihre raffinierte Füllung mit Serranoschinken und Rucola-Salat ihr besonderes Aroma. Dem Stampf aus Kartoffeln und Muskatkürbis verleiht Kürbiskernöl zusätzlichen Pfiff. Die beigemischten Kürbis- und Pinienkerne sorgen für eine besondere Note.«

Sanft. Zart. Raffiniert. Zusätzlicher Pfiff. Besondere Note. Klingt irgendwie nach Porno. Immerhin Qualitätsporno. Es ist das Bio-Jahr im Speisewagen. Die Qualitätsoffensive geht weiter. Vor einigen Jahren, erinnere ich mich, wollte die Bahn die Speisewagen noch abschaffen, sie seien einfach zu unrentabel, hieß es. Die Verluste, die die Speisewagen einfuhren, sollen bei etwa dreißig Millionen Euro jährlich gelegen haben. Nur fünf Prozent der Bahnkunden, wurde gemeldet, nutzen die Bordgastronomie, und nur ein Prozent nahm ein Hauptgericht zu sich. Andererseits wünschte etwa die Hälfte aller Kunden, dass die Speisewagen erhalten blieben. Ein Proteststurm erhob sich, Verbraucherverbände liefen Sturm, im ICE 793 von Berlin nach Frankfurt am Main wurde ein Speisewagen besetzt und demonstrativ ein »eat in« veranstaltet. Das öffentliche Aufbegehren zeigte Wirkung, die Bahn verabschiedete sich vom Abschied des Speisewagens, rüstete 54 ICE-3-Züge, die zunächst ohne Speisewagen auf die Strecke geschickt wurden, nach und versuchte fortan, das gastronomische Angebot zu verbessern.

»Wir haben«, gab ein Bahnmanager zu, »die emotionale Bedeutung des Speisewagens für unsere Kunden unterschätzt.« Das stimmt. Allein das Wissen, dass ein Zug einen Speisewagen besitzt, schafft für den Reisenden eine andere Atmosphäre. Der Speisewagen ist ein Ausweg aus dem Einweg, er mag betriebswirtschaftlich defizitär sein, dafür unterfüttert er den gesamten Zug mit einer Genuss-Option.

Der Speisewagen ist immer noch fast leer, nur eine ältere Frau, Typ gesellige Großmutter, sitzt allein, und drei kichernde Mädchen haben sich am Nebentisch eingerichtet. Sie mögen dreizehn oder vierzehn Jahre alt sein. Sie tragen enge Jeans und zu kurze T-Shirts. Hüftfleisch quillt. Es ist Februar. Die drei sind total aufgeregt, sie haben offenbar kaum Geld und beratschlagen, was sie zu dritt bestellen, um sitzen bleiben zu können. Jetzt kommt eine zackige Kellnerin an ihren Tisch.

»Was darf's denn sein, bitte schön?«

»Wir hätten gerne einen halben Liter Pepsi light!«

Die Pepsi kostet drei Euro.

Das Mädchen betont den »halben Liter«, um die ungeheure Menge Flüssigkeit zu betonen.

Die Kellnerin blickt indigniert: »Eine Pepsi? Für drei Mann?«

Die Mutigste: »Ja!?«

»Das geht nicht!«

»Nicht!?«

»Nein, das geht nicht!«

Die Mädchen trollen sich und stoßen sich dabei kichernd in die Seite.

Die Kellnerin kommt jetzt zu mir. Baut sich auf. Zupackend freundlich. Ich bestelle Tee und frage sie, ob sie aus Sachsen kommt. Nein, sagt sie. Sie komme aus dem Vogtland. Aber, sagt sie, das Vogtland gibt es ja nun nicht mehr. Was ist passiert? Ich muss mich da schlaumachen. Ich dachte immer, das Vogtland gehöre zu Sachsen. Ist die Kellnerin vielleicht eine heimliche Separatistin? Mag sie die Sachsen nicht oder ist sie es müde, für eine Sächsin gehalten zu werden? Ist das Vogtland abgebrannt oder nach der Wende wegreformiert worden? Ich notiere mir: *Bald einmal ins Vogtland fahren.*

Mein Tee kommt. Die Kellnerin hat eine kleine, weiße Narbe über der Oberlippe.

In Dortmund muss ich umsteigen. Es fängt an zu

nieseln. Vor den Mündern der Wartenden stapeln sich Atemwolken. Feucht und kalt. Alles schleicht. Die Menschen sind durch die Wintertextilien noch immer gelähmt, verborgen in Polster, die nicht nur gegen Kälte und Wind, sondern auch gegen Blicke und Wünsche isolieren sollen. Jeder schleppt seine Portion Leblosigkeit mit sich herum. Der ICE fährt ein. Der Zug ist leer. Ich setze mich sofort in den Speisewagen. Es ist ein sehr kleiner, intim wirkender Speisewagen, der allenfalls halb so groß ist wie ein normaler Speisewagen. Ich baue meinen Laptop auf, um die vorangegangenen Eindrücke festzuhalten. Der Steward kommt und bittet mich, den Laptop einzupacken, wenn der Speisewagen voller würde. Er hat recht. Ich bin völlig seiner Meinung. Der Speisewagen ist schließlich kein Büro. Ungeachtet dessen packt auch der andere Gast – neben mir der einzige – seinen Laptop aus. Er will ein Bier bestellen und sucht fieberhaft nach Geld. Er hat 2,50 Euro und ein Bier kostet 2,70 Euro. Er wird hektisch; als ich auf seine Not aufmerksam werde, rufe ich nach vorne, ob ich ihm einen Euro borgen soll. Er dreht sich um, erleichtert, lächelnd. Er kommt zu mir, bleibt im Gang stehen. Ein junger Mann, ausgesprochen gut und teuer gekleidet. Konservativ. Dreiteiliger Anzug, Krawatte. Dichtes, blondes Haar. In jedem Film könnte er einen edlen deutschen Wehrmachtsoffizier spielen. Mit Augenklappe und Widerstandskämpfer-Appeal.

»Mit dem« – er dreht seinen Kopf zum Steward – »bin ich jetzt mindestens fünfzigmal gefahren und er lässt immer die gleichen Sprüche vom Stapel.« Ich frage ihn, ob er Pendler ist. In diesem Augenblick kommt der Steward und sagt: »Ich gebe Ihnen das Bier aus!« Der junge Mann ist überrascht. Von Entgegenkommen umzingelt. Ich bitte ihn, sich zu setzen.

Er arbeitet bei einem oder dem größten deutschen Energieunternehmen und verkauft Stromkontingente an Großkunden. Er hat mit Millionensummen zu tun. Er lebt in Köln und arbeitet in Essen und fährt die Strecke jeden Tag zweimal. Morgens eine Stunde und neun Minuten hin, abends eine Stunde und neun Minuten zurück. Er ist erst dreißig und hat doch schon eine exponierte Stellung in seinem Unternehmen. Ich hatte ihn weitaus älter geschätzt, aber die konservative Kleidung und die tiefe Stimme nehmen ihm das Jungenhafte. Seine Frau ist noch jünger, sie studiert noch. Jetzt haben sie ein Kind und er würde sich freuen, wenn es mehr würden. Weil er so drahtig und sportlich aussieht, frage ich ihn, ob er mal Fußball gespielt hat. Klar, sagt er, er habe sogar recht hoch gespielt und ein Sportinternat besucht.

»Und, spielen Sie jetzt noch?«

Er verneint. Nur noch Privatspiele. Aber dafür habe ihn eine andere große Leidenschaft gepackt, die Jagd. Das ist mein Mann, denke ich, jetzt kann ich das mal mit den Hochsitzen für mich klären. Ja, sagt er – auf meine Frage, ob es in Deutschland viele Hochsitze gäbe –, in keinem anderen Land gibt es wohl so viele. Der deutsche Jäger sei halt sehr bequem, er sitze gerne und warte, unser Land sei wirklich mit Hochsitzen gepflastert und niemand könne sagen, wie viele es seien, denn dafür gäbe es keine Meldepflicht.

»Das Jagderlebnis wird für mich vor allem durch drei Dinge charakterisiert. Die Ruhe, das Adrenalin und die Hege des Wildes. Wir, die jüngeren Jäger, die ich kenne, sind nicht solche Dauersitzer. Das ist eine Frage der Generation. Es ist ein wunderbares Erlebnis, sich im Winter durch Schnee an das Wild anzupirschen. Gegen den Wind. *Auf Socken*, das kann man eine Viertelstunde machen, erst dann fängt man an zu frieren. Und bei Vollmond ist es taghell, das wissen die meisten gar nicht. Das ist ein großartiges Erlebnis. Mein Revier ist eher klein, zweihundert Hektar. Die meisten Reviere sind heutzutage nicht besonders groß, denn der Staat, der möglichst viel Geld mit den Revieren verdienen will, parzelliert die Gebiete in entsprechende Größen.«

Ich frage ihn, ob ich nicht mal mit zur Jagd kommen kann. Klar! Ich gebe ihm meine Karte. Ob er sich meldet? Seine Karte konnte er nicht finden. Ich biete ihm zum Abschied das »Du« an, schließlich bin ich dreizehn Jahre älter. Ich will es selbst kaum glauben, als ich mir die Differenz klarmache. Man fühlt sich immer jünger. Ich will ihn einladen, als der Steward kommt, doch der wehrt ab: »Das Bier geht aufs Haus!«

Ich übernachte in Köln und fahre am nächsten Morgen zurück. Es bleibt noch etwas Zeit für einen Gang in die Stadt. Ich spaziere über die Hohenzollernbrücke, die, wenn man nach Köln hineinfährt, genau auf den Dom zuläuft. Sie ist vier preußischen Herrschern gewidmet, deren Reiterstandbilder man auf beiden

Seiten des Rheins findet. Die drei moosgrün schimmernden Stahlbögen erinnern an Augenbrauen oder auch an Fische. Rechts von mir reitet Kaiser Wilhelm II. in seine ruhmlose Zukunft. Manchmal hat man Mitleid mit der Unwissenheit der Denkmäler. Man sollte sie erlösen. Hat man Wilhelm II. passiert, findet man im Pflaster die folgende kryptische Information eingelassen: »Mai 1940 1000 Sinti und Roma«. Wir, die Schamschuld-Deutschen, wir, die nachgeborenen Büßer-Virtuosen, wissen die spärlichen Zeichen zu deuten. Im Mai 1940 wurden über diese Brücke, die im Krieg weitgehend unzerstört blieb, 1000 Sinti und Roma, die man damals noch *Zigeuner* nannte, mit Zügen ins Konzentrationslager deportiert und umgebracht. Der appellative Subtext lautet: Vergiss die Toten nicht, jeder deiner Schritte geht über blutbefleckten Boden.

Es ist diesig, feiner Regen weht ins Gesicht, die Spitzen des Doms sind im Hochnebel verborgen. Der Rhein sieht aus wie ein uralter Eintopf, eine braune Brühe, die alle deutsche Last auf sich genommen hat: Schätze, Schmutz, Schande und Größenwahn. Im winterlichen Sprühregen geschieht alles lautlos. Die Schiffe ziehen wie von Geisterhand bewegt dahin, man hört kein Tuckern, Brummen oder Schnurren der Motoren, die Besatzungen der Binnenschiffe sind hinter ihren Scheiben kaum zu erkennen. Die Bahngleise sind von dem Fußgängersteg durch einen grünen Drahtgitterzaun abgetrennt. An diesem Zaun sind Hunderte, ja Tausende Vorhängeschlösser angebracht. Liebes- und Ehepaare wollen so die Unverbrüchlichkeit ihres Bundes besiegeln und symbolisch bekräftigen. Viele, nicht alle, haben ihre Namen auf die Schlösser geschrieben. Tina und Manfred. Tom und Nike. Sabine und Klaus. Für immer. Ewig dein. Unzertrennlich. Ich stelle mir vor, dass die Paare die Schlüssel in den Rhein werfen. Wie lange wird dieser Zaun wohl stehen? Wie lange werden die Schlösser toleriert? Hinter dem Zaun finden sich viele Scherben von Sekt- und Bierflaschen.

Ich gehe bis zur Mitte der Brücke. Es tickt hier. Eine Bombe? Eine Zeitschaltuhr? Oder tickt hier das Herz eines Landes? Hat ein Land einen mentalen Mittelpunkt? Der Ort kommt mir sehr deutsch vor. Stahl, der gotische Dom, das moosige Grün der Brücke, die winterliche Melange aus braunen, grünen und ockerfarbenen Tönen, die gedämpfte Stimmung, der bedeutungsschwere, träge Fluss, preußische Standbilder, Erinnerungsmale. Die Radfahrer ziehen lautlos und zielstrebig an mir vorbei. Sie sind in Funktionskleidung gehüllt, immer mehr Menschen tragen jetzt Jack-Wolfskin- oder The-North-Face-Jacken. Überleben, widerstehen ist alles. Alles ist eine große Wildnis und wir sind mittendrin. Auf die Brücke hat einer gesprüht: »Nazis morden, der Staat schiebt ab, alle dasselbe Rassistenpack.«

Kurz vor Hamm. In Hamm steht eine große, aus gelben Ziegelsteinen gemauerte Moschee mit hohem Turm. Es sieht so aus, als liege sie in einer Art Gewerbegebiet. Ein Stückchen weiter liest man auf einem Fabrikgebäude: »Kaldewei – Europas Nr. 1 in Badewannen.« Einige Minuten bevor wir durch Bielefeld fahren, meldet der Schaffner die »Entgleisung einer Privateisenbahn«. Die Einfahrt verzögere sich dadurch aber nur unwesentlich. Und in Bielefeld wacht eine Burg hoch oben über der Stadt.

Langsam füllt sich der Speisewagen. Ein kleines Mädchen – sie mag sechs Jahre alt sein – kommt allein und setzt sich an einen Zweiertisch. Sie trägt einen grauen Kapuzenpullover. Sie hat eine Papiertüte mitgebracht, eine Bäckertüte. Sie legt die Tüte vor sich auf den Tisch, öffnet sie, schaut lange hinein und zieht dann ohne Hast einen Pfannkuchen heraus, einen Pfannkuchen mit Schokoladenüberzug, so wie es sie nur zur Karnevalszeit gibt. Sie isst den Kuchen langsam und mit großem Genuss. Sie leckt sich jeden Finger aufmerksam ab. Niemand kommt und stört sie, kein Steward weit und breit, kein Mindestverzehr. Als sie merkt, dass ich sie beobachte, verdreht sie die Augen.

Unter der Zirkuskuppel

»Sind Sie arbeitslos?«

Ich drehte mich zur Seite und sah den Mann an, der mich so unvermittelt angesprochen hatte. Er trägt eine schwere Hornbrille, man muss genau hinsehen, um sein Gesicht zu entdecken. Er sieht aus wie ein Hemd, das zu lange im Koffer gelegen hat.

»Nein«, erwiderte ich, »aber ich habe Zeit. Wie kommen Sie darauf?«

»Na, Sie stehen hier doch schon eine halbe Stunde, oder? Und ich hab auch ganz viel Zeit, viel zu viel Zeit.«

Ich stehe oben auf dem Südsteg des Hamburger Hauptbahnhofs, der die Bahngleise und den Steindamm mit der Mönckebergstraße verbindet. Von hier aus blickt man zum Nordsteg, wo sich die Wandelhalle mit vielen Parfümerien, Boutiquen, Gourmet-Tempelchen und Blumenläden befindet. Die Nordseite ist die Luxusseite, die Südseite ist die Alltagsseite, wo Passanten den Bahnhof hastig durchqueren, wo die Reisenden atemlos zu ihren Zügen hinabsteigen, wo die Pendler zu den S-Bahnen hetzen, um in die Vororte oder ins Umland zu fahren. Die große Halle strahlt eine schmuddelige, gelassene Erhabenheit aus. Das schläfrige Auge unter dem Dach hat schon alles gesehen.

»Sind Sie gut versichert?«

»Sie wollen mir doch jetzt nicht etwa eine Versicherung andrehen? Hier im Bahnhof?«

»Nein, nein!« Er wehrt entrüstet ab. »Nein, das war nur berufliche Neugier. Ich war so lange im Außendienst, das ist nur ein Reflex. Aber so wie Sie reagieren die meisten Menschen. Heutzutage denken alle, sie werden betrogen. Ich habe nie jemanden betrogen.«

Er denkt nach, kratzt sich seinen Handrücken, nimmt die schwere Brille ab und hält sie prüfend gegen das Licht.

»Was sind Sie von Beruf?« Er sieht mich an.

Ich lüge. Ich will jetzt nicht der sein, der ich bin.

»Landschaftsarchitekt. Ich arbeite viel für Städte und Gemeinden.«

Mehr will er nicht wissen.

»Schöner Beruf. Bestimmt. Wenn man noch mal was anderes machen könnte …, aber dafür bin ich schon zu alt. Wir haben unser Häuschen draußen. Der Rasen ist kurz geschnitten, das Haus tipptopp, aber ich bin arbeitslos. Mein Chef hat gesagt, du bist wirklich ein alter Zirkusgaul. Wird Zeit, dass du nach Hause gehst. Da bin ich dann nach Hause gegangen. Und deshalb hab ich jetzt ganz viel Zeit.«

Wir blickten hinab auf die Gleise. Ich erinnerte mich daran, wie der Bahnhof vor einigen Jahren von einer geradezu biblischen Taubenplage heimgesucht wurde, kein Quadratmeter ohne Schiss, bevor man sich irgendwo hinstellte, musste man sich nach oben absichern. Überall gurrte und balzte es, Federn flogen von der Decke, das klatschende Knallen des Flügelschlags war allgegenwärtig. Das scheint, stelle ich erleichtert fest, vorbei zu sein. Ich habe mich neben einem Müllsammelpunkt postiert. In der halben Stunde, die ich dort stand, kamen drei Pfandflaschen-Sammler vorbei. Sie alle zogen einen schmuddeligen Trolley hinter sich her, in dem sie normalerweise ihre Schätze verstauten. Keiner jedoch wurde fündig. Ihr geübter Blick fuhr wie eine Hand in die Tonne, sie stocherten ein wenig herum, der eine nahm dazu ein Stöckchen, einer trug einen Handschuh, dann trotteten sie ohne Erfolg weiter. Jetzt näherte sich wieder einer. Mein Mann begrüßte ihn, sie gaben sich die Hand.

»Tach Rudi, du alter Fuchs. Wie sieht's aus? Heute schon Beute gemacht?«

Der Flaschensammler zeigt auf seinen Trolley. »Bin zu spät dran heute, alles schon abgegrast.«

»Komm, hier haste meine.« Der Versicherungsvertreter gibt ihm eine leere Mineralwasserflasche, die er aus der Manteltasche zog.

»Jo, muss dann mal weiter. Man sieht sich.«

»Ja, Rudi, mach's mal gut Rudi, bis die Tage.«

Der Versicherungsvertreter nickt dem abziehenden Flaschensammler hinterher.

»War ein guter Mann. Schiffsmakler, ganz alte Schule. Und dann? Die Frau hat der Krebs geholt, dann ist er ans Trinken gekommen und das ging nicht lange gut. Und ein paar Jahre später war er sein Haus los. Und jetzt sammelt er Flaschen. Da geht's mir noch Gold. Ich hab' mein Haus, meine Frau und zwei gesunde Kinder.«

»Und warum stehen Sie dann stundenlang hier im Hauptbahnhof herum?«

Ehe er antwortete, begrüßte er einen vorbeieilenden Mann. Sie reichten sich stumm die Hände, der andere zieht ab.

»Wissen Sie, für meine Nachbarn und meine Söhne will ich der Alte bleiben. Unsere Söhne sind zwar aus dem Haus, aber ich will nicht, dass sie das Gefühl haben, sie müssten uns unterstützen. Müssen sie auch nicht. Alles ist abbezahlt, meine Frau hat eine Stelle als Sekretärin in einem Gymnasium, es reicht. Und ich geh zur Arbeit. Immer noch Tag für Tag. Was meinen Sie, wie gut ich Hamburg inzwischen kenne. Aber am liebsten bin ich hier im Hauptbahnhof. Kenne hier schon meine Leute und die kennen mich. Da müssen wir uns nichts vormachen. Und das mach ich noch ein Jahr und dann geh ich offiziell in Rente.« Er reibt sich die Hände, als freue er sich schon jetzt auf diese Aussichten. »Aber wissen Sie was? Mir macht das Theater irgendwie Spaß. Und wenn ich mal einen meiner alten Kollegen treffe, dann sag ich zu denen, ›Na, was macht unser Direktor, knallt er immer noch mit der Peitsche?‹« Er lacht. »Na dann will ich mal los. Bin noch verabredet. Entschuldigen Sie, dass ich Sie so einfach angesprochen habe. Alter Reflex. Also machen Sie es gut.«

Ich fühlte mich königlich ziellos. Ich verstehe den Mann. Ich hatte ihn zunächst bedauert, aber er strahlte eine tiefe Zufriedenheit aus. Irgendwie hat er sich freigemacht, obwohl er Theater spielte und eine alte Fassade aufrechterhielt. Wir sind alle immer auf dem Weg zum nächsten, zum allernächsten Zweck, vor lauter Zwecken fragt man nicht mehr nach dem Sinn des Lebens. Das ist ohnehin eine metaphysisch wie kommerziell verkommene Formel. Die dahineilenden Menschen auf dem Südsteg sehen aus wie Mittel, zweckgebunden, sich selbst zum Zweck machen, im Zweck Form und Befriedigung finden, ohne Zweck verzweifeln. Vollkommen zwecklose Menschen sind verloren, sehnen sich nach Zweckvermögen und brechen allenfalls aus ins Zweckvergnügen, um so gestärkt neuen Zwecken entgegenzueilen.

Plötzlich sehe ich über allen Köpfen dünne Fäden, noch dünner als Angelschnüre, aber absolut unzerreißbar. Das Wort *fadenscheinig* bekommt einen neuen Sinn. Ein Wunder, dass sich die Fäden nicht verheddern, einander ins Gehege kommen, sich verwickeln, irgendwo hängen bleiben. Und an jedem Faden, irgendwo im Unsichtbaren, zerrt und zieht der Endzweck eines jeden. Und ich stehe hier und habe für einen Augenblick den Faden über meinem Kopf vergessen. Ich schaue misstrauisch nach oben, dort hinauf in die Halle, wo zwischen den grauen Stahlbögen ein kleiner taubengrauer Fleck sitzt und nur sichtbar wird, weil er sich bewegt, kaum merklich. Und während ich den Kopf in den Nacken lege, löst sich da oben eine Detonation, etwas tritt aus der himmlischen Sphäre heraus, Beute der Schwerkraft nun, wird größer und weißer, kommt näher und näher, immer schneller und fällt – ich kann gerade noch zur Seite springen – und klatscht spritzend neben mich: Ein Taubenschiss.

Es wird Zeit. Der Zug nach Berlin steht schon bereit. Da, wo ich einsteigen muss, ganz am Ende des Bahnsteigs unter freiem Himmel, befindet sich die Raucherzone in diesem ansonsten rauchfreien Bahnhof. Es beginnt zu nieseln. Die Raucher stehen da, qualmen, den Blick unter Kapuzen, Hüten und Mützen zu Boden gesenkt. Die Raucherzone sieht so ähnlich aus wie die Coaching-Zone in der Fußball-Bundesliga. Ein Viereck, die Markierungen sind mit gelbem Farbband auf den Boden aufgebracht. In den achtziger Jahren erklärten sich viele Schulen, Gemeinden oder Jugendzentren zu atomwaffenfreien Zonen, symbolischer Widerstand gegen das atomare Wettrüsten. Heute widerstehen wir ein bisschen kleiner. Die Zigarette ist der Sprengkopf des neuen Jahrtausends. In diesem Viereck stehen höchst unterschiedliche Gestalten. Da die Raucherzone meist am Ende des Bahnsteigs liegt, dort wo oft die Wagen der 1. Klasse zu finden sind, stehen hier Yuppies und Manager mit zerlumpteren Gestalten Rücken an Rücken und saugen einträchtig an ihren Zigaretten.

Die Stimmung auf dem Rückweg ist irgendwie matt. Der Speisewagen ist recht voll, aber es wird wenig gesprochen. Ich sitze neben einem äußerst korrekt, geradezu penibel gekleideten Mann, der in atemberaubender Geschwindigkeit ein Stück Kuchen verdrückt und dabei eine Zeitschrift für Autosport liest. Er hebt jeden einzelnen Krümel unnachgiebig mit seiner Gabel auf. Mir gegenüber trinkt ein anderer Mann sein Bier. Er ist aufgeschwemmt, erschlafft, seine Gesichtshaut ist rot, die Augen trübe. Als ich meinen grünen Tee bezahle, frage ich die Kellnerin, ob sie schon mal einen Zechpreller erlebt hat. Ja, sagt sie, oft, aber die Polizei habe sie bislang nicht rufen müssen. Vielen passiert es auch ganz unabsichtlich, sie müssen aussteigen, hetzen zurück an ihren Platz und merken erst dann, dass sie nicht bezahlt haben.

»Die meisten Gäste sind doch ganz vernünftig!«

Ich verlasse den Speisewagen, hier geschieht heute nichts mehr. Ein Werbeplakat kreuzt meinen Weg: »Die Landschaft zieht an Ihnen vorbei, Ihre Karriere auch?« – Werbung für den Stellenteil der »Frankfurter Allgemeinen Zeitung«.

Auf einem alten, aus roten Ziegelsteinen gemauerten Lokschuppen steht in weißer Schrift »Berlin ruft«, mehr kann ich in der Kürze des Augenblicks nicht lesen. Der Schriftzug schien aus den dreißiger Jahren zu stammen. Die Schrift hatte diesen altmodischen, runden Schwung, wie man ihn heutzutage nur noch ab und zu auf Nostalgie-Waschmittel-Packungen findet. Die Landschaft, durch die wir fahren, sieht verlassen und unbewohnt aus. Selbst die Schneewolken, die den Himmel bedecken, hängen irgendwie lustlos und desinteressiert in der Gegend herum. Was schert uns das Wetter? Was schert uns der Schnee?

Ich kehre an meinen Platz zurück und schließe die Augen. Ich muss an unseren alten Bahnhof denken. Es war Anfang der siebziger Jahre, als man auf den Bahnhöfen ab und zu noch eine Dampflokomotive sah, als man in der Bahn noch rauchen und die Fenster herunterschieben konnte. Ja, sogar unser Dorf, das kaum dreitausend Einwohner zählte, besaß einen eigenen Bahnhof und sogar ein Bahnhofshotel. Für uns Kinder war dieser zweistöckige, weißgekalkte Bau etwas ganz Sagenhaftes, Unglaubliches, ein Abenteuerumschlagplatz, der vermutlich ausschließlich von Spionen, Detektiven und Gaunern bevölkert wurde. Welcher vernünftige Mensch würde sich sonst in ein Bahnhofshotel begeben? Wir hielten uns deshalb gerne in der Nähe des Hotels auf, ohne dass jemals etwas passiert wäre, was unserer entzündlichen Phantasie entsprochen hätte. Zweimal am Tag fuhr ein Personenzug durch den Ort, zweimal senkte sich die rotweiße Schranke, zweimal am Tag hielt ein Zug vor dem Bahnhofshotel. Es stieg fast nie jemand aus oder zu, weshalb die Strecke schon in den achtziger Jahren stillgelegt wurde.

Aber eines Tages passierte doch was. Wir spielten wie so oft in der Nähe des Bahnhofs. Es war ein heißer Sommertag. Der Zug hatte sich fast unmerklich genähert und kam jetzt unter großen Mühen wie in Zeitlupe zum Stehen. Ein Abteilfenster wurde heruntergezogen und ein Mann rief uns etwas Unverständliches zu. Zunächst traute sich keiner von uns an den Zug heran, erst als der Mann einladend winkte und lachte, wagten wir uns weiter vor. Meine Freunde blieben ein paar Schritte hinter mir, ich wurde als Kundschafter ausgeschickt. Der Mann rief: »Na, nu komm schon!«, und hielt etwas Leuchtendes in die Höhe. Als ich fast unter dem Fenster stand, warf er mir etwas zu. Es waren zwei Mandarinen. Es waren die ersten Mandarinen meines Lebens. Sie schmeckten süß. Der Zug fuhr weiter und jetzt winkten wir ihm alle hinterher. Der Mann lachte, zog seinen schwarzen Hut und schwenkte ihn hin und her.

Am nächsten Tag fahre ich nach Leipzig. Ich nehme die S-Bahn zum Hauptbahnhof. An der Haltestelle Unter den Linden steigt ein Obdachloser mit seinem Hund zu. Das Tier ist ein Collie-Mischling, es sieht treu ergeben aus und geht an einer langen Leine. Der Obdachlose ist ein Mann Mitte fünfzig, vielleicht auch älter. Er trägt einen dichten, langen, grauen Bart, in dem weithin sichtbar Krümel hängen. Der Mann strahlt gute Laune aus, Optimismus. Er hält eine große, fleckige und vielfach eingerissene ALDI-Plastiktüte in den Händen. Jetzt beginnt er seine einstudierte Rede, der aber die monotone Mitleidstour und jedes nervtötend routinierte Barmen abgeht: »Guten Tag meine Damen und Herren! Schön, dass Sie so zahlreich versammelt sind. Sie werden sich bestimmt fragen, was verkauft er uns denn dieses Mal, was will er uns andrehen? Was hat er da in der Tüte? Einen Staubsauger? Einen Fernseher? Oder sogar eine Waschmaschine? Nein, es ist nur der ›Straßenfeger‹, das allseits beliebte Obdachlosenmagazin. Für 1,20 Euro, die der ein oder die andere von Ihnen sicherlich entbehren kann. Spenden werden auch gerne entgegengenommen. Nun wünsche ich Ihnen allen einen schönen Tag und darf mich von Ihnen verabschieden!« Der Obdachlose geht jetzt durch die Länge des Wagens, der Hund trottet ihm nach, die lange Leine, die der Mann hat fallen lassen, schleift über den Boden. Soweit ich sehen kann, sind seine Einnahmen gut.

Warum, frage ich mich, wagen oder finden eigentlich so wenige Menschen im Leben einen eigenen Ton? In Situationen, in denen sie durchaus Gestaltungsspielräume haben? Es gibt im Leben viel mehr dieser kleinen Frei- und Gestaltungsräume als man denkt, deren individuelle Ausgestaltung den Alltag gleich viel abwechslungsreicher macht. Das denke ich in Hinblick auf den Mann mit dem Collie, aber auch jetzt im Zug. Der Zugführer macht eine sehr freundliche Begrüßungsdurchsage, die sich nur in wenigen Details von denen seiner Kollegen unterscheidet, aber doch durch einige Nuancen gleich viel warmherziger und verbindlicher wirkt. »Darf ich mich Ihnen vorstellen ... Mein Name ist ... zerbrechen Sie sich nicht den Kopf ... ich werde Sie sicher rechtzeitig, das verspreche ich, über die Anschlusszüge ... Jetzt lehnen Sie sich zurück und genießen Sie ...«

Ich suche mir keinen Platz im Abteil, sondern gehe gleich in den Speisewagen. Es ist keine Zeit zu verlieren, die Fahrzeit von Berlin nach Leipzig beträgt, in diesem Fall, nur eine Stunde und sieben Minuten. Der Speisewagen ist dicht besetzt, was es mir leicht machen sollte, mit jemandem ins Gespräch zu kommen. Ich steuere einen der wenigen freien Plätze an. Der Mann, zu dem ich mich setze, streicht beinahe zärtlich über das Bierglas, freut sich über die Schaumkrone und nimmt dann einen langen Schluck. Seine Haare sind zu einer schwungvollen Elvistolle gelegt, seine Koteletten sind buschig. Er setzt das Glas ab, lässt ein behagliches »Aaah, das tut gut« vernehmen und fasst mich ins Auge.

Er fragt: »Na, auch auf Dienstreise?«

»Wenn Sie so wollen, ja!«

Ihm ist meine knappe Antwort egal. Er erzählt. Er ist einer von denen, die schnell Zutrauen fassen. Ich bestelle ein Bier. Höre zu. Unterbreche ihn kaum, nicke, schüttle fassungslos den Kopf, bestelle noch ein Bier für ihn, er springt während seiner Erzählung auf, greift in die Luft und pflückt Augenblicke herunter, er wirbelt mit den Armen, ballt die Fäuste und wirft Kugeln ins tiefe Blau des Gestern.

»Ich besuche meine Schwiegermutter, das heißt meine Exschwiegermutter. Meine Exfrau besuche ich nicht. Die ist wirklich ex und hopp. Aber meine Schwiegermutter, die ist gar nicht ex, aber meine Schwiegermutter ist sie ja nun auch nicht mehr. Aber ich sage nicht ›Ilse‹ zu ihr, so heißt sie, sondern ›Schwiegermama‹. Na ja, Gewohnheit halt. Als ich meine Schwiegermutter kennenlernte, stand die Mauer noch in voller Blüte. Sie glauben nicht, was ich damals von Beruf war! Was meinen Sie? Raten Sie mal!«

Der Mann schaut mich erwartungsvoll an, ohne jedoch meine Antwort abzuwarten, er fährt gleich fort.

»Ich war nicht immer so!« Er klopft auf seinen Bauch. »Ich bin früher Artist gewesen. Gelernter, richtig ausgebildeter Artist. Vier Jahre lang habe ich in der DDR die Artistenschule besucht, das war alles geregelt, ganz bürokratisch. Nach der Ausbildung ging's dann erst mal ins Zelt unters Dach. Ich war Fänger am Trapez. Immer kopfüber nach unten. Meine Welt stand schon immer Kopf. Den Holm hat man in den Kniekehlen. Unten das Netz, der Geruch von Sägespänen und die vielen Gesichter. Fänger sind immer die Stärksten. Aber fliegen dürfen se nicht. Flieger, das sind die anderen. Flieger, das sind die Leichtgewichte. Die wogen gerade mal fünfzig Kilo oder so. Die Flieger bekamen immer den größten Applaus. Wer schwerer war, taugte nicht zum Flieger. Ich war schwerer. In meinen besten Zeiten wog ich siebzig Kilo, und kein Gramm Fett. Aber fangen wollte mich niemand. Zu schwer. Ich konnte hungern, soviel ich wollte, leichter wurde ich nicht. Bin wohl zu groß, zu schwere Knochen.«

Der Steward kam und stellte einen großen Teller vor dem Mann ab. Das Fleisch war eingefasst von Salatblättern und Tomaten. Der Mann griff zu Messer und Gabel und freute sich sichtlich auf das Essen.

»Na, dann wollen wir mal!«

»Guten Appetit!«

»Danke!« Dann setzte er seine Erzählung fort, während er das Fleisch mit Bedacht zerlegte und die Stücke sorgfältig kaute. Er schnitt das Fleisch so klein, dass er das Tempo seiner Erzählung nicht wesentlich drosseln musste.

»Aber wissen Sie, wenn man immer nur den anderen beim Fliegen zusieht, dann will man irgendwann nicht mehr fangen. Was wären denn die ganzen Salti und Schrauben ohne uns, die Fänger? Feuchte, schwitzige Hände sind tödlich. Trocken müssen sie sein, Magnesia hilft, Sie müssen die Hände immer mit Magnesia einreiben.«

Zur Demonstration rieb er sich die kräftigen Hände.

»Als ich keine Lust mehr zum Fangen hatte, wollte ich etwas anderes machen, eine eigene Nummer einstudieren. Aber das war total kontrolliert beim Staatszirkus, nichts da mit fahrendem Volk und so. Alles war reglementiert, jeder durfte nur für die Nummer trainieren, die er dann auch zeigte, man bekam keine Trainingszeiten, wenn man etwas anderes ausprobieren wollte. Ich musste also heimlich trainieren. Wissen Sie, was ich gemacht habe? Den Zeltmeister bestochen. Mal gab es hier 'ne Flasche guten Kognak, mal gab es da eine Stange West-Zigaretten. Dafür durfte ich dann abends ins Zelt und der Zeltmeister ließ das Licht brennen. Ein Jahr lang habe ich fast jeden Abend nach den Vorstellungen geübt. Ich konnte gut jonglieren, also habe ich eine Jongliernummer gewählt. Ich nahm mir schwere Kugeln und trat dann als starker Mann an. Alles sehr würdevoll, langsam, das war keine schnelle Nummer, das lebte gerade von der Langsamkeit. Nachdem ich ein Jahr lang trainiert hatte, musste ich vor einer Kommission auftreten, die darüber entschied, ob ich damit auftreten durfte oder nicht. Das war so eine Künstlerzulassungsstelle, wie der TÜV, nur eben für Künstler. Ohne deren Zustimmung gab es keinen Auftritt und die legten sogar die Höhe der Gage fest. Meine Nummer war ein richtiger Kracher, die Kommission fand, dass sie zweihundert Mark wert sei. Damals bin ich zwanzig- oder dreißigmal im Monat aufgetreten, Sie können eins und eins zusammenzählen, ich war ein gemachter Mann. Und in dieser Zeit lernte ich meine Frau und natürlich auch meine Schwiegermutter kennen.

Aber das Glück hat nicht lange gehalten, ich meine das mit dem Beruf, das mit meiner Frau ging dann schließlich auch schief. Ich brach mir bei einem Autounfall einiges, auch den Lendenwirbel. Die Trabbis hatten ja noch keinen Airbag oder so was. Als die Mauer fiel, lag ich im Krankenhaus. Sechs Monate im Gipsbett. In sechs Monaten haben die Muskeln sehr viel Zeit, ganz klein und kümmerlich zu werden, so dass meine Beine klein und kümmerlich wurden. Ich musste richtig wieder laufen lernen, so wenig war noch da. Das Einzige, was in dieser Zeit gewachsen war, war mein Bauch. Ich war richtig dick geworden, ich war nicht mehr so schön wie ich vor dem Unfall war. Ich muss zugeben, dass mein Körperumfang in diesem halben Jahr so stark zugenommen hatte, dass ich endlich das Gipsbett gesprengt habe. Einfach gesprengt. Sie hätten mal die Ärzte sehen sollen, was die für Augen gemacht haben.

Ich habe lange Zeit gebraucht, um wieder auf die Beine zu kommen. Reha und Krankengymnastik bis zum Abwinken. Als ich endlich wieder halbwegs hergestellt war, gab es die DDR nicht mehr und den Staatszirkus auch nicht. Alles weg! Land weg, Zirkus weg, Frau weg, Muskeln weg! Hab's bei einem privaten Zirkus versucht, kam da aber nicht unter; was mich gerettet hat, war der Job beim Bestattungsunternehmer. Särge tragen, Särge senken. Nach Feierabend habe ich wieder angefangen, mit den Kugeln zu trainieren. Ich wollte meine alte Jongliernummer wieder aufnehmen. Doch das alte Trikot passte nicht mehr, ich hatte fast dreißig Kilo zugenommen und ich war nicht mehr schön.«

Er legte eine Pause ein.

»Wenn ich ehrlich bin, würde ich gerne nochmal ans Trapez. Aber dafür bin ich jetzt auch zu schwer und zu alt.«

Ein junger Mann lief durch den Speisewagen. Er schob einen dicken Bauch vor sich her und auf dem dunklen T-Shirt, das er voller Stolz trug, stand »Bierkulturerbe«.

»Na, das kann ich mir auch noch besorgen!«, sagte der Mann und wischte sich den Mund ab. Er winkte den Steward heran.

»Bringen Sie mir bitte noch ein kleines Bier und die Rechnung.« Er blickte mich fragend an. »Wollen Sie auch eins? Ich lad Sie ein!«

Ich akzeptierte. Bedankte mich.

»Ich habe zu danken. Man lernt doch im Zug die interessantesten Leute kennen.«

Ich hatte nur zwei Sätze gesagt. Wir prosteten uns zu.

»Und was machen Sie jetzt? Kein Zirkus mehr?«

Er lachte. »Nein, ganz was anderes. Ich vertreibe Taubenabwehr-Systeme. Kennen Sie bestimmt vom Sehen.«

»Ja«, sagte ich, »kenne ich.«

Federvieh

Die Frau sah aus wie viele um diese Tageszeit, zuge-
knöpft. Aber Sie wissen, wie das ist, ein unauffälliges
Wort gibt das andere und schon steigt man in einen
reißenden Lebensstrom und wird fortgerissen. Die
Frau war keinesfalls geschwätzig, das nun nicht gerade. Sie hatte hier und heute Lust, etwas zu erzählen,
hätte ich sie bei anderer Gelegenheit getroffen, an einem anderen Ort, zu einer anderen Stunde, dann wäre
sie vielleicht stumm geblieben. Ich musste ihr, während sie erzählte, nicht einmal besondere Aufmerksamkeit schenken, vielmehr vertiefte sie sich an manchen Stellen ihres Berichts in sich selbst, sah dabei
lange aus dem Fenster, unterbrach sich, zeigte auf ein
Detail in der dahinfliegenden Landschaft und hob
dann wieder an, ohne dass es meinerseits einer besonderen Anregung bedurft hätte. Sie wählte nicht die
kleine, sondern die große Lösung, sie schenkte mir ihr
ganzes Leben.

Sie kam aus Paderborn. Ihr Mund war klein, und
sie zwitscherte munter wie ein Vogel nach dem großen
Gewitter. Wir passierten Bochum, ließen Dortmund
hinter uns, wir fuhren durch Essen, und währenddes-
sen wuchs die Frau heran, wurde vom Kind zur Jugendlichen, zur jungen Frau, sie heiratete, sie bekam
Kinder, die Kinder wurden groß, und als wir im Kölner Hauptbahnhof hielten, war die Frau Großmutter

und tauchte endlich wieder in der Gegenwart auf, bei sich selbst, bei mir.

»Wissen Sie, ich fahre jetzt zu meiner Tochter. Wir haben ein gutes Verhältnis. Ich mag ihren Mann, der mag mich, ihre Kinder sind lieb und lieben mich auch. Ich könnte es mir nicht schöner wünschen. Meine Tochter wird mich am Bahnhof abholen, dann werden wir zu ihr fahren, sie haben sich ein sehr schönes Haus am Stadtrand gebaut, ein großer Garten, das ist ganz wichtig für die Kinder. Und dann werden wir Kaffee trinken. Mein Schwiegersohn ist noch bei der Arbeit, und die Kinder sind in der Schule. Meine Tochter und ich werden allein sein. Dann werde ich beichten. Mein Leben ist geordnet, ich habe nichts zu verstecken, wissen Sie, ich komme aus Paderborn, da ist man mit sich im Reinen. Aber es gibt etwas, das ich bereue und das werde ich heute meiner Tochter erzählen.«

Sie sah mich das erste Mal aufmerksamer an. So als ob sie mich prüfen, herausfinden wolle, ob ich etwas für mich behalten könne. Sie war jetzt tatsächlich ein bisschen aufgeregt. Die Prüfung war beendet.

»Dafür schäme ich mich heute noch. In den Siebzigern hatten wir manche schlaflose Nacht. Für unser Haus hatten wir bei der Bank einen hohen Kredit aufgenommen, und manches Mal waren wir kurz davor, das Handtuch zu schmeißen. Natürlich hatte ich eine Art Gottvertrauen, ich hatte keine Angst, wissen Sie, ich komme aus Paderborn, aber trotzdem waren das schwere Jahre für uns. Ich will damit nichts entschuldigen, ich wollte es nur erwähnen, damit Sie sich ein Bild machen können.

Meine älteste Tochter war fünf Jahre alt. Ein Jahr zuvor hatte sie einen Kanarienvogel zum Geburtstag bekommen, obwohl wir natürlich alle dagegen waren. Wer kümmert sich um den Vogel? Wer macht den Käfig sauber? Wer bringt das Tier zum Arzt, wenn es nottut? Alles – das war ja klar – würde an mir hängen bleiben. Aber mit einer Katze oder einem Hund hätten wir noch mehr zu tun gehabt.

Der Vogel hieß Timmi, und obwohl sich meine Tochter natürlich überhaupt nicht um den Vogel kümmerte, liebte sie den Vogel sehr. Immer wenn sie aus dem Kindergarten kam, ging sie zuerst zum Käfig und hielt ihren Finger durch die Stäbe. Timmi knabberte dann ein bisschen am Finger herum, ehe er sich wieder auf seine Stange setzte. Im nächsten Moment hatte sie den Vogel wieder völlig vergessen. Manchmal ließen wir den Vogel fliegen, aber er hinterließ überall sein Geschäft, und manchmal landete er, sehr zur Belustigung unserer Kinder, auf meinem Kopf.

Ich mag Tiere wirklich sehr, aber diesen Vogel mochte ich nicht. Er fiel mir lästig, ausgesprochen lästig. Der Dreck. Und dann fing er auch noch an, sich selbst die Federn auszureißen. Er sah aus wie ein gerupftes Huhn. Schrecklich. Vom Tierarzt bekam er eine Spritze und Kraftfutter, aber die kahlen Stellen blieben. Da hätte wohl nur ein Gefährte geholfen, gegen das Alleinsein. Das sind ja gesellige Tiere. Mir tat dieser Anblick immer richtig weh, dieser gerupfte kleine Vogel, unruhig auf seiner Stange.«

Sie hielt noch einmal inne, lehnte sich zurück, schloss die Augen.

»Eines Tages, die Kinder waren im Kindergarten, mein Mann bei der Arbeit, ich saß wieder einmal allein zu Hause, ließ ich den Vogel fliegen. Ich wollte ihn fliegen lassen. Ich öffnete die Tür zur Terrasse, trug den Käfig dort hin und öffnete sein Türchen. Er ließ sich nicht lange bitten. Timmi flog, aber nicht nach draußen, sondern flatterte im Wohnzimmer herum, ließ sich auf der Lampe nieder, hinterließ sein Geschäft oben auf dem Gardinenkasten, flog noch einmal eine Runde und machte keine Anstalten, die ungewohnte Freiheit auszunutzen. Ich konnte ihn scheuchen, wie ich wollte, er blieb im Haus. Meine Tochter hatte am Abend zuvor mit dem Tennisschläger meines Mannes gespielt, Hexenbesen, und der lag noch im Wohnzimmer herum. Ich dachte, mit dem Schläger könne ich den Vogel endlich rausjagen, und als er wieder seine Runde drehte, habe ich einmal in seine Richtung gezielt.

Er war gleich tot, dabei habe ich kaum gesehen, dass ich ihn berührt hätte, aber er lag da ganz still, gab keinen Mucks mehr von sich. Ich musste mich erst einmal setzen, so fertig war ich … ich … Meine Tochter hat sehr geweint. Wir haben den Vogel dann im Garten begraben. Einen Stein haben wir auch gesetzt und der stand da bis heute, obwohl der Namenszug im öligen Rot schnell verwitterte. Und heute Morgen – wissen Sie, was ich da gemacht habe –, bevor ich losfuhr? Ich habe den Stein in die Mülltonne geworfen, endlich. All das werde ich meiner Tochter heute erzählen und dann ist es gut, ich komme aus Paderborn. Und das war auch schon die ganze Geschichte.« Sie fuhr sich durch ihr auffallend dünnes Haar, schüttelte die letzten zwei Stunden ab wie einen Traum und lachte. »Na, was hab ich Ihnen da bloß erzählt?«

Sie wünschte mir eine gute Reise und stieg aus, wo ihre Tochter schon auf sie wartete.

Gestrandet

Alte Ehepaare machen nicht viele Worte.

»Schau mal, wie die Kühe beieinander stehen, die verdauen!«

Er ist groß, gut und modisch gekleidet. Ein Herr. Er wirkt jünger, als er ist, aber sein unsicherer Gang verrät sein Alter. Er tritt mir auf den Fuß und merkt es nicht. Seine Frau, sehr gepflegt, schmuckbeladen, hat ein Leben lang auf ihn geachtet. Es geht ihnen gut. Sie fahren jetzt nach Sylt oder zu ihren Kindern, oder sie kehren gerade von einem Wochenende in Berlin zurück. Ihre Plätze sind in der 1. Klasse.

»Die Kühe«, sagt sie und schaut aus dem Fenster, »frühstücken wie wir.«

»Wiederkäuer!«, sagt er und »Vier Mägen!«

Er schließt jeden Satz mit einem Ausrufezeichen. Als die Kellnerin kommt, fragt er, ob da draußen noch die ehemalige DDR sei. Die Kellnerin schaut ratlos und wendet sich an die vorbeikommende Schaffnerin. Sie weiß es auch nicht. Dabei sind wir gerade aus Berlin rausgefahren, fahren, auf dem Weg nach Hamburg, noch lange durch Brandenburg und Sachsen-Anhalt.

»Man kann es nicht mehr sehen«, sagt sie und schüttelt verwundert den Kopf.

Der Speisewagen ist kaum zur Hälfte gefüllt. Neben mir sitzen zwei israelische Geschäftsleute. Sie haben jeder zwei Handys, mindestens. Sie sprechen lebhaft, ihre Telefone klingeln oft, ihr Laptop spuckt Ergebnisse aus.

Entfernt in einer Ecke sitzt ein distinguiert aussehender Mann, schwarzes schütteres Haar, volle Lippen, schmale Finger. Ihm gegenüber am Nebentisch sitzt ein weiterer Mann, der jedoch ein ganz anderes Bild bietet.

Gleich als ich den Speisewagen betrete, zieht er meine ganze Aufmerksamkeit auf sich. Er sitzt allein an einem Vierertisch, und da noch viele Tische frei sind, wage ich nicht, mich zu ihm zu setzen. Auch sein Aussehen lädt nicht unbedingt dazu ein. Der Mann hat ein blaues Auge und sieht aus wie ein Kirmesschläger. Vor ihm eine kleine Flasche Rotwein. Große Flaschen Wein gibt es nicht mehr. Er trägt ein ärmelloses Muscle-Shirt, wie es in den achtziger Jahren von Jugendlichen getragen wurde. Unter seinen Augen hat die Müdigkeit schwarze Schatten gemalt. Er gibt der Kellnerin Signale, Handzeichen, Grimassen, fremde Wörter. Sie versteht ihn nicht. Sie denkt, er wolle Chilli con carne, aber er will lediglich zahlen. Ein Osteuropäer, denke ich. Ein Russe, ein Pole vielleicht. Ich kann die Sprachfetzen nicht identifizieren. Er sieht aus wie ein Schauspieler, der einen verzweifelten Osteuropäer spielt.

»Das macht sieben Euro und vierzig! Sieben Euro und vierzig!«

Er nimmt einen Zehn-Euro-Schein und lässt ihn

theatralisch auf den Tisch segeln. Als ihm die Kellnerin das Restgeld rausgeben will, wehrt er mit beiden Händen ab. Sie dankt.

Das alte Ehepaar blickt wieder nach draußen.

»Die Häuser sehen hier doch aus wie bei uns!«

»Ich glaube nicht, dass das noch die ehemalige DDR ist. Kühe können bis zu zwanzig Jahre alt werden. Wusstest du das?«

Die Frau nickt.

»Das wusste ich schon, Hermann, du hast es ja nicht zum ersten Mal erzählt. Und dass die Kuh vier Mägen hat, wusste ich auch.«

Der Mann seufzt.

»Den Kühen wird es egal sein!«

»Was?«

»Ob sie in der Ehemaligen liegen oder nicht!«

»Vielleicht sind es Kühe aus der ehemaligen DDR, Hermann?«

»Kaum, Kühe werden in der Regel …«

Der Mann mit dem blauen Auge grunzt laut, das Ehepaar sieht zu ihm hin, Hermann zeigt mit dem Daumen hinter sich.

»So kann man auch frühstücken!«

»Hermann!«

Die Frau legt ihre Hand auf den Arm ihres Mannes. Der Osteuropäer bestellt eine neue Flasche Wein. Die Kellnerin fragt ihn, ob er etwas essen wolle. Er legt die Hand auf den Bauch: »Kann nicht essen. Nicht essen!« Er legt die Stirn in Falten. Er lässt wieder einen Zehn-Euro-Schein pathetisch auf den Tisch segeln. Sie dankt. Er fragt, ob er mit tschechischen Kronen zahlen kann. Die Kellnerin schüttelt den Kopf. Er trinkt Wein. Er ballt seine Faust und betrachtet dabei die Muskulatur seines Oberarmes. Lehnt den Kopf gegen die Scheibe. Sein Handy fiept. Sie heißt offenbar Vera. Seine Stimme wird weicher, runder, leiser. Die Verbindung bricht ab. Er schlägt mit der Faust auf den Tisch.

Die israelischen Geschäftsleute telefonieren ungerührt weiter und beugen sich über den Laptop. Wir passieren Stendal, »Fuck Nazis« hat jemand in großen Buchstaben auf das Dach einer Lagerhalle geschrieben.

Der Tscheche ruft jemanden an. Es ist nicht Vera. Er schaut in die vorbeirasende Landschaft, als sitze sein Gesprächspartner ihm gegenüber. Er formt mit Daumen und Zeigefinger einen Kreis, streckt die drei restlichen Finger in die Höhe, er beschwört die Luft, er lächelt die Scheibe an, er umarmt sein Spiegelbild. Das Gespräch bricht ab, er sackt in sich zusammen. Er studiert seine Handinnenfläche, als könne er sich selbst die Zukunft voraussagen, er winkt resigniert ab.

Plötzlich erregt der Mann am Nebentisch seine Aufmerksamkeit. Er spricht ihn an, versucht, sich ihm verständlich zu machen. Ein paar englische Sätze wechseln hin und her. Ich verstehe nur die Wörter »Bruder« und »Familie«. Der Tscheche stößt ein paar Brocken hervor, der Deutsche spricht ein geschmeidiges Englisch und sagt: »You should call him. It's never too late!« Der Tscheche schlägt die Hände gegen den Brustkorb, legt die Arme übereinander, als sei er gefesselt und patscht sich gegen die Stirn. Dann wirft er beide Arme abwehrend gegen den Mann, als habe der etwas vollkommen Unzumutbares und Beleidigendes gesagt. Der Betrunkene ist jetzt vollkommen in das Stadium der rauschhaften Erleuchtung eingetreten, in dem man alle anderen für unwissende Kinder und Ausgeschlossene hält. Sein inneres Auge, nach außen blöd vor Suff, seziert die Welt mit unerbittlicher Schärfe.

Der andere wendet sich unangenehm berührt ab und blickt hinaus. Wir kommen jetzt zum Stehen. Der Lautsprecher meldet sich. »Wir befinden uns jetzt in einem eingleisigen Streckenabschnitt und müssen den Gegenzug abwarten. Sobald uns dieser Zug passiert hat, werden wir unsere Fahrt planmäßig fortsetzen!«

Draußen scheint die Sonne auf einen Gespensterbahnhof, dessen Scheiben eingeworfen sind, Unkraut wuchert auf dem verfallenden Bahnsteig, überall prangen Graffiti.

Eine Zugbegleiterin geht durch den Gang und verteilt Süßigkeiten.

»Oh, danke, womit haben wir denn das verdient?«, fragen die Alten.

»Eine kleine Aufmerksamkeit der Bahn, wegen der Bauarbeiten!«, flötet sie. Auf der kleinen Schachtel wechseln drei Bauarbeiter-Maulwürfe die Schwellen aus. Die Geschäftsleute greifen rasch zu, heben kaum den Kopf und wickeln die Praline beiläufig aus dem Papier. Der Tscheche versteht nicht, was die Frau will. Sie hält ihm die Schachtel auffordernd hin, sagt ihr Sprüchlein. Er schaut sie an wie ein Casanova aus der

Vorstadt und legt seine Hand aufs Herz, deutet eine Verneigung an und legt den Kopf zur Seite. Als sie weggeht, reibt er sich mit beiden Händen das Gesicht, als würde er vor einem großen Bottich mit Wasser stehen. Er bestellt eine dritte Flasche Wein und zahlt. Diesmal drückt er den Schein der Kellnerin in die Hand und tätschelt ihr den Handrücken. Sie lächelt, er hält seinen ausgestreckten Daumen nach oben: »Gutt! Gutt!« Er sieht jetzt aus wie Bruno Ganz, der einen verlorenen Osteuropäer spielt. Er lacht, ihm fehlt ein Schneidezahn.

»Ich möchte doch mal wissen, ob wir noch durch die ehemalige DDR fahren?«, fragt die Frau. Ihr Mann schaut noch angestrengter nach draußen.

»Wem wohl jetzt die ganzen Kühe gehören? Es sind ja keine großen Herden, aber die machen einen guten Eindruck. Rate mal, wie viele Kühe es in Deutschland gibt?« Der Mann sieht seine Frau auffordernd an.

»Aber das hast du mich doch schon gestern gefragt.«

»Du hast es wieder vergessen, richtig?«

»Ach, Hermann!«

Ihr Gespräch wird jäh durch einen lauten Ruf des Tschechen unterbrochen. Der Zug gleitet jetzt über die Elbbrücken, der Hafen und seine Anlagen kommen in Sicht.

»Komme, Hamburg! Komme, Hamburg!« Er wirft die Arme nach oben.

»Der freut sich«, sagt die Frau. »Wo der wohl hin will?« Ihr Mann antwortet nicht, fegt ein paar Krümel vom Tisch.

Die Geschäftsleute sehen kurz hoch, dann verstauen sie ihre Handys und den Laptop. Der Tscheche steht jetzt mühsam auf und taumelt in Richtung Bordbistro. Ich packe meine Sachen. Da dreht sich der Tscheche um und kommt auf mich zu. Er bleibt dicht vor mir stehen.

»WC? WC?«, fragt er, seine Augen sind blutunterlaufen.

»In the next coach! In the next!

Er stiert mich an.

»Next coach! Next!« Ich zeige ihm die Richtung. Er dankt. Tippt auf meine Schulter: »Gutt, gutt!«

Als er sich entfernt, wende ich mich zu dem Mann, mit dem er die Unterhaltung versucht hat. »Entschuldigen Sie bitte, haben Sie seine Geschichte verstanden?«

Der Mann mustert mich, zuckt mit den Achseln und sagt: »Nein!«

Und da ich ihn weiter anschaue und er merkt, dass ich mit dieser Antwort nicht zufrieden bin, fügt er hinzu: »Er hat irgendetwas von seiner Familie erzählt und von einer Vera. Und er hat gesagt, dass er ein guter, ein sehr guter Geschäftsmann sei.«

Ich bedanke mich und nicke. Der Zug fährt in den Hamburger Hauptbahnhof ein, die Türen klappen zur Seite. Die Passagiere steigen aus. Am hinteren Ende des Bahnhofs ist es dunkel und schmuddelig. Der Tscheche hat kein Gepäck. Er schüttelt sich wie ein Hund, der aus dem Wasser steigt. Er blockiert den Durchgang zur Rolltreppe, die Reisenden drängen ungeduldig an ihm vorbei. Er schaut sich um, als könne plötzlich jemand auftauchen und ihn in die Arme nehmen, ihn retten. Die Hände in den Hosentaschen, so steht er da wie ein abgeschabter, geplünderter Koffer, der zurückgelassen wurde. Er lässt sich kraftlos auf eine Bank fallen, der Kopf sinkt ihm langsam auf die Brust.

Und ich stehe auf der Rolltreppe und entferne mich.

Gespenster

Je länger ich durchs Land fahre, desto unwahrscheinlicher kommt mir alles vor. Der Zug ist eine riesige Mühle, die alles zermahlt. Meins, deins, alles. Auf langen Strecken macht einen der Anblick der Schicksale besoffen. Man kann nicht lange hinausschauen. Jedes Haus, jeder Garten, jedes Auto vollgestopft mit Leben. Ich rase durch Fragmente, jedes Detail offenbart einen Skandal, eine Sensation, einen Abgrund von Alltag, dessen Gravitation so stark ist, dass ich dem Zug für seine fort- und mitreißende Kraft nicht genug danken kann. Könnte man nur einen Splitter aufheben, darunter sehen, würde man verrückt vor lichtscheuem Gewimmel, vor unendlicher Endlichkeit. Die Wäsche auf der Leine, die umgestürzte Schubkarre, der moosige Ball, die freilaufenden Hühner, die gelbe Gardine, die vertrockneten Blumen auf dem schmalen Balkon, der Mann und sein Rasenmäher, ein Kind mit einem viel zu großen Hund, der einsame Radfahrer, das Blaulicht, der späte Schnee, die Gastwirtschaft mit den Narzissen im Fenster, die Frauen im Schaufenster ihres Bordells, der freihändig fahrende Postbote auf seinem klobigen Rad, die Bienenstöcke, die abgezirkelten Felder, die frohgemuten Einkaufszentren, die geputzten Friedhöfe, die schwarzen Äcker, rostige Kabeltrommeln, Schachspieler im Park, die gestapelten Autowracks, windschiefe Pappeln, Gräben voller Unrat, gehisste Abstammungsnachweise über Kleingärten, die verwitterten Bahnhöfe.

Am Montag steige ich als Archäologe in den Zug, am Dienstag werde ich zum Detektiv, am Mittwoch mutiere ich zum Psychologen, der Donnerstag presst mich zum Voyeur, freitags hält man mich für einen Spion, der Samstag sieht mich als Sprengstoffexperten, und am Sonntag nehme ich die Beichte ab, morgens Geburtshelfer, mittags Arzt, am Abend läute ich die Totenglocken. Ich beginne, Gespenster zu sehen. Die Menschen lesen Romane, weil sie es nicht aushalten, sich selbst zu lesen. Geschichten sind Steine, die man ins Meer wirft, weil die Rettungsringe fehlen. Die Menschen, denen ich begegne, wirken auf mich wie Betrüger, weil ich sie nicht hätte erfinden können.

Auf der Fahrt nach Budapest Keleti pu. Von Berlin Hauptbahnhof nach Budapest dauert die Fahrt neuneinhalb Stunden. Vielleicht fahre ich durch, vielleicht steige ich aus, biege ab, kehre um. Der Wagen ist spärlich besetzt. Mir gegenüber sitzt eine Frau mit Wangen aus blankem Porzellan, ein Mann mit gestreiftem blauen Hemd und grauer Weste reibt unentwegt Daumen und Zeigefinger aneinander, die Zeitungen rascheln, ein Krückstock geht mehrfach zu Boden, sein Besitzer, ein älterer Mann, bringt ihn, leise schimpfend, wieder in Position. Die Flügel der Windräder drehen sich kaum merklich wie die Zeiger einer Uhr, Gewitterschwüle liegt in der Luft, die Augen fallen mir zu.

Als ich aufwache, weiß ich nicht, wo wir sind. Egal. Dafür sitzt mir unvermutet ein Mann gegenüber, er muss in Dresden zugestiegen sein und sieht mich unverwandt an, so als ob er meinen Schlaf beobachtet hätte.

»Sie haben geträumt, oder?«

Ja, ich habe geträumt, aber was geht ihn das an und woher will er es wissen? Der Mann hat die sechzig überschritten, er trägt schulterlange weiße Haare, die Augen klein, voller Wasser, boshaft. Ich kämpfe meine feindselige Stimmung nieder, erinnere mich an meinen Auftrag, meine Züge beginnen sich zu entspannen. Die Wolken sehen jetzt aus wie geballte Fäuste, die Ränder sind schwarz wie Kohle.

»Ich kann gut in Zügen schlafen, konnte ich schon immer, das Zittern macht mich müde.«

Der Mann nickt.

»Das verstehe ich, mir geht es auch so. Es hat sogar eine Zeit gegeben, da konnte ich fast nur in Zügen schlafen. Da bin ich zum Schlafen in den Zug gegangen. Können Sie sich das vorstellen?«

Es fällt mir schwer, mir das vorzustellen. Hat der Mann keinen Beruf? Keine Familie? Litt er an Schlaflosigkeit? Er gehört zu der Sorte Erzähler, die das Einvernehmen des Gegenübers einfordern, sonst versiegt ihre Lust zu erzählen. Deshalb nicke ich ihm nach einer kleinen Pause zu, um ihn nicht in der Luft hängenzulassen. Seine Augen sehen auch überhaupt nicht mehr boshaft aus, sondern beinahe bekümmert. Tatsächlich wirkt er jetzt im Zwielicht des späten Nachmittags fast einfältig, übergossen von trauriger Gutmütigkeit.

»Ich kann es mir vorstellen, aber war das nicht ein bisschen anstrengend? Und teuer auf die Dauer?«

Er blinzelt und massiert sich den Nasenrücken.

»Ach wissen Sie, Geld hat mich …« – er suchte nach einer passenden Formulierung – » … sagen wir mal, Geld ist vor mir und meiner Familie nie davongerannt, deshalb mussten wir ihm nicht nachlaufen. Ich weiß, das klingt unbescheiden, aber ich habe mir meine Familie nicht ausgesucht. Ganz im Gegenteil, ich habe mich eine Zeit lang abgenabelt und ein Studium begonnen, das mein Vater entschieden ablehnte. Ja, ich habe sogar während des Studiums gearbeitet, obwohl mir meine Eltern die finanzielle Unterstützung nie verweigert hätten.«

Der Mann stöhnt leise auf, fasst sich an die Hüfte.

»Sport hab ich nie ausstehen können. Natürlich sagen die Ärzte alle dasselbe. Bewegen Sie sich, machen Sie Sport. Nein danke.«

Erst jetzt bemerke ich, dass der Mann offenbar weitaus älter ist, als ich ihn zunächst geschätzt habe. Er hat die siebzig schon überschritten und wenn er sich dreht und wendet, sich aufrecht setzt, sieht man die Mühe, die ihn das kostet. Er reibt sich noch einmal mit der Hand über den Rücken und fährt fort.

»Ich habe in Heidelberg studiert, Philosophie. In den sechziger Jahren. Sie sind noch so jung, das können Sie sich gar nicht mehr vorstellen. Eine andere Welt. Wenn ich Ihnen sage, ich habe damals mit mir gerungen, wissen Sie dann überhaupt, was ich meine? Ich war auf der Suche nach Antworten, aber bevor ich Antworten bekommen konnte, musste ich die richtigen Fragen stellen. Das war das Schwerste. Haben Sie schon mal eine Frage gefunden, die ganz Ihnen gehört? Eben keine angelesene oder vorgesagte oder irgendwo aufgeschnappte Frage, sondern eine Frage, die nur Sie in die Welt setzen konnten? Ich litt damals an schwerer Migräne und lag oft tagelang in meinem verdunkelten Zimmer.«

Er legt die Finger an die Schläfe, als würde er noch einmal dem Schmerz von damals nachspüren. Würde er seinen Bericht fortsetzen? Er sieht plötzlich depressiv aus, uralt, eine Schildkröte, die es vorzieht, den Kopf einzuziehen und das Kriechen einzustellen. Gleich würde er einschlafen und mich mit den Resten seiner Erzählung sitzenlassen, oder aber er würde aufstehen und grußlos weggehen. Ich bin selten einem Menschen begegnet, der von einem Moment auf den anderen seinen Ausdruck so sehr verändert hat wie dieser Mann; sein Verhalten wäre unhöflich zu nennen gewesen, wenn er sich im Griff gehabt hätte, aber es sah ganz so aus, als ob er sich selbst im Griff von etwas befindet, über das er keine Macht hat. Er ist mir, er ist sich selbst abhanden gekommen. Was hat ihn entführt?

Ein Zug rast an uns vorbei und es klingt so, als ob ein riesiger Vogel mit seinen Flügeln die Scheiben einschlagen wolle. Es kam wieder Leben in den Mann. Er bittet um Verzeihung.

»Wo war ich stehengeblieben?«

»Migräne?«

»Ja, der Schmerz. Ich hatte wieder einmal mit Migräne in meinem dunklen Zimmer gelegen – Sie müssen wissen, diese Art von Kopfschmerz haben meistens Frauen und kommt bei Männern eher selten vor – und war plötzlich hellwach. Ich glaube weder an Gott noch bin ich in irgendeiner Weise spirituell veranlagt. Das will ich nur vorausschicken, damit Sie nicht denken: Was faselt der Alte da? Die Wand, an der ich lag, fing an, sich zu bewegen. Da war so ein altmodisches rautenförmiges Muster auf der Tapete, das sich verschob, verknäulte, verdickte, dann aber auseinanderflog, als hätte von hinten jemand mit einer Schere oder einem Messer hineingestochen. Und dann platzte die Wand auf, ein Gesicht trat hervor oder ein Schädel oder nur eine Stirn oder ein paar Augen, oder es war ein Ball, so ein Kinderball mit farbigen Punkten. Das Komische war, dass das alles zusammensteckte, sich aber nichts ineinanderfügte. Genauso wenig passten die Rhythmen des Dings – oder was es war – zueinander, es bewegte sich in verschiedenen Geschwindigkeiten, fror aber auch stellenweise ein und stand still. In diesem geordneten Chaos – als solches erschien es mir – tauchten ab und zu kurze Szenen aus meinem Leben auf, aber sie wurden nur gerade so angerissen oder angespielt, dass ich die Details zwar mir zuordnen, aber weder eine Chronologie noch einen Sinn in allem entdecken konnte. Bei manchen Szenen war mir auch unklar, ob ich sie schon erlebt oder ob ich sie noch vor mir hatte, ob ich Zuschauer war oder ob mich jemand betrachtete, und auch das schien egal zu sein, denn ich war drinnen und draußen oder an einem Ort, der weder etwas mit außen noch mit innen zu tun hatte. Je länger das nun zurückliegt, desto mehr Worte finde ich für dieses Erlebnis, aber je öfter ich davon erzähle, desto unschärfer wird mein Bild, so als ob jedes Wort einen Schleier über das Gewesene werfen würde. Und wissen Sie, was ich mich dann frage? Ist nicht jedes Wort im Verhältnis zu dem Ding, was es ausdrücken will, ein Gespenst?«

»Sie sagten doch, Sie glauben nicht an Geister?«

»Habe ich das gesagt? Ich sagte, ich glaube nicht an Gott, aber an Gespenster? Wissen Sie, was ich nach diesem Erlebnis getan habe?«

Er sah mich auffordernd an. Ich zuckte mit den Achseln.

»Ich habe mein Philosophiestudium in Heidelberg abgebrochen und ein Physikstudium begonnen. Und ich habe es nie bereut.«

Alles, was an dem Mann zuvor ungewöhnlich ausgesehen hatte, fiel jetzt von ihm ab. Er wirkte wie ein biederer Rentner, der ein großes Taschentuch hervorzieht und sich umständlich die Nase putzt. Hatte dieser Mann mir wirklich gerade hier und jetzt diese merkwürdige Geschichte erzählt? Er stellt mir noch die ein oder andere belanglose Frage, wohl eher aus Höflichkeit als aus Interesse, dann fallen ihm die Augen zu und er schläft mit erstaunlicher Hartnäckigkeit. Dass ich aussteige, merkt er nicht.

Dinosaurier können aussterben, Gespenster und Geister nicht. Sie sind, entgegen aller Annahme, keine ungebetenen Gäste, sie geben unseren Ängsten und Hoffnungen Gestalt, sie dolmetschen zwischen uns und der Nacht hinter den Nächten. Und so wahr wie die Menschen sind, so wahr sind auch sie.

In Hamm werden die Zugteile des ICE geteilt. Beide Teile fahren nach Köln, aber während der eine die längere Strecke über Bochum, Essen, Dortmund und Düsseldorf nimmt, fährt der andere über Hagen und Wuppertal und kommt etwa eine Dreiviertelstunde früher in Köln an als sein Bruder auf Zeit.

Manchmal sind Trennungen eine schwere Sache. Vor Jahren, erinnerte ich mich, saß ich einmal eine Dreiviertelstunde in Hamm fest, weil man die Züge nicht auseinander bekam. Beide Zugteile führten einen Speisewagen mit sich. Ich hatte den schnelleren Weg gewählt und war, bis auf einen anderen Reisenden, der letzte Gast. Die Nacht löste den Abend ab. Bis Hannover hatte noch ein stämmiger Mann mit an meinem Tisch gesessen, mit dem ich jedoch kaum ins Gespräch kam. Ein wortkarger Westfale, der Bier trank und unter dem Tisch eine Tüte mit Schokoladenbonbons versteckte. Er trank sein Bier mit rhythmischer Verlässlichkeit, alle drei Minuten tat er einen tiefen Zug, und in den Trinkpausen fingerte er die Bonbons hervor und zerbiss sie ebenso gleichmäßig. Nachdem er die Tüte mit den Schokoladenbonbons geleert hatte, zog er eine Tüte mit Schokoladenkeksen aus der Tasche und setzte das Spiel bei einem zweiten Glas Bier fort. Er war Leiter einer Steakhouse-Filiale, weshalb er die Speisekarte ausführlich mit professionellem Interesse las.

Jetzt saß nur noch ein Mann auf der anderen Seite des Ganges, der mit bissiger Aggressivität auf die Tasten seines Laptops einhämmerte und dabei Musik auf seinem MP-3-Player hörte. Er hatte den Aufenthalt in Hamm genutzt, um auszusteigen und auf dem Bahnsteig eine Zigarette zu rauchen. Nun hämmerte er wieder, wippte mit den Füßen und schüttelte den Kopf im Takt der Musik.

Ich war kurz davor einzuschlafen, als sich ein Mann mit einem erstickten Schrei auf mich stürzte. Reflexartig stemmte ich meine Hände gegen seinen Brustkorb und bewahrte ihn damit vor dem Sturz. Er war durch das heftige Schaukeln des Zuges aus dem Gleichgewicht geraten und mir praktisch in die Arme gefallen. Wir lachten uns erleichtert an, und er, der ohnehin etwas hatte trinken wollen, fragte, ob er sich zu mir setzen dürfe, denn dass ich ihn aufgefangen habe, sei ja immerhin ein Zeichen, und Zeichen solle man nicht geringschätzen.

»Nein, gerne, setzen Sie sich bitte! Ich bin froh über Gesellschaft.«

Er blies sich kräftig in die geballten Fäuste und schüttelte sich, als ob er durch tiefen Schnee gestapft wäre.

»Irgendwie kalt, oder? Ich friere immer in diesen klimatisierten Zügen.«

»Stimmt, aber da draußen ist es auch nicht besser, den Mai hätte ich mir wärmer vorgestellt.«

Das Wetter. Wir hatten ein unerschöpfliches Thema gefunden. Er kannte sich gut aus mit Wolkenformationen, Tief- und Hochdruckgebieten, mit dem Klimawandel und Nebelfeldern in der Eifel. Er wäre, sagte er, gerne Wetterkundler geworden (er sagte nicht Meteorologe), aber dann hatte es ihn doch in den höheren Verwaltungsdienst einer größeren deutschen Stadt verschlagen, wo er in erster Linie für die Finanzen zuständig gewesen sei. Er wirkte entspannt wie ein Mann, der nichts bedauert, er hatte gelebt, was ein Mann leben musste, kein Unheil, so sah es aus, hatte sein Leben schwarz und schwer gemacht. Er hatte in den letzten Tagen seine Enkelkinder in Berlin besucht und jetzt war er mit dem guten Gefühl auf dem Heimweg, vermisst zu werden. Wenn er zu Hause ankommen würde, würde er in Berlin anrufen und melden, dass er gut wieder zurückgefunden habe. Und wie er seine Tochter kenne, habe sie ihm schon eine Botschaft auf den Anrufbeantworter gesprochen, dass alles sehr schön gewesen sei mit ihm und dass sie hoffe, er komme bald wieder. Und das würde sie ihm dann nochmal sagen, wenn er sie wiederum zurückriefe. Und dann würden sie in den nächsten Tagen auch noch die ein oder andere Kleinigkeit hin- und herschicken, Kekse, Fotos, Wein oder Tee, um das Erlebnis zu bekräftigen.

»Ja, wissen Sie, ich bin ein glücklicher Mensch. Man traut sich kaum, das zu sagen, aber ich bin nicht nur unbeschadet durchs Leben gekommen, es hat sich so viel Gutes für mich erfüllt, dass ich manchmal fürchte, es sei zu viel. Verstehen Sie?«

Ich verstand ihn. Der Steward brachte den Früchtetee.

»Unsere Familie«, sagte er, »hat vieles überstanden, wo andere sehr haben einstecken müssen. Ich bin im Siegerland aufgewachsen, zwischen Gießen und Hagen, gar nicht weit von hier.« Er zeigte beiläufig hinaus. »Das ist eine abgelegene Gegend. Das Dorf, in dem ich groß geworden bin, besteht aus ein paar Bauernhäusern, einem Laden und einer kleinen Kapelle. Da steht noch heute eine gelbe Telefonzelle, wahrscheinlich ist die vergessen worden. Viel Wald, ein paar stumme Hügel. Ich und meine Geschwister wuchsen in einem Fachwerkhaus auf, das sehr, sehr alt war. Oben unter dem Dach, da wo unsere Zimmer lagen, konnte ein erwachsener Mann kaum stehen. Nicht weit von unserem Haus verlief eine Bahnstrecke, auf der aber nur Güterzüge fuhren und eine kleine Fabrik versorgten. Die stellten irgendetwas her, was kriegswichtig war.«

Der Zug hielt in Hagen. Der Laptop-Hacker am Nebentisch hatte sich schon vorher eine Zigarette aus der Schachtel gezogen und stürmte jetzt nach draußen. Er hatte kaum drei Züge getan, als der Schaffner pfiff. Schwer atmend kam der Raucher zurück und ließ sich auf seinen Platz gleiten.

»Das musste aber schnell gehen!« Der Steward lachte. Der Mann schnaufte.

»Ja, hier in Hagen komme ich meistens nicht auf meine Kosten.«

Wir beide hatten dem Mann zugesehen. Draußen waren schwere Regenwolken aufgezogen, die ersten Tropfen schlugen spritzend auf die Windschutzscheiben der Autos.

Jetzt setzte mein Gesprächspartner seine Erzählung fort.

»Im letzten Kriegsjahr war ich sieben Jahre alt. Bis

dahin hatten wir wenig vom Krieg mitbekommen. Weder mein Vater noch seine Brüder waren eingezogen worden, und auch die Geschwister meiner Mutter mussten nicht kämpfen. Als Kassel bombardiert wurde, konnte ich nachts den Feuerschein sehen. Doch unser kleiner Ort war für die Engländer uninteressant. Bis zu dieser Nacht.

Meine Geschwister und ich lagen in unseren Betten. Meine beiden jüngeren Brüder lagen zusammen und ich und mein älterer Bruder teilten uns ein Zimmer. Ich weiß nicht, ob ich etwas gehört hatte, auf jeden Fall wurde ich wach. Und als sich meine Augen noch an die Dunkelheit zu gewöhnen versuchten, sah ich in der geöffneten Zimmertür einen Mann. Er war groß und breitete seine Arme aus.

Ich hatte den Mann nie gesehen, aber ich hatte auch keine Angst. Er stand da, so wie Sie jetzt vor mir sitzen, und ganz egal, was alle anderen dann später sagten, um es zu erklären, ich weiß, was ich gesehen habe und ich weiß, dass ich nicht träumte.«

»Sie meinen, der Mann, den Sie gesehen haben, war ein Gespenst?«

»Nein, ich würde sagen ein Geist!«

»Ein guter Geist?«

»Ja, denn ich hatte ja keine Angst und fühlte mich auch geborgen.«

In der Stimme des Mannes war keine Spur von Ironie und er sah mir ohne Verlegenheit ins Gesicht.

»In dieser Nacht warfen die Flieger unweit unseres Hauses eine Luftmine, die wohl der Bahnstrecke galt, aber ihr Ziel verfehlte. Durch die Druckwelle wurden die Giebel unseres Hauses an den Stirnseiten regelrecht auseinander gezogen. Und der dunkle Mann stand da mit großen Augen und ausgebreiteten Armen, so als würde er etwas stemmen und halten, und sagte: ›Es passiert nichts.‹«

»Können Sie sich noch daran erinnern, wie er aussah?«

»Ja, der sah ein bisschen wie ein Zimmermann aus, so wie die fahrenden Gesellen heute noch aussehen. Er trug einen breitkrempigen Hut und ein kleines Kinnbärtchen. Ich glaube, er hat das Dach zusammengehalten. Am nächsten Tag konnte man den Schaden bestaunen, und um ein Haar, sagte man, wäre das Dach über uns schlafenden Kindern eingestürzt.«

»Und was haben Ihre Eltern zu dem nächtlichen Gast gesagt?«

»Natürlich hat mir niemand geglaubt, aber meine Großmutter meinte, die Beschreibung passe auf einen unserer Vorfahren.«

Ein Blitz warf seine sich verästelnden Arme zu Boden. Dem Steward krachte scheppernd ein Kasten voller Besteck zu Boden und der Mann mit der Zigarette freute sich schon auf den nächsten Halt. Wir sahen hinaus und unterhielten uns noch über dies und das, ohne den Geist nochmal zu erwähnen.

Der Dom schob sich heran, wir überquerten den Rhein und verabschiedeten uns.

»Kommen Sie gut nach Hause. Und viel Glück!«, sagte er.

»Und was soll ich Ihnen wünschen?«

Der Mann überlegte einen Augenblick.

»Dass unsere Katze zurückkommt. Die ist weggelaufen und ich weiß nicht, ob das Schicksal sie unserer Familie zurechnet.«

»Das will ich machen!«

Das Unheimliche schleicht sich leise heran. Das Grauen liebt den grellen Auftritt, den Paukenschlag, und der Grusel, der kleine Bruder des Grauens, macht uns wohlig beklommen, weil er flüchtig und vergänglich ist. Das Unheimliche aber ist diskret, nicht jeder bemerkt es, und wenn es verschwindet, sich davonstiehlt, stellt es Fragen, die uns lange begleiten. Das Unheimliche ist ein Dieb, es stiehlt die Ruhe.

Der Zug fuhr nach Venedig. Der italienische Speisewagen enttäuschte meine Erwartungen, zumindest in kulinarischer Hinsicht. Es gab nur kalte Snacks, an ein gediegenes italienisches Essen war nicht zu denken. Und auch das Weinangebot war bescheiden. Es gab *einen* Rot- und *einen* Weißwein, beides wurde im Tetrapak samt Plastikbecher serviert. Obwohl der Rotwein leicht chemisch schmeckte, belebte er mich. Es stellte sich heraus, dass der Steward, den ich für einen Italiener gehalten hatte, ein Kroate war, der lange Zeit in der Bundesrepublik in italienischen Restaurants gearbeitet hatte. Die längste Zeit hätte er in Papenburg gelebt, eine Stadt in Niedersachsen, die älteste und längste Moorsiedlung Deutschlands. An tiefschwarzen Kanälen reiht sich dort endlos Haus an Haus, Klappbrücken wie in Holland verbinden die beiden Seiten. Im emsländischen Papenburg, wo die

Einheimischen Platt sprechen, hatte der Kroate seine ersten italienischen Wörter gelernt, und so sei er in Italien gelandet, wo er jetzt schon seit über fünfzehn Jahren lebe und arbeite.

Ein Mann am Nebentisch, der etwa vierzig Jahre alt sein mochte, hatte unsere auf Deutsch geführte Unterhaltung verfolgt und wandte sich nun an mich. Wir kamen ins Gespräch, er hatte Lust, sich zu unterhalten. Er war Italiener und hatte einige Jahre in Deutschland Informatik studiert. Eine Professur in Amerika stand ihm in Aussicht und jetzt wollte er noch einmal seine Eltern besuchen, ehe er für lange Zeit in die Vereinigten Staaten gehen würde. Wir kamen – ich weiß nicht mehr warum – auf unheimliche Erlebnisse in unserem Leben zu sprechen. Ich hatte da wenig vorzuweisen. Natürlich kannte ich den Grusel, den Schauer, wenn man als Kind allein einen Gruselfilm gesehen hatte und dann in der Nacht erwachte und die Schatten plötzlich Gestalt annahmen. Aber mir war nie ein Gespenst begegnet, noch hatte ich das Gefühl, von Geistern umgeben zu sein.

Mein Gesprächspartner hingegen hatte einmal eine unheimliche und ihm heute noch rätselhafte Begegnung. Als junger Mann lebte er einige Jahre in der Nähe von Pisa, wo er in seiner Freizeit zusammen mit Freunden Kammermusik machte. Er war durch sein Elternhaus seit frühester Jugend musikalisch erzogen worden und war – so drückte er sich aus – ein ganz passabler Violinist geworden. Ja, er hätte sich durchaus vorstellen können, Berufsmusiker zu werden, doch das Leben hatte ihn einen anderen Weg einschlagen lassen. In dem kleinen Städtchen, in dem er damals lebte, traf er sich mit Freunden einmal wöchentlich in einer Kirche, um dort zu musizieren, so auch in der Nacht, von der er mir erzählen wollte.

»Es war nach Mitternacht, als wir unsere kleine Soiree beendeten. Wir hatten ein paar Freunde und Bekannte eingeladen und für sie gespielt. Der Küster hatte uns den Schlüssel mit der Auflage überlassen, die Kirche gut abzuschließen. Ich war der Letzte. Das Angebot meiner Freunde, mit ihnen noch etwas zu trinken, hatte ich abgelehnt, ich wollte noch einen Moment für mich sein. Als ich endlich die Kirche abschloss und auf den Platz hinaustrat, schlug es halb eins. Es war ziemlich dunkel, Straßenbeleuchtungen gab es dort damals kaum, und weder ein Restaurant noch eine Bar hatten mehr geöffnet. Hätte nicht der Mond etwas Licht gegeben, wäre es stockfinster gewesen. Ich bog in die nächste Gasse ein, als mich aus dem Dunkel plötzlich eine Stimme ansprach, die mich furchtbar erschreckte.

›Ei, ei, eine feine Musik habt ihr da in der Kirche gemacht!‹

Ich konnte die Stimme zunächst niemandem zuordnen, bis ich zu Boden sah, wo ich endlich im noch schwärzeren Schatten der Mauern die Umrisse eines Mannes sah, der dort im Schneidersitz auf einem ausgebreiteten Tuch oder einer Jacke saß.

›Ja, ja, das klang ganz ordentlich, hier und da etwas mehr Tempo, etwas mehr Kraft … aber, nein, das konnte sich hören lassen, junger Mann.‹

Mir war die Gestalt immer noch unheimlich, immerhin schien er etwas von Musik zu verstehen. Er stand auf und einen Moment dachte ich daran wegzulaufen, aber der Gedanke, vor einem Bettler zu flüchten, kam mir albern vor. Ich blieb. Er trat ein Stück näher an mich heran und sagte: ›Ei, ei, da habt Ihr sicher eine schöne Geige auf Eurem Rücken, darf ich?‹«

An diesem Punkt seiner Erzählung unterbrach sich der Mann und fragte mich: »Kennen Sie sich ein bisschen mit klassischer Musik aus?«

Ich verneinte.

Er fuhr fort. »Meine Geige ist keine exklusive Geige, aber sie entspricht sicherlich dem Wert eines soliden Kleinwagens. Schon allein deshalb zögerte ich, dem Fremden meine Geige zu überlassen. Davon mal abgesehen, sah der Mann nicht gerade vertrauenerweckend aus, ich hatte ihn hier noch nie gesehen, und seine Kleidung war sichtlich angegriffen. Er war spindeldürr. Ich zögerte, da fragte er nochmal.

›Wollen Sie etwas hören? Sie können sich alles wünschen!‹

Da habe ich mich überwunden, meinen Geigenkoffer geöffnet und ihm das Instrument gegeben.

›Wünschen Sie sich, was Sie wollen, ich spiele alles!‹

Na gut, dachte ich mir, wenn er es so will, dann soll er es haben, und ich wünschte mir eins der *Capriccios* von Niccolò Paganini, das ist eines der schwierigsten Stücke überhaupt, das man einem Violinisten abverlangen kann. Und dann nahm der Mann, der eine ungewöhnlich lange Nase hatte und sehr bleich war,

seine Stellung ein und begann. Es mögen die unge-
wöhnlichen Umstände, es mag die Verblüffung gewesen sein, ich habe dieses Capriccio niemals auf eine
solch ergreifende Weise gehört. Der Mann spielte ra-
send schnell, aber nicht hektisch, er spielte wie ein Virtuose, der das Stadium der Perfektion längst hinter
sich gelassen hat und in eine Sphäre aufgestiegen ist,
die man mit handwerklicher Brillanz gar nicht erreichen kann. Er war da, wo ich niemals hinkommen
werde, so sehr ich mich auch mühe. Als er fertig war,
sah er mich an.

›Ei, ei, nicht schlecht, oder? Kann sich hören lassen.‹
Er kicherte in sich hinein wie ein albernes kleines
Mädchen.

›Und darf ich Ihnen noch etwas schenken?‹

Ich zögerte diesmal nicht und wünschte mir die
Chaconne d-Moll von Johann Sebastian Bach. Etwas
Schöneres gibt es kaum.

Er kicherte und spielte auch das. Seine langen Finger tanzten wie Libellen über die Saiten.

Mir standen die Tränen in den Augen.

›Ei, ei, nicht schlecht, nicht schlecht! Eine feine
Musik!‹

Er gab mir das Instrument zurück, und als ich noch
damit beschäftigt war, meine Violine zu verstauen,
war er verschwunden. Das Komische daran war, dass
keiner meiner Freunde, die ich am nächsten Tag fragte,
ihn gesehen hatte, geschweige denn von ihm angesprochen worden war. Niemand kannte ihn oder hatte
ihn in der Stadt überhaupt wahrgenommen. Niemand
hatte in der Nacht sein Fenster aufgerissen und sich

beschwert. Mir ließ sein Auftritt keine Ruhe und ich habe mich wirklich jahrelang bemüht, eine Spur von diesem Virtuosen zu finden, aber ich fand nichts. Jahre später hörte ich von einem Geigen-Virtuosen, der den *Premio Paganini* gewonnen hatte, eine der bedeutendsten Auszeichnungen für Violinisten. Dieser Virtuose war wahnsinnig geworden. Er hatte während seiner Konzerte angefangen, das Publikum zu beschimpfen und war eines Tages in einer Anstalt verschwunden. Vom Aussehen und Alter hätte er mein Mann sein können, was aber überhaupt nicht passte, war die ungewöhnlich lange, scharfgeschwungene Nase, die ich an ihm bemerkt hatte. Ich habe bis heute dieses nächtliche Konzert im Ohr und habe nie etwas Ähnliches gehört.«

Der Mann sah versonnen nach draußen. An manchen Hängen klebten noch Reste von Schnee. Wir fuhren vorbei an Weinhängen und Hopfenanpflanzungen, der Zug wand sich durch ein enges Tal, ein grüner Fluss stürzte schäumend bergab.

Der Mann trank mir zu und sagte mehr zu sich selbst als zu mir: »Paganini hatte auch so eine Nase!«

Ein Fenster aus Zeit

Die Sonne ist spendabel. Ein Samstag im Mai. An diesem Tag soll entschieden werden, wer Deutscher Fußballmeister der Saison 2008/2009 und wer neuer Bundespräsident wird. Ich bin frühmorgens auf dem Weg nach Lübeck, um das Willy-Brandt-Haus zu besuchen, das eine Ausstellung über die Biographie des früheren Bundeskanzlers zeigt. Man nimmt zunächst den ICE nach Hamburg und steigt dann dort in einen Regionalzug um. Der Zug ist halbvoll. Im Speisewagen sitzt niemand, ich bleibe deshalb zunächst auf meinem Platz. Die Frau ist mir schon zuvor aufgefallen. Die Reinigungsfrau. Man kennt den Anblick dieser Service-Kräfte, sie kämpfen sich durch den Zug, meistens mit einer grauen Plastiktüte in der Hand, in der dann die Abfälle der Reisenden verschwinden. Das Reinigungspersonal sieht meistens gehetzt aus. Manchmal greifen sie nach dem Kaffeebecher, den man kaum ausgetrunken hat oder sie wollen die Zeitung entsorgen, die man noch liest.

Die Frau ist schon zweimal an mir vorbeigelaufen. Einmal hat sie einen arabisch aussehenden Jungen, der etwas verloren im Gang herumstand, gefragt, wo denn seine Eltern seien und wohin er reise.

»Nach Deutschland fahren wir, nach Deutschland!«, hat der Junge gesagt.

»Aber da bist du doch schon, das ist Deutschland!«,

hat die Frau, die eine Art graue Uniform trägt, geantwortet. Als sie das nächste Mal vorbeikommt, staune ich darüber, dass sie die Faltblätter »Ihr Reiseplan« einsammelt, obwohl wir kaum eine Stunde unterwegs sind, Hamburg, unser Ziel, also noch lange nicht erreicht haben.

»Entschuldigung!«, wende ich mich jetzt an sie, »was machen Sie denn mit den Reiseplänen? Kann man die nicht mehr gebrauchen?«

Sie macht Anstalten, mir den Vorgang zu erklären. Ich verstehe sie nicht wirklich. Sie spricht von verschiedenen Tüten, von Stellen, wo sie manches ablegen und anderes wegwerfen würde.

»Was sich die Herren da oben dabei denken, kann ich Ihnen auch nicht sagen!« Ich erwidere, dass diese Lösung auf jeden Fall nicht sehr umweltfreundlich sei und dass zwischen Anordnen und Denken mitunter kein Zusammenhang bestehe. Ich weiß nicht, ob ich sie damit provoziert habe, aber sie fragt mich fast empört, ob ich denn etwa an das Märchen vom Umweltschutz glaube.

»Wissen Sie«, sagt sie, »Sie können doch das, was da aus China kommt, gar nicht kontrollieren oder glauben Sie, dort schaut jemand nach?« Ich will ihre Skepsis ein wenig kitzeln und entgegne: »Die Welt geht also unter, ganz egal wie wir uns verhalten?« Mich überrascht ihre vollkommen ernsthafte Antwort:

»Natürlich geht die Welt unter! Sie sollten Ihren Kindern nichts anderes erzählen. Sagen Sie ihnen, dass die Welt untergeht.« Dabei lächelt sie nicht und ignoriert vollkommen meinen versuchsweise humorvollen

Tonfall. Für einen Moment glaube ich, eine religiöse Fanatikerin vor mir zu haben, aber ich entschließe mich stattdessen, sie für eine pessimistische Realistin zu halten. Ihren nächsten Satz werde ich mir merken, weil er eine andere Qualität und einen anderen Ton hat, als die Sätze, die sie zuvor gesagt hat.

»Das Glück ist ein Schnäppchen. Man muss wissen, wann man sich bückt und es dann rasch aufhebt.« Sie lächelt das erste Mal. Wer ist sie? Ich werde aufmerksam. Frage sie nach ihrer Herkunft, nach ihrer Geschichte und sie gibt mir von Minute zu Minute bereitwilliger Auskunft.

Sie wurde in Polen geboren und wuchs dort auf, zog dann aber als junge Frau nach Deutschland. Hier blieb sie einige Jahre, ehe sie nach Griechenland auswanderte und dort dreißig Jahre lebte. Sie hat zwei Söhne, der ältere lebt bei ihrem Mann und studiert Raumfahrttechnik. Der andere Sohn will jetzt in Deutschland Germanistik und Kunst studieren, um hier Lehrer zu werden. Er ist erst zwanzig, deshalb hat sie ihren Sohn auch nach Deutschland begleitet. Ja, ihre Söhne seien mehrsprachig aufgewachsen und sprächen jetzt Deutsch, Griechisch, Englisch natürlich und Polnisch auch. Sie fühle sich als Europäerin, sie sei überall zu Hause. Nein, sie ist keine Angestellte der Bahn, sie sei bei einer Firma beschäftigt, die von der Bahn beauftragt werde, deshalb wisse sie auch nur, dass sie auf dieser Strecke nur die nächsten vierzehn Tag fahre; wo sie dann eingesetzt werde, könne sie noch nicht sagen.

Wie alt mag sie sein? Ich schätze, sie ist Ende fünfzig, aber das ist schwer zu sagen, denn sie wirkt jugendlich. Ihre grauen Haare sind zurückgekämmt und werden durch einen Haarreif gehalten, sie ist gepflegt und sie spricht außerordentlich gewählt, nur ein leichter Akzent verrät ihre ausländische Herkunft. Sie sagt Sätze wie: »Ich glaube an die Tabula rasa. Das hat schon Aristoteles gewusst, wir kommen unbeschrieben zur Welt und werden von der Welt gemacht.« Plötzlich ist sie ganz entspannt, sie beachtet den Zugchef, der hinter ihrem Rücken schon mehrfach vorbeigegangen ist, gar nicht mehr und wendet sich mir ganz zu. Während sie spricht, gestikuliert sie mit der rechten Hand, die immer noch in einem transparenten Plastikhandschuh steckt. Ich frage sie, ob sie viel liest, denn ihre Sprache sei so gewählt. Sie freut sich ganz offensichtlich über meine Vermutung und hält gleich darauf eine Rede, eine lange, ausschweifende Rede. Ich habe selten eine poetischere Rede gehört, schon gar nicht von einer Reinigungskraft.

»Man muss sich Zeit nehmen. Als die Kinder kamen, habe ich meinen Beruf aufgegeben. Ich bin eigentlich Diplom-Volkswirtin, aber ich habe immer in anderen Berufen gearbeitet. Zeit ist das Wichtigste. Ich habe schon als Kind viel gelesen, da hatte ich sehr viel Zeit und sehr viel Unglück, denn meine Eltern hatten nie Zeit für mich. Wissen Sie, es war keine schöne Kindheit. Ich las alles, und wenn Sie heute nach Lübeck fahren, dann vergessen Sie nicht, sich das Buddenbrook-Haus anzusehen. Die »Buddenbrooks« habe ich auch gelesen. Ein wunderbares Buch von einer unglücklichen Familie. Geld baut kein Glück und keine Familie und Unglück gibt es umsonst dazu. Was wir aus unserer Zeit machen, ist das Wichtigste. Schauen Sie sich die Leute an, niemand hat Zeit, ich habe auch keine Zeit, aber was ich hier oben in meinem Kopf mache, das geht niemanden was an. Man kann stundenlang nichts tun und doch im Kopf alles bewegen und tun. Das Gehirn kann philosophieren, sich frei machen von dem, was ich gerade mache. Nimmt man sich nicht die Zeit, dann nimmt die Zeit dich. Die Zeit tanzt dir auf der Nase herum. Wissen Sie, es gibt so viele Freiheiten und so viele Philosophien, es ist schwer, sich eine davon auszusuchen, aber genau darauf kommt es an. In der Zeit, die bleibt, muss man die richtige Freiheit und Philosophie für sich finden und wer das nicht schafft, hat die Zeit niemals übers Ohr gehauen. Und dann ist die Uhr abgelaufen und Sie haben immer noch keine Zeit. Manche Leute haben doch nicht mal Zeit, um zu sterben, die fallen einfach im Büro tot um, so beschäftigt sind die. Die Männer in diesem Land müssen immer arbeiten und die Frauen haben die Kinder. Und die Kinder? Die Kinder haben alle Zeit der Welt, aber wer Kinder hat, hat keine Zeit. Kinder essen die Zeit. Sie haben doch selbst Kinder. Sie wissen das. ›Beeile dich, wir kommen zu spät, komm jetzt endlich‹, das sagen die Eltern. Aber den Eltern fehlt in diesem Land das Ziel, das Eigentliche. Irgendwie geht es immer nur darum, noch weniger Zeit zu haben, denn wer keine Zeit hat, hat es geschafft und wird von allen bewundert. ›Du hast keine Zeit? Ach, dann muss es dir gut gehen!‹ Die, die keine Zeit haben, regieren und haben das Geld. Wer keine Zeit hat, ist ein Vorbild. Haben Sie

Kontakt zu Jugendlichen? Alle wollen möglichst schnell viel Geld verdienen. Geld ist das Einzige, was zählt. Das finde ich traurig, denn Geld stiehlt ihnen alles: Zeit, Glück und Leben. Ich wünsche Ihnen viel Zeit in Ihrem Leben. Viel, viel Zeit. Ich danke Ihnen für das Gespräch. Jetzt muss ich aber wieder meine Arbeit machen. Ich muss los. Denken Sie an Ihre Zeit.«

Sie lächelt noch einmal und winkt. Ich bin eigentlich allergisch gegen Vorträge, zumal gegen Vorträge, denen man nicht entkommen kann, aber die Begegnung mit der Frau hat mich richtig beschwingt.

Das Gespräch mit Menschen, das unvermutete Gespräch mit Menschen, die man eben noch nicht kannte, ist eines der größten Abenteuer, in die man sich stürzen kann. Plötzlich merkt man, dass man sich mit einem Wust von Vorurteilen, Klischees und festgezurrten Images gegen die Wirklichkeit polstert, dass man mit einer dicken Pelle Unempfindlichkeit durchs Leben geht, um sich gegen Überraschungen zu schützen. Eben gerade noch war die Frau ein Schatten, eine wandelnde, namenlose Funktion, ein Mensch, der nicht mit mir plaudern und philosophieren, sondern arbeiten soll. Doch dann zieht sie mich mit ihrem Leben in ihren Bann und ihre Bahn. Erzählt. Sie nimmt mich mit auf ihre Lebensreise, die hier noch lange nicht endet, denn sie treibt die Sorge für ihre Kinder an. Sie öffnet mir Räume und Möglichkeitsfelder, denn sie lebt mir vor, was möglich ist.

Nachdem sie gegangen ist, gehe ich in den Speisewagen, der immer noch leer ist. Ich frage einen der

Zugbegleiter, ob denn das Reinigungspersonal einen besonderen Namen im Bahnjargon hat, ob es einen Fachausdruck für sie gibt. Es dauert einige Zeit, bevor der Mann überhaupt versteht, was ich meine. Ich glaube, er denkt, ich komme, um mich zu beschweren. Dann sagt er schließlich: »Die heißen ›Unterwegs-Reiniger‹.«

Ich laufe durch enge Lübecker Gassen. Das Holstentor, das früher die Fünfzigmark-Scheine zierte, die gotische Marienkirche, das Willy-Brandt-Haus und eine Thomas-und-Heinrich-Mann-Ausstellung im »Buddenbrook«-Haus. Es riecht nach Bratwurst und Bier, Mandeln, Fisch und nach salziger Seeluft. Hinter dem Buddenbrook-Haus liegt ein zweigeschossiges Parkhaus, davor ein leerer Parkplatz. Eine Gruppe arabisch aussehender Jugendlicher trollt sich über den Platz, es sind vielleicht zehn junge Männer und eine junge, blonde Frau. Sie führen vier Kampfhunde mit sich, die an den Leinen zerren.

Aber ich muss immer wieder an die andere Frau und ihre Zeit denken. Ich setze mich an einen Brunnen und warte.

Westerland

Sie wollten alle auf die Insel. Dem einen würde sie helfen, dem anderen nicht, die meisten würden ihr altes Gesicht wieder nach Hause tragen. Denn nichts hatte sich geändert. Der Insel aber waren die einen wie die anderen egal.

Der IC nach Westerland war überfüllt. Der Zug kam aus dem Süden und die Reisenden hatten schon viele Stunden in den überheizten Abteilen hinter sich. Als ich in Hamburg zustieg, roch der ganze Zug nach Erschöpfung, mürben Hoffnungen, nach Butterbroten, hart gekochten Eiern und ausgelaugtem Deodorant. Es war ein Zug aus den achtziger Jahren, der schon viele Dienstjahre absolviert hatte, ein Zug, dem man sein Alter und die zurückgelegten Strecken ansah. Zahlreiche Toiletten waren defekt, die Heizung ließ sich nicht regulieren, die Türen der Abteile musste man mühsam aufstoßen, die Polster waren zerschlissen und abgeschabt, die Spiegel und Fenster begannen zu erblinden. Und irgendwie färbte die Aura des Zuges auf die Menschen ab: Sie alle sahen aus wie von gestern, so als ob diese Zeitmaschine sie zwanzig Jahre zurückgeworfen hätte. Vielleicht wirkten deshalb alle so mürrisch und verdrossen, sie ahnten, dass dieser Zug sie alt machte.

Die meisten Reisenden waren zu kraftlos, um in den Speisewagen zu gehen; außerdem war die Mittagszeit vorbei und das Abendessen noch lange nicht in Sicht. Als ich mich an einen Zweiertisch setzte, zählte ich neun weitere Gäste. Eine Frau in den Vierzigern reiste offenbar mit ihrem jugendlichen Sohn. Davor saß eine junge, stark übergewichtige Mutter, die höchstens zwanzig Jahre alt sein mochte, mit ihrer etwa vierjährigen Tochter, und hinter diesem Paar hatten zwei Frauen Platz genommen, die auf den ersten Blick als Mutter und Tochter zu erkennen waren. Die Mutter war eine Greisin, die die achtzig vermutlich längst passiert hatte, und ihre Tochter, die ein Heilsarmee-Lächeln zur Schau stellte, mochte schon die sechzig erreicht haben. Etwas abseits saßen drei Frauen um die sechzig, die ohne ihre Männer unterwegs und gewillt waren, sich zu amüsieren. Sie hatten Sekt bestellt. Sie waren kess, munter, lebenshungrig. Sie hatten geheiratet, Kinder bekommen, sie hatten manches erduldet und sich dennoch nicht scheiden lassen, ihre Häuser waren abbezahlt und jetzt war es an der Zeit, eigene Wege zu gehen, bevor das Licht ausging. Sie trugen Hosen und Blusen, die ihre Figur betonten, sie konnten sich sehen lassen, und auf der Insel würden sie einiges tun, damit das so bliebe. Sie gehörten zu der Generation, die den Körper als immerwährende Baustelle entdeckt hatte. Man musste kämpfen. Aber jetzt erst mal was Prickelndes.

Die Mutter und ihr Sohn bestellten ein spätes Mittagessen. Sie wählte einen Fitness-Salat, er nahm Schweinebraten. Sie gab sich auffällig jugendlich, ihre blonden Haare waren dramatisch aufgetürmt und von weißblonden Strähnen durchzogen. Der Junge trug eine gebleichte, vielfach durchlöcherte Jeans.

»Du wirst jetzt über Nacht ein Mann!«

»Was meinst du, Mama?«

»Na, du wirst jetzt erwachsen. Das wird dich verändern, du wirst nicht mehr bei uns leben und all die Umstellungen …«

Der Sohn begann jetzt, einen berühmten Fußballtrainer zu imitieren. Er stotterte, er stammelte, er warf mit Floskeln um sich. Er machte das gut. Die Mutter bog sich vor Lachen.

»Ach, Chrissie, du bist wirklich zu komisch. Ich seh schon, wie der Neumann, der alte Angeber, vor dem Fernseher klebt und behauptet: ›Der ist auch durch meine Schule gegangen.‹ Hast du die Verträge gesehen, die die anderen bekommen haben?«

Die Kellnerin kam und servierte das Essen. Die Mutter nahm das zum Anlass, um alten Ärger aufzuwärmen.

»Also, wissen Sie, gestern im Zug habe ich einen Orangensaft getrunken, der war niemals frisch gepresst. Aber das stand auf der Karte. Ich habe zu der Kellnerin gesagt: ›Niemals ist der frisch gepresst!‹«

»Wie hoch war denn das Glas gefüllt?«

»Also, darauf habe ich nicht geachtet …!«

»Wenn das Glas so ganz voll war, fast bis an den Rand, dann war das der neue Saft … der ist gut … der ist wie frisch gepresst. Wissen Sie noch, wie die Flasche aussah? War das eine weiße? Vielleicht haben Sie noch den alten Saft bekommen?«

»Können wir bestellen?«

Die Kellnerin wandte sich um.

Die junge Mutter hatte für ihre Tochter die Spaghetti mit Tomatensoße ausgesucht.

»Gibt es das auch als halbe Portion?«

»Das können Sie auch als Kinderteller bekommen, selbstverständlich!«

Das Handy der jungen Mutter klingelte. Ihr Mann, ihr Freund, ihr Partner, auf jeden Fall der Vater ihres Kindes.

»Ja, du, die Kleine muss doch was essen – es ist der Papa –, bin gespannt, was ich bezahlen muss, das kostet acht Euro und neunzig … aber das sag ich dir, ich zahle höchstens die Hälfte … höchstens … ist ja auch nur die Hälfte … na klar, freue ich mich auf den Urlaub, aber ich fühle mich so unwohl in meiner Haut, ich würde jetzt am liebsten unter die Dusche springen … nein, die kann doch nicht den ganzen Tag Süßigkeiten … nein, die ist ganz brav … ja, warte mal, da kommt das Essen … ich ruf dich gleich wieder an.«

Die Kellnerin stellte den Teller vor das Kind. Die Kleine schaute, ohne eine Miene zu verziehen, auf die Nudeln, verschanzt hinter einem großen Schnuller.

»Magdanicht! Magdanicht! Mama, will ein Ei!«

»Nimm mal den Schnulli raus, Sina … komm, du musst jetzt schön was essen. Mama schneidet dir die Nudeln klein … so … jetzt iss schön … ich ruf noch mal den Papa an … Ja, ich bin's wieder. Also, wenn du das sehen könntest … riecht wie aus der Kühltruhe … aber sie muss doch was essen … Was ist denn, Süße, magst du nicht? … Jetzt will sie nicht, was soll ich denn machen? ... Du, es gibt dann auch keine Süßigkeiten mehr ... So ist gut ... Nein, sie isst es nicht, es ist aber auch eklig ... nun iss schon meine Kleine ... nein, die Mama mag das nicht ... und was macht ihr heute Abend? Geht ihr grillen ...? Dann lass es stehen Sina, wenn du nicht mehr magst, nein, das sieht ja auch eklig aus ... Ich werd jetzt zahlen, aber für den Fraß zahl ich keine vier Euro und den kleinen Salatteller hat sie mir auch nicht gebracht ... Und trink nicht so viel heute Abend, hörst du! Ja, wir telefonieren nochmal ... Zahlen, bitte!«

Als ich auf der Suche nach einem Platz durch den ganzen Zug gegangen war, war mir aufgefallen, dass viele junge Mütter mit ihren Kindern auf die Insel fuhren. Dabei handelte es sich überwiegend um recht junge Mütter, die ohne die Väter mit ihrem Kind unterwegs waren. Einige Kinder hatten deutlich erkennbare Hautprobleme, Ekzeme oder Schuppenflechte, und suchten Linderung an der Nordsee. Dann gab es junge Mütter, die so aussahen, als ob sie zur Mutter-Kind-Kur fuhren; sie saßen fast apathisch auf ihren Plätzen, ausgelaugt von ihrem Alltag mit einem Kind, das sie nicht hatten haben wollen oder aber später oder aber mit einem ganz anderen Mann. Es waren Mütter, die selbst noch wie Kinder aussahen, und eine Mutter gebraucht hätten, die sie an die Hand nahm. Stattdessen saßen sie jetzt hier im Zug, ohne Mann, ohne Mutter, und vor ihnen lagen drei oder vier Wochen, die ihnen Angst machten, weil sie nicht wussten, wohin die Reise ging.

»Das macht dann vier Euro und fünfzig!«

»Ich muss jetzt vier Euro fünfzig für diese Portion bezahlen? Und der Salat war auch nicht dabei!« Die Stimme der jungen Frau pendelte zwischen stachliger Empörung und kleinlautem Rückzug.

»Beim Kinderteller ist kein Salatteller dabei!«

Die junge Mutter zahlte. Murrte, aber zahlte. Die Kellnerin, sie war kaum älter als die junge Mutter, trug ein Nasen-Piercing. Kaum hatte sie sich umgedreht und war mit dem Nudelteller zur Küche zurückgegangen, verbündeten sich die beiden Mütter. Beklagten die hohen Preise, beklagten den verschwitzten Zug, beklagten den schlechten Service. Sie verbündeten sich im Schimpfen. Ihr Gezeter weckte die Aufmerksamkeit der alten Dame, die bis dahin schweigend auf ihrem Platz gesessen und die Speisekarte studiert hatte. Sie wandte sich ihrer Tochter zu und fragte: »Marlis, worüber beklagen sich die Leute? Haben sie zu wenig Lohn bekommen? Oder wurde zu wenig geheizt? Marlis, was ist da los?«

»Es ist alles in Ordnung, Mutter! Mach dir keine Gedanken! Weißt du schon, was du essen möchtest?«

Die alte Dame legte ihre Hände ineinander. Die Haut war sehr blass, altersfleckig. Über dem grauen Cashmere-Pullover trug sie eine auffallend schwere Perlenkette. Ihr weißes, volles Haar war streng zurückgebunden.

»Weißt du noch, als Hans mit seiner Schleuder Direktor Hachmöller an der Stirn getroffen hat? Das gab ein Theater! Der Vater hat dem Hans eine gehörige Tracht Prügel versetzt, obwohl es ihm nicht leichtfiel, denn er war doch kein harter Mann. Weißt du,

Marlis, wir sollten mal wieder nach Sylt fahren, da war es immer so schön!«

»Mutter, wir fahren doch nach Sylt!«

»Und das Haus?«

»Ist immer noch unser Haus!«

»Marlis, schau mal nach draußen, wir sind jetzt in der Luft.«

Der Zug hatte plötzlich an Höhe gewonnen und war wie mit einem Fahrstuhl nach oben geschossen. Mir wurde fast ein bisschen schwindelig. Das dort unten musste der Nord-Ostsee-Kanal sein, ein großes Schiff steuerte Richtung Nordsee, die Landschaft erschien von hier oben sauber und aufgeräumt und sah so niedlich aus wie die Spielzeuglandschaft einer Modelleisenbahn. Der freie weite Blick über die Tiefebene währte jedoch nicht lange, wir schwebten noch einige Augenblicke über Baumwipfeln, dann glitten wir wieder hinab und zuckelten weiter durch das flache Land. Die Wolken war gestaltlos, ein klumpiges Grau, aus dem hin und wieder ein Regentropfen fiel. Schwarzbuntes Vieh lag träge auf den Wiesen, die Pferde standen still mit gesenkten Köpfen und ein alter Mann zog einen Wetzstein über das Blatt seiner Sense. Der Zug trödelte, nur selten nahm er schnelle Fahrt auf.

Die junge Mutter und ihr kleines Mädchen waren inzwischen gegangen und Mutter und Sohn hatten ihr Essen bekommen. Jetzt, da der Sohn bald das elterliche Haus verlassen würde, schenkte sie ihm all ihre mütterlichen Ratschläge.

»Chrissi, schling nicht so, die Verdauung beginnt

bereits im Mund! – Wirst du denn auf deiner neuen Position auch so viele Tore schießen können? Euer Trainer schien mir ganz sympathisch zu sein. Er war noch recht jung.«

»Mama, überleg mal, gegen welche Gegner wir da spielen! Das ist der Nachwuchs von Bayer 04 Leverkusen, vom 1. FC Köln und anderen Bundesliga-Clubs. Da kann man nicht mehr so durchmarschieren.«

»Chrissi, jetzt hast du es geschafft. Du musst dich aber vor der Kombination Kartoffeln und Fleisch hüten, das liegt dir mindestens sechsunddreißig Stunden im Magen. Leichte Kost, Chrissi, leicht musst du essen. Da gibt es doch sicherlich einen guten Koch? Ihr habt ja fast jeden Tag Training, weißt du überhaupt, wie wichtig die richtige Ernährung für einen Sportler ist? Ich möchte, dass du morgen mal mit zu Schlindweins mitkommst, damit sie dir Blut abnehmen.«

»Warum das denn?«

»Da kann man dann sehen, was dir fehlt und was du vielleicht noch brauchst. – Junge, ich bin so stolz auf dich.«

Sie strahlte ihn an. Er fummelte an seinem Handy herum und nahm Glückwünsche entgegen. Dass er das Probetraining bestanden hatte, wusste jetzt alle Welt. Und der hoffnungsvolle Sieger des Tages ließ es sich nicht nehmen, jede der eintreffenden SMS-Glückwünsche seiner Mutter vorzulesen. Aber da er offenbar nicht nur ein guter Fußballer, sondern auch ein akzeptabler Parodist war oder sich zumindest dafür hielt, sprach und spielte er jede SMS wie einen Comedy-

Sketch vor, wobei er bei jeder neuen Nachricht seine Faust klatschend in die andere Hand schlug, ohne sich um die anderen Reisenden zu kümmern.

Die Dame mit der Perlenkette sah zu ihm hinüber und schüttelte den Kopf.

»Können die jungen Leute denn nicht genug bekommen? Das Taschengeld sollte man ihnen kürzen. Weißt du noch, Marlis, als Elfriede die chinesische Vase von der Anrichte gestoßen hatte? Mama hat so einen roten Kopf bekommen, ich dachte, sie trifft der Schlag. Wie eine reife Tomate. Aber Mama hat dann ja gar nicht der Schlag getroffen, oder? Woran ist Mama noch mal gestorben? Krebs, oder?«

»Lass es dir schmecken, Mama. Der Tafelspitz ist ganz zart, oder?«

Die drei Frauen hatten ihre zweite Runde Sekt bestellt. Sie schmiedeten Pläne, griffen sich prüfend mit der Hand in die Hüfte, bewunderten das pralle Dekolleté der einen und untersuchten reihum die Festigkeit ihres Bizeps. Da meldete sich ein Handy mit der Melodie von Tina Turner »Your simply the best«. Es war einer der Strohwitwer.

»Hallo, mein Schatz. … Nein, wir sind noch nicht auf der Insel, aber bald. … Nein, hat angefangen zu regnen. … Wo der Wagenschlüssel ist? Aber Schatz, da, wo er immer ist … am Schlüsselbrett! – Du musst tanken, klar. – Ach, vergiss bitte nicht, den Rasen zu mähen diese Woche … ja, aber nicht in der Mittagszeit … ja, Rosenbohms sind da sehr empfindlich … genau … nein … wir sind ganz brav … pass auf dich auf und vergiss deine Blutwerte nicht … ja, morgen sollst du kommen, hat der Doktor gesagt … du schaffst das … mach's gut … ja … denk an die Tabletten, ja … und dass Frau Regenbrecht morgen Geburtstag hat, weißt du … eine Karte reicht … schöne Grüße zurück.«

Sie legte auf.

»Man kann die Männer nicht allein lassen, aber das wussten wir ja schon. Kommt, wir zahlen, sind gleich da.«

Ich ging. Der angehende Fußballstar hörte nicht auf, die eingehenden Glückwünsche zu parodieren, ich war seinen Darbietungen nicht mehr gewachsen. Seine Mutter schlug sich auf die Schenkel und biss sich vor Vergnügen in die Faust. Als ich am Tisch der alten Dame vorbeiging, segelte ihre Serviette auf den Boden. Ich hob sie auf.

»Danke, junger Mann. – Sie haben, wenn ich das sagen darf, eine gewisse Ähnlichkeit mit meinem Sohn Rudolph, meinem verstorbenen Sohn. Marlis, woran ist Rudolph gestorben? Oder lebt er noch?«

Marlis lächelte jetzt wie eine ganze Kompanie der Heilsarmee, kein Engel hätte es ihr gleichtun können.

Der Zug machte sich nun bereit zum Sprung auf den Hindenburgdamm, die Strecke durch die See. Ich hatte die Fahrt nach Sylt eigentlich nur wegen dieses kurzen Stücks unternommen, die Vorstellung, mit der Bahn über das Meer zu fahren, sei es auch nur ein kleines Stück, erschien mir abenteuerlich genug, um einen Tagesausflug zu wagen. Doch meine Erwartungen waren bei weitem zu hoch gewesen. Der Damm war recht breit, so dass man das Gefühl nicht loswurde, doch auf dem Festland zu sein. Außerdem war die See sehr ruhig, das Meer lag brackig und braun im Licht des Nachmittags, flach wie ein Tuch und am Horizont sah man bereits die Insel. Am interessantesten waren noch zwei leuchtend rote Schwimmbagger, die mit Sicherungsarbeiten beschäftigt waren. Ansonsten gab es nichts zu sehen. Selbst die Seevögel hatten keine Lust, sich in Szene zu setzen und blieben unsichtbar.

Westerland war nicht schön. Ich erkundigte mich nach dem nächsten Zug Richtung Festland. Eine halbe Stunde später sollte wieder einer nach Hamburg fahren. Ich wollte die knappe Zeit nutzen und ein bisschen die Insel erkunden. Vor dem Bahnhof begann eine zubetonierte Fußgängerzone, wie man sie in jeder Kleinstadt antrifft. Der Verkehr war gewaltig, die Autos stauten sich, ohne die Fußgängerampel gab es kein Durchkommen. Ich gab auf. Die Schönheiten mussten heute unentdeckt bleiben. Ich kaufte mir zwei süße Brötchen und ging zum Bahnhof zurück.

Die blaugelben Wagen der Nord-Ost-See-Bahn waren einladend sauber. Die Abendsonne hatte die grauen Wolkenwände beiseitegeschoben, ein spätes Strahlen gab allen Dingen eine freundlichere Gestalt. Die Lupinen am Bahndamm leuchteten. Im Zug, der keinen Speisewagen, aber dafür ein rollendes Snack-Mobil hatte, saßen vor allem Pendler, Handwerker und andere Dienstleister, die am Morgen auf die Insel gekommen waren und jetzt ihrem Feierabend in Schleswig entgegenfuhren. Die meisten waren Männer; man kannte sich, man frotzelte, machte kurze knappe Bemerkungen, sie waren es gewohnt, jeden Tag ein Stück Weg miteinander zu verbringen. Die Männer sprachen mit tiefen festen Stimmen, die mühelos über mehrere Bankreihen hinweg zu verstehen waren. Am nächsten Tag, so erzählten sie, sollte Sylt überrollt werden. Eine Invasion erleben. Ein junger Mann hatte gegen seinen Liebeskummer eine Party veranstalten wollen und über das Internet seine Freunde eingeladen. Und da sich der Einladung jeder anschließen durfte, rechnete man jetzt mit bis zu zehntausend Partygästen auf Sylt. Die Insel machte sich auf das Schlimmste gefasst.

Nach und nach verließen die Pendler den Zug, bis ich ganz allein in meinem Abteil saß. Ich ging in den nächsten Wagen. Dort saß die Speisewagen-Kellnerin, die jetzt Feierabend hatte und zurückfuhr. Sie hatte die Knöpfe eines Kopfhörers im Ohr, die Augen geschlossen und den Kopf an die Scheibe gelehnt.

Im Hamburger Hauptbahnhof, wo ich umsteigen musste, glühte das Leben aus. Jetzt sah man die Gestrandeten und Gestrauchelten deutlicher, die sich tagsüber in der Menschenmasse verloren. Eine Frau, deren Alter kaum zu definieren war, stand vor einer Telefonzelle und machte Kniebeugen in Zeitlupe, ab und zu ließ sie ein unheimliches Brummen hören, ein Mann lief durch die Wandelhalle und schlug sich lautlos die Fäuste gegen den Kopf. Der letzte Zug nach Berlin war fast menschenleer. Im Speisewagen saßen drei Männer, sie tranken Bier, einer studierte wechselweise seinen Laptop und einen übervollen Aktenordner. Die beiden anderen starrten vor sich hin und tranken langsam.

Als ich am Bahnhof Berlin-Südkreuz ausstieg, war ich der letzte Fahrgast. Die Rolltreppe lief an. Sie ächzte und stöhnte noch genauso infernalisch wie am frühen Morgen, als ich losgefahren war. Die Nacht war da. Alle Kioske waren geschlossen und jetzt wagte sich die Maus aus der Deckung, huschte rasch, aber wachsam auf den Bahnsteig und aß die Krümel des vergangenen Tages.

Zu spät

Wer einen Zug verpasst, hat das Gefühl, Leben wird ihm gestohlen. An einem Tag nahm ich mir vor, die, die zu spät kamen, und denen der Zug buchstäblich vor der Nase wegfuhr, zu begleiten. Vielleicht ließe sich mit einem von ihnen sprechen? Hatten sie jetzt nicht Zeit? Gab es überhaupt einen nächsten, in Frage kommenden Zug für sie oder war mit dem Verpassen dieser einen Verbindung alles gescheitert und sinnlos geworden?

Während ich nach ihnen Ausschau hielt, fiel mir der junge Mann ein, der mich vor Jahren fast über den Haufen gerannt hatte. Er hatte eine große Reisetasche über der Schulter getragen, die wild hin und her geschlenkert war, in der rechten Hand eine Dose Cola. Er war auf den Bahnsteig gestürzt, als sei der Leibhaftige hinter ihm her. Das ist vielleicht ein Soldat, hatte ich gedacht, der zur Kaserne muss. Er hatte fast panisch ausgesehen, sich keine Zeit genommen, den Blick zu heben und sich umzuschauen. Der junge Mann hatte nur den wartenden Zug registriert, war mit einem gewaltigen Satz hineingesprungen, die Tasche war noch einmal gegen die Waggonwand geschlagen, dann war die Tür schmatzend zugeschnappt. Langsam war der Zug angefahren, der junge Mann hatte das Fenster hinuntergeschoben, lachend, er hatte es doch noch geschafft. Aber in diesem Augenblick, sein Herz musste noch wild geschlagen haben, hatte er offenbar seinen Irrtum bemerkt. Er hatte zum Zuganzeiger hinaufgesehen, wo gerade das Fahrziel des Zuges gelöscht und die nächste Verbindung angezeigt worden war. Verdammt, verdammt, er war in den falschen Zug gestiegen. Wie ein Berserker hatte er sich rückwärts zur Tür gedrängt, andere Reisende rücksichtslos zur Seite gedrückt, gerüttelt, aber vergebens, er war nicht mehr hinausgekommen. Das Letzte, was ich von ihm gesehen hatte, war das Delta der Cola-Spritzer gewesen, die innen von der Scheibe hinuntergeronnen waren.

Fast scheint es so, als stürben die Zuspätkommenden aus, so wie der Konjunktiv ausstirbt oder die Telefonzellen. Macht die Krise den Menschen wirklich Beine? Mehrere Stunden drückte ich mich zwischen verschiedenen Bahnsteigen herum, lauerte an Fernbahnsteigen oder solchen, von wo die Leute nur in die umgebende Region abfahren. Ja, bei jeder zweiten S- oder U-Bahn kann man Zuspätkommende entdecken, aber diese Kurzstreckenabsolventen haben keine Geschichte, sondern nur einen Termin, der auch noch mit der nächsten S-Bahn erreicht werden kann. Also kehrte ich zum Fernbahnsteig zurück und ließ mich erschöpft auf einer der harten Bänke nieder.

Es war schon spät am Nachmittag, die Sonne zeigte erste Spuren von Müdigkeit, mancher Schaffner lockerte die Krawatte, mancher Blick war stumpf und leer. Ich überließ mich dem Augenblick, der Zug nach Frankfurt am Main stand zur Abfahrt bereit, der Zugführer, der auf meiner Höhe Position genommen hatte, fegte ein letztes Mal mit seinen Blicken über den Bahnsteig, alle Signale summten im Einklang »Los!«, und jetzt schoben sich die Türen zu, der Schaffner wandte sich ab und verschwand hinter spiegelndem Glas. In diesem Moment, der Zug begann sein machtvolles Weggleiten, tauchte ein Mann in meinem Gesichtsfeld auf, der sich noch nicht schlüssig schien, ob er kapitulieren oder die Verfolgung aufnehmen und mit aller Kraft dem Zug nachlaufen sollte. Er machte ein paar rasche Schritte, Sprünge fast, aber dann kam er sichtlich zur Besinnung: Das war kein Zug mehr mit Trittbrettern und Puffern, auf die man hätte aufspringen können, das war eine graue abweisende Wand mit zentral gesteuertem Türwerk, jeder Versuch, hier noch irgendwo Einlass zu finden, war zum Scheitern verurteilt. Er gab auf, zeigte aber keine der üblichen Reaktionen: Er fluchte nicht, schüttelte nicht den Kopf, sah sich weder hilfesuchend noch anklagend um. Er blieb vielmehr gelassen, beinahe sah es so aus, als ob er lächelte und schließlich steuerte er auf meine Bank zu.

»Schlimm für Sie?«

Der Mann – er mochte Mitte vierzig sein, war sehr schlank und wirkte wie ein asketischer Mönch, aber vielleicht lief er auch nur Marathon – war keineswegs überrascht, dass ich ihn ansprach.

»Schlimm?«, fragte er zurück.

»Ja, ich meine, dass der Zug …«

»Ich habe Sie schon verstanden. Nein, es ist nicht mehr schlimm, schon lange nicht mehr. Nur mein Vater würde sich aufregen.«

»Das kenne ich, mein Vater hat mir meine erste Uhr mit dem Satz überreicht ›Pünktlichkeit ist die Tugend der Könige‹.«

»Das ist ein Satz, wie ihn auch mein Vater im Repertoire gehabt hat. Ist ihm jetzt wohl egal.«

»Besuchen Sie ihn?«

»Nein! Mein Vater und ich gehen nochmal gemeinsam auf Reise.«

»Ach, dann treffen Sie sich unterwegs?«

Der Mann sah mich das erste Mal direkt an, zuvor hatte er mehr vor sich hin gesprochen, so als ob er den Sinn und die Form seiner Sätze ganz genau untersuchen müsste, bevor er die Wörter endlich freigab.

»Mein Vater ist tot! Ich trage ihn bei mir. – Sie müssen nicht erschrecken, die Tassen sind alle noch im Schrank.«

Ich war nicht erschrocken, höchstens gespannt. In Zeiten, wo man die Asche seiner Liebsten zu Diamanten pressen oder sie ins All schießen lassen kann, erschrickt man nicht über solche Geständnisse. Meine Neugier war erwacht. Wo steckte der tote Vater? In dem kleinen abgewetzten braunen Rucksack? Meinte er ein Bild, das in seiner Börse steckte, oder hatte er im übertragenen Sinne gesprochen?

Ein grauer Zug, hinter dessen spiegelnden Fenstern nur Schemen zu sehen waren, glitt schlafwandlerisch heran. Ein Mann schob seinen Hut in den Nacken, ein pickliger Schlaks bohrte in der Nase und drückte sich kleine Kopfhörer in die Ohrmuscheln, ein Mann mit feuerrotem Haar und Bart schwenkte einen Blumenstrauß und eine kichernde Schulklasse schob und rempelte sich voran, eine mürrische Lehrkraft zischte Kommandos. Plötzlich belebte sich der zuvor leere Bahnsteig, die Sonne raffte sich nochmal auf und knallte durch das gläserne Gerippe des Daches. Selbst die Fahnen auf dem Reichstag, die zuvor wie träge Lappen heruntergehangen waren, taten jetzt Dienst und flatterten beflissen.

Der Mann sah hinauf zu dem Dom aus Glas und Stahl, ein Flugzeug kletterte lautlos am Himmel entlang, ein Kondensstreifen floss ins Blau.

»Habe ich es schon erwähnt? Ich bin in meinem Leben schon oft zu spät gekommen und alle meine Freunde haben sich schon daran gewöhnt. Mein Vater hat Verspätungen gehasst, aber als er starb, war ich der Erste an seinem Bett. Er hatte schon lange auf seinen Tod gewartet und uns oft gebeten, ihm zu helfen, seitdem er nicht mehr schwimmen gehen konnte. Ganz gleich, wo mein Vater lebte, er ist immer geschwommen. Er war ein echter Schwimmer, kein Gelegenheitsschwimmer, sondern er lebte im Wasser. Es kam oft vor, dass er morgens vor der Arbeit schwimmen ging, und wenn er dann abends aus dem Krankenhaus kam oder spät seine Praxis schloss, ging er mit dem noch feuchten Handtuch erneut zum Schwimmen.

Seine erste Frau lernte er im Schwimmbad kennen, seine zweite Frau, meine Mutter, zog ihm mit einer Pinzette die Spitze eines Seeigel-Stachels aus dem Fuß. Daraufhin lud er sie zum Essen ein. Mein Vater schwamm in Seen und Flüssen, er schwamm im Meer und in jedem Bad, das er ausfindig machen konnte. Ich erinnere mich, dass er selbst im Kinderbecken, da wo ihm das Wasser gerade mal bis zum Knie ging, schwamm. Manchmal glaube ich, mein Vater ist nur nach Amerika ausgewandert, um dort größere Seen, Flüsse und Bäder zu finden. Er hat sich in New York niedergelassen und da gibt es ja Wasser ohne Ende. Warum bekommt ein Fisch wie er einen Schlaganfall? Können Fische überhaupt Schlaganfälle bekommen? Können Sie sich vorstellen, dass jemand wie mein Vater Wassergymnastik macht? Ein Mann, der durch Stromschnellen geschwommen ist?«

»Entschuldigen Sie meine Neugier! Sie sagten, Sie trügen ihren Vater bei sich. Wie meinten Sie das? Haben Sie seine Asche im Gepäck?«

»Einen Teil seiner Asche. Einen Teil. Mein Vater war nicht nur Schwimmer, er war auch völlig verrückt. Nicht klinisch verrückt, verstehen Sie, sondern in dem Sinne verrückt, wie Söhne ihre Väter immer als Verrückte betrachten, weil zwischen Vätern und Söhnen irgendwann keine Verständigung mehr möglich ist. Mein Vater war dreimal verheiratet und er hat in drei Ländern gelebt. Er ist in Deutschland aufgewachsen, in den fünfziger Jahren nach Amerika ausgewandert und mit seiner dritten Frau nach Paris gezogen. Und jetzt dürfen seine Kinder und seine Frauen seine Asche dort verstreuen, wo er gelebt hat. Wo er geschwommen ist. Und da ich in seine alte Heimat zurückgekehrt bin« – erst jetzt bemerkte ich den kaum merklichen Akzent des Mannes –, »fiel mir die Aufgabe zu, einen Teil seiner Asche in Deutschland zu verstreuen. Es ist nicht viel, so viel etwa wie in ein Schnapsglas passt, denn die Asche meines Vaters, das hat er sich gewünscht, wird an vielen Stellen verstreut. Ich muss nach Hessen, da gibt es einen kleinen Fluss namens Nidda, von dem ich vorher noch nie etwas gehört habe. Ich wusste bislang nicht einmal, dass er überhaupt in Hessen gelebt hatte, und was dieser Fluss für ihn bedeutet hat, weiß ich erst recht nicht.«

»Hat Ihr Vater denn genau festgelegt, wer seine Asche an welchen Orten verstreut? Hat er das noch geregelt?«

»Seine dritte Frau wusste, dass er verbrannt werden wollte. Sie wusste auch, dass seine Asche an verschiedenen Orten verstreut werden sollte. In Frankreich darf man die Asche eines Angehörigen mit nach Hause nehmen. Mein Vater hat nicht genau festgelegt, wer ihn wohin trägt, aber da unsere Familie über die Länder meines Vaters verstreut lebt, sind wir das ganz pragmatisch angegangen. Ganz zuletzt hat er einfach einen Zettel geschrieben. Oben stand ›Meine Asche‹, unterstrichen, und dann hatte er darunter zehn Seen und Flüsse notiert. Und deshalb fahre ich jetzt nach Frankfurt und werde die Nidda suchen. Und ob ich da nun heute oder morgen ankomme, ist meinem Vater, glaube ich, egal.«

Der Mann schwieg jetzt. Vielleicht hörte ich aber auch einfach nicht mehr zu. Ich sah einen Mann, der mit kraftvollen Zügen durch das Becken eines Schwimmbades glitt und unbeirrt vom üblichen Gekreisch und Getümmel seine Bahnen zog. Ein Mann auf dem Rücken in einem tiefbraunen, fast schwarzen See, kein Hauch kräuselte die glatte Oberfläche. Das aufgewühlte Meer mit Kämmen von Gischt rollte gleichgültig gegen den Mann heran, der weiter und weiter hinausschwamm. Da stieg ein Mann zwischen Schilfrohren an Land, ließ sich auf einem roten Badehandtuch nieder, das Schilf rieb sich knarzend aneinander. Der Mann beugte sich vor und entdeckte zwischen seinen Zehen Schwimmhäute. Endlich. Er sprang kopfüber in einen flaschengrünen Fluss, Kiemen und Flossen wuchsen.

Aus dem Fenster blicken

– die Landschaft, die die Menschen links liegen lässt
– Baumstämme auf einem Güterzug wie Spargelstangen gebunden
– die gummibehosten Angler, reglos wie Reiher, die in der Saale stehen
– müde Sportplatzhelden mit heruntergelassenen Stutzen
– das Nebengleis, über dem die Blumen zusammenschlagen
– das Häuschen aus Granit groß nur wie eine Badewanne
– das Stellwerkerhäuschen, durch das der Wind geht
– die alte Fabrik: das Tier aus Kesseln, Stahl, Schornsteinen, Rost, Rohren, Tanks und Türen
– der Hund zwischen zwei Paddeln, die träge ins Wasser tauchen
– die knöchernen Stämme der Birken leuchten wie Schnee
– die verwitterten, abgenagten Schwellen
– die gesprühten Testamente der Nacht
– das löchrige Netz eines Tores, das Bälle vermisst, Schreie und Fouls
– der Obdachlose, der seine Gäste, die Tauben, zum Abendmahl unter die Brücke bittet
– die Stiefmütterchen, die nie Kinder, aber immer Eltern haben werden

- *Steine, die kein Aufhebens von sich machen*
- *die Leiter, die den Schuppen überragt, aber immer am Himmel scheitert*
- *die Dorfschöne ohne Dorf*
- *wilde Müllkippe mit schwarzgefiederten Gästen in Vollpension*
- *das niedergestreckte Korn, das sich klaglos wieder aufrichtet*
- *ein schwarzes Dach, gedeckt mit Schindeln und Wünschen*
- *das menschenleer-moosige Freibad im Sommer*
- *der kreisende Schweif eines Fohlens, das vor der Mutter kniet*
- *der Bahnhof, der sich auf Abschiede spezialisiert hat*
- *ein vom Wind gekidnappter Drachen*
- *ein lustloser Regen über trockenem Land*
- *die dahinjagenden Regentropfen am Fenster*
- *das Drinnen und Draußen kopuliert im Spiegelfeld*
- *schlaff hängt die Schalke-Fahne über dem blauen Pool*
- *die Heuballen, in weißes Plastik gewickelt*
- *die langfingrigen Pappeln, die sich als Zeigefinger aufspielen*
- *Düsenjäger, die den blanken Himmel zerkratzen*
- *ein entführter Einkaufswagen ohne Lösegeld*
- *die Kuh, die in die Luft schifft*
- *die Gartenparadiese ohne Adam und Eva*

Mitteilungsdrang

Manche Menschen öffnen am Samstag ihren Kleiderschrank und schlüpfen in ihr besseres Selbst wie in einen Pullover.

Der Zug war pünktlich. Die Tauben glänzten durch Abwesenheit. Februar. Der Winter verweigerte noch die Kapitulation. Schmutziger Schnee. Wer wird Deutscher Meister? Klamme Finger, heiße Pappbecher. Eine Schulklasse wartete mit mir auf dem Bahnsteig. Sie waren aufgekratzt, am Abend würden ihre Stimmen heiser sein vom vielen Reden. Drei Schüler steckten die Köpfe zusammen, die Mädchen kicherten in ihren viel zu dünnen Jacken. Der Lehrer trug einen Bundeswehrparka und eine dunkle Sonnenbrille.

»Man muss sich nicht auf Klassenreisen betrinken«, sagte ein Schüler.

»Stimmt! Man kann auch Petting machen!«

»Am besten«, sagte ein Dritter, »man trinkt *und* macht Petting.«

»Aber nicht zu viel, sonst bekommt man Kopfschmerzen.«

»Vom Trinken?«

»Nö, vom Fummeln, das weiß doch jeder!«

Die Mädchen hatten nur »Fummeln« verstanden und lachten. Eine schwang ihre Handtasche und traf einen der Jungen am Kopf.

Der graue ICE war an den Flanken schmutzig,

Winterdreck. Die Reisenden drängen am Einstieg wie die Bienen. Der Zug ist voll. Die Fans von Hertha BSC fahren zum Auswärtsspiel nach Wolfsburg und die Berliner Eisbären spielen offenbar in Hannover. Deren Fans sind groß, schwer verpackt und massig.

Ich setze mich in den Speisewagen. Auch hier herrscht reges Treiben. Viele der Eishockey-Fans haben sich gleich in den Wagen der 1. Klasse niedergelassen. Sie reißen ihre mitgebrachten Alu-Schalen auf, der Dampf kitzelt ihre Nasen und sie beginnen umgehend mit dem Essen. Die Fußball-Fans essen ihr Bier. In den Wagen der 2. Klasse werden grüne Becks-Flaschen gereicht, im Speisewagen bestellt eine kräftig gebaute Männerrunde vier Hefeweizen. Sie trinken, als hätten sie einen Wüstenritt hinter sich.

Ein breitschultriger Mann geht durch den Speisewagen. Er hat eine oftmals eingeschlagene Boxernase, seine nackten Unterarme sind mit Tätowierungen bedeckt, sein Gesicht ist rot. Er geht an mir vorbei, auf seinem blauen T-Shirt steht auf dem Rücken: »Im 1. Suff erschuf Gott den BVB.« Die anderen Fußballfans johlen: »Umdrehen! Umdrehen!« Er dreht sich um. Auf dem vorspringenden Bauch lesen wir: »Und im 8. Suff erschuf Gott Schalke.« Ich bin schwer von Kapee, muss mich erst in dieser Botschaft zurechtfinden. Der Dicke mit dem blauen T-Shirt grinst jetzt wie ein Panzerknacker.

»Sie sind also Schalker?«

»Jo!«

»Und der BVB ist Scheiße, weil der liebe Gott im ersten Suff nicht wusste, was er tat?«

»Jo!«

»Und als er dann Schalke gemacht hat, da wusste er schon, wie es geht?«

»Jo!«

»Na dann viel Erfolg!«

»Jo!«

An meinen Vierertisch setzte sich jetzt ein Pop-Jüngling. Er hatte unreine Haut, aber ein hübsches Gesicht. Er sah aus wie verhungert. Zweifellos hat er bei Mädchen großen Erfolg. Er bestellte ein Bier und eine Cola und entwirrte die Kabel seines Kopfhörers. Dann schaute er hinaus, lehnte den Kopf an die Scheibe.

In meinem Rücken tat sich was. Hinter mir saß ein Mann. Vielleicht vierzig Jahre alt. Er trug ein unsichtbares Schild auf der Brust: »Sprich mich nicht an! Setz dich, aber nicht zu mir!« Deshalb hatte ich den nächsten Tisch gewählt. Jetzt konnte ich hören, wie sich zwei Frauen zu ihm setzten. Ich versuchte, vom Klang ihrer Stimmen auf ihr Äußeres und Inneres zu schließen. Es fiel mir nicht leicht, aber ich wollte mich nicht umdrehen. Es hatte einen ganz eigenen Reiz, sich die Bilder zu dieser Unterhaltung selber zu machen. Sie klangen wie gebildete Frauen. Nicht unsympathisch. Es fiel auf, dass die eine Frau viel redete, die andere jedoch deutlich seltener zu Wort kam. Ich nahm zunächst an, die Frauen seien verwandt oder befreundet. Aber sie hatten sich gerade eben erst auf dem Weg zum Speisewagen gefunden. Die Wortführerin fragte den Mann hinter mir, ob sie sich zu ihm setzen dürften.

»Dürfen wir bei Ihnen Platz nehmen?«

Keine Antwort.

»Entschuldigen Sie, sind diese Plätze noch frei?«

Ein schütteres, kaum hörbares: »Ja«.

»Dann bekommen Sie nette Gesellschaft und können sich unterhalten. Nur wenn Sie mögen natürlich.«

»Bitte?«

»Sie bekommen nette Gesellschaft, aber vielleicht finden Sie uns ja gar nicht nett?«

Schweigen.

»Vielleicht sollten wir uns doch woanders …?«

»Ich höre schwer, ich habe Sie nicht verstanden. Bitte setzen Sie sich!«

Endlich hatten sie sich gefunden. Obwohl der Mann schwerhörig war, versuchte die ältere der beiden Stimmen, ihn in eine Unterhaltung zu verwickeln. Die beiden Frauen regten sich über den Alkoholkonsum der Fußballfans auf und wollten nun von ihrem Nachbarn wissen, warum das so ist. Ob das immer schon so war.

»Warum trinken die so viel?«

»Das finde ich auch nicht gut!«, sagte der Mann. Dann schwieg er wieder. Dennoch gelang es der Frau aus ihm herauszubekommen, dass er beim Fernsehen arbeitete und dort ein Gerät bediente, das die Zeit einblendet. Ich hoffe, ich habe das richtig verstanden.

Jetzt wollte ich aber doch wissen, wie die Frau aussah, die alle Mitreisenden in ein Gespräch verwickelte.

Sie sah gut aus. Sie sah aus wie eine Schauspielerin, der man keine Rollen mehr anbietet, weil ihre Schönheit verblüht ist, die aber noch nicht alt genug ist, um die komische Alte mit weißen Haaren zu spielen. Sie war in den Fünfzigern.

»Die Fans trinken vor dem Spiel so viel Alkohol, weil es in den Stadien nur Leichtbier gibt. Deshalb müssen sie vorher genug tanken.«

»Sind Sie sicher?«

»Ja, waren Sie einmal in den letzten Jahren in einem Bundesliga-Stadion?«

»Ja, also nein ... ich meine ... das muss zwanzig Jahre her sein ... und da war es Leichtathletik, kein Fußball.«

Da trat der Steward an unseren Tisch und nahm unsere Bestellungen auf.

Die Frau, die wie eine arbeitslose Schauspielerin aussah, deckte auch ihn mit Fragen ein. Obwohl er viel zu tun hatte, nahm er sich Zeit für eine Geschichte.

»Die Fans heute sind ja sehr friedlich. Das Schlimmste habe ich im letzten Jahr erlebt. Da hat Rot-Weiß Erfurt gegen Duisburg den Aufstieg in die Zweite Liga verpasst. Die Erfurter Fans haben mir den ganzen Wagen auseinandergenommen. Müll bis zu den Knien und jede freie Fläche war mit Edding-Stift beschmiert. Die haben alle ihr Autogramm hinterlassen. Tränen und Alkohol satt ... das kann ich Ihnen sagen.«

Durch den Auftritt des Stewards war der Gesprächsfaden zwischen mir und der Frau zerschnitten worden, aber da wir Rücken an Rücken saßen und die Frau sich sogleich an ihre jüngere Mitreisende wandte, bestand kein Grund, ihn wieder aufzunehmen. Ich war sogar erleichtert darüber, der Unterhaltung entkommen zu sein, denn die Frau hatte einen missionarischen Zug an sich, ich konnte es noch nicht genau in Worte fassen. Obwohl ich es war, der sie angesprochen hatte, fühlte ich mich von ihren Sätzen überfallen.

Der Dunst des Bieres durchzog den Speisewagen, von ferne hörte man die Gesänge der Schlachtenbummler und immer wieder tänzelte der schnurrbärtige Steward den Gang rauf und runter. Die junge Frau, mit der die ältere ihr Gespräch wieder begonnen hatte, nachdem der Schwerhörige sich als unergiebiges Gegenüber gezeigt hatte, war eine Studentin. Obwohl sie keinesfalls maulfaul oder schüchtern war, musste sie der Älteren – ich will sie der Einfachheit halber ›Marina‹ nennen – weitgehend das Feld überlassen. Marina war höflich und kultiviert. Sie zeigte Anteil und Interesse, stellte Fragen, aber wenn sie diesen Pflichtteil erledigt hatte, fing sie an, zu erzählen. Sie steuerte die Unterhaltung zu ihren Bedingungen. Es stellte sich heraus, dass Marina vor dreißig Jahren dieselbe Universität besucht hatte wie die junge Frau. Sie hatte Kunst studiert.

»Die jungen Wilden kannte ich doch alle! Heute sind die fast überall Professoren, die haben Karriere gemacht. Beuys kannte ich auch sehr gut, ich war mit einem seiner Söhne befreundet und zum sechzigsten Geburtstag von Beuys war ich auch eingeladen. Dass es Studenten gibt, die nur an einer Universität studieren, kann ich gar nicht verstehen. Wollen die denn nichts sehen von der Welt? Sind die nicht neugierig? Studieren die mit Scheuklappen? Ich habe an vier

Universitäten studiert und ich war fast überall die Schnellste. Dabei war ich fast nie in den Seminaren und habe meistens Partys gefeiert. Wie habe ich das nur so schnell geschafft?«

Die Studentin fragt: »Was sind Sie denn jetzt von Beruf?«

»Ich bin in der IT-Branche, obwohl ich das nicht studiert habe. Ich bin in den siebziger Jahren sogar nach Los Angeles gezogen, weil ich so von Aerobic und Disco-Tanz begeistert war. Bei Jane Fonda habe ich einen Kurs besucht. Ich bin zu allen Tanz-Gurus gerannt, habe an ihren Seminaren teilgenommen und Yoga hat mich auch angezogen.«

»Ich besuche mit einer Freundin gerade einen Yoga-Kurs, einmal in der Woche.«

»Und was ist das für eine Variante? Ist das Hatha-Yoga? Ist es eher körperbetont oder stärker meditativ?«

»Es ist sehr ruhig, eher meditativ, langsam. Meine Freundin und ich waren ziemlich enttäuscht. Wir kamen in das Studio, es war die allererste Stunde, und da sitzt dort eine ganz dicke Frau, eine Deutsche, die wirkte überhaupt nicht trainiert und hatte sich alles selbst angeeignet. Ich meine, sie hatte überhaupt keine Ausstrahlung.«

Dann referierte Marina all die Yoga-Stile, die *sie* kannte, lebte und liebte, all die Lehrer, die sie hatte. Sie war großartig.

Dann kam sie auf das Studium zurück. Das Geld. Sie konnte nicht verstehen, dass es Studenten gibt, die sich dadurch in ihrem Unternehmungsdrang bremsen ließen. Sie selbst habe immer nur in etwa den Bafög-Satz gehabt und sei dennoch überall gewesen. Wenn sie im Semester mal nach New York fliegen wollte, und Kommilitonen fragte, ob sie nicht Lust hätten, sie zu begleiten, hätten die gesagt: ›Das kann ich mir nicht leisten.‹ Das war nicht das Geld, das war der fehlende Mut, sagte sie und fragte die Studentin: »Kennen Sie auch solche Leute?«

»Ja!«, antwortete diese, die auch keine entbehrungsreiche Jugend hinter sich zu haben schien. Sie hatte gerade einige Zeit in New York gelebt, ihre Eltern besaßen ein kleines, aber einträgliches Unternehmen. Die Jüngere wurde aber nun unruhig, nicht weil das Gespräch verebbt wäre, sondern weil sie Angst hatte, dass die alkoholisierten Fußballfans sich an ihrem Gepäck zu schaffen machten. Die Frauen verabschiedeten sich herzlich.

»Danke für die nette Unterhaltung!«

»Gute Reise!«

Kaum war die Studentin zu ihrem Platz zurückgegangen, wandte sich Marina wieder dem Schwerhörigen zu: »Da haben Sie aber einen tollen Beruf beim Fernsehen!« Sie sprach mit ihm wie mit einem schwer erziehbaren Kind. Aber bevor sie weitersprechen konnte, verabschiedete er sich. Er musste in Wolfsburg aussteigen. Ich wusste, es wird nicht mehr lange dauern und sie wird mich als den letzten verbliebenen potentiellen Gesprächspartner entdecken. Ich fühlte ihre Augen, wie sie über meine Schulter wanderten, wie sie mein Profil prüften, meinen Pullover abtasteten. Gleich würde sie mit ihrem Finger meine Schulter berühren.

»Entschuldigung?«

Ich beschloss, sie ein bisschen zappeln zu lassen.

»Hallo, entschuldigen Sie bitte!«

Ich drehte mich um.

»Trinken die Fußballfans denn immer so? Ich habe gesehen, dass die alle ihre Flachmänner in den Manteltaschen haben!«

Ich sagte wieder ein oder zwei Sätze zum Zusammenhang von Alkohol, Fußball, Stimmung und den Sicherheitsvorkehrungen seit dem 11. September. Und dann etwas ganz anderes.

»Ich kam ja kaum umhin«, sagte ich, »Ihre ganze Lebensgeschichte mit anzuhören, das war ja faszinierend.«

»Ach, dann kennen Sie jetzt meine Geschichte?«

»Es war ja nichts dabei, was Sie verbergen müssten, ganz im Gegenteil.«

Sie kam wieder auf das Thema Studium und Bildung zu sprechen. Sie beteuerte auch mir gegenüber, dass sie es nicht verstehen könne, dass Studenten immer nur an einem Fleck blieben, sie hätte auch …

Plötzlich merkte ich, dass ich die Frau und ihr Gefasel hasste. Ich schnitt ihr das Wort ab.

»Nicht alle Menschen sind gleich. Nicht jeden zieht es in die Welt. Nicht jeder will New York erobern. Im Übrigen gibt es viele Jugendliche, die aufgrund ihrer Herkunft geringere Bildungschancen haben als andere.«

Jetzt explodierte sie.

Das seien doch nur Ausreden. Kein anderes Land dieser Welt biete seinen Einwohnern derart gute Aufstiegschancen. Sie habe lange im Ausland gelebt, sie könne das beurteilen. Schichten gäbe es doch hier kaum noch, da brauche man doch nur ins Ausland zu sehen, wie sehr unsere Gesellschaft ausgeglichen sei. Man solle doch den Politikern nicht alles glauben. Sie sei überzeugt davon, dass es niemanden in diesem Land gebe, der sein Abitur nicht machen könne, weil ihm Hindernisse in den Weg gelegt würden. Sie redete sich in Rage. Sie wurde rot. Sie erinnerte mich an eine Hydra, deren Köpfe stets nachwachsen, so oft man sie auch abschlägt. Ich nannte arbeitslose Junglehrer, überalterte Kollegien, unterfinanzierte Bildungseinrichtungen, marode Schulgebäude, sinkende Abiturientenzahlen in einkommensschwachen Schichten. Sie schlug immer zurück. Der Staat wäre viel zu dirigistisch, wir zahlten hier die höchsten Steuern.

»Ich weiß, wovon ich rede, ich zahle doch den Spitzensteuersatz.«

Ich hasste die Frau nicht mehr, sie machte mich traurig.

Das Handy des Pop-Jünglings dudelte.

»Nein, Mama! Du kannst Papa sagen, er kann mich mal. Ja! Ich will das nicht. Ich hab keinen Bock auf euer Unglück. Ich muss jetzt erst mal überlegen. Ich melde mich. Ciao, Mama! Ja, grüß Papa!«

Ich hatte keine Lust mehr, mit der Frau zu streiten. Ich rief den Steward und bestellte ein Bier. Ich wollte das Gespräch friedlich beenden und lenkte das Gespräch auf das Thema Sport. Ob sie denn Sport trieb, sie sähe ja so sportlich aus? Sie jogge ein wenig, aber nicht viel. Ich sagte ohne viel Sinn und Verstand: »Ich traue Ihnen den Marathon zu!«

»Meinen Sie?« Sie freute sich aufrichtig. Ich zahlte, verabschiedete mich und zog mich mit dem Bier in den Großraumwagen zurück. Als ich es eine halbe Stunde später in den Speisewagen trug, sah ich nach der Frau. Sie hatte ihren Platz getauscht und sprach mit dem Pop-Jüngling. Ich wollte nicht wissen worüber.

Als ich das zweite Bier zurücktrug, waren die beiden verschwunden. Das Bier hatte mich besänftigt. Ich setzte mich wieder in den Speisewagen.

Hinter mir saßen zwei alte Männer. Sie genehmigten sich ebenfalls einen und philosophierten über das ein oder andere Bier, das sie in ihrem Leben getrunken hatten. Alte Kenner, die den letzten Schaum aus dem Glas schlürfen. Ruhige Genießer, die schon einen weiten Weg gegangen waren. Sie kamen aus dem Rheinland und hatten eine Städte-Tour nach Dresden unternommen.

»Es ist nicht leicht«, sagte der eine, »sich alles wieder anzuschauen, was man zusammen mit seiner Frau schon mal angesehen hat.«

Eine Pause.

»Ich muss Sie jetzt fragen: mit welcher Frau?«

»Mit meiner zweiten, meiner zweiten.«

Wieder schwieg der andere zunächst. Er dachte vermutlich über den Tod nach und was er dem anderen jetzt sagen konnte. Dem Mann mit den zwei toten Frauen. Dann begann er über die Kürze des Lebens zu sprechen.

»Als kleines Kind will man doch wissen, wann endlich Morgen ist. Aber je älter man wird, desto schneller vergeht die Zeit. Man müsste alles mit mehr Leben ausfüllen, aber man kann die Zeit nicht festhalten.«

»Ja, ja!«

»Das sind alles so Lebensweisheiten und sagt sich so leicht ...«

»Ja, ja ...«

»Aber man müsste das Leben ganz ausverkaufen, aber bitte schön nicht im Schlussverkauf.«

»Jaaa ...«

Das Essen kommt. Sie wünschen sich einen guten Appetit. Das Besteck klappert, sie bestellen noch ein Bier. Die Augen der Männer sind feucht. Ihre Hemden sind zerknittert. Sie essen schweigend. Sie haben vieles erlebt.

Als sie fertig sind, sagt der eine: »So, das war's!«

»Bitte?«

»Das war's!«

Bella Italia

»Wissen Sie, ich bin der Mann, der gefragt wird, wenn es irgendwo auf der Welt ein Foto zu machen gilt. Am Trevi-Brunnen in Rom! Wen fragt das australische Pärchen? Mich! Wen fragt die japanische Reisegruppe in Berlin Unter den Linden? Mich! Und wer darf am Times Square die Großfamilie aus Thüringen ablichten? Ich habe Hunderte solcher Fotos geschossen, aber ich selbst bin nie im Bild. Und ich bezweifle, dass irgendeiner von denen, die ich fotografiert habe, sich nach fünf Minuten noch an mein Gesicht erinnert. Ich muss offenbar vertrauenswürdig aussehen, sonst würde man mir den Fotoapparat nicht überlassen. Ich bin aber auch vollkommen unscheinbar, ein Typ, gerade gut genug, um auf den Auslöser zu drücken. Dabei habe ich selbst noch nie einen Fremden gebeten, mich zu fotografieren; vielleicht wäre der Fremde und nicht ich auf dem Foto.«

Der Mann, den ich auf dem Bahnsteig in Berlin ansprach, lag nicht so falsch mit seiner Selbsteinschätzung. Kurz nachdem ich ihn aus den Augen verloren hatte, konnte ich mich kaum noch an ihn erinnern, dabei war ich Augenzeuge geworden, wie eine holländische Schülergruppe, die auf dem Rückweg nach Amsterdam war, ihn bat, ein Foto von ihnen zu machen. Er kam der Aufgabe mit geübtem Gleichmut nach, ja, er dirigierte sie selbstbewusst und forderte sie mit robusten Scherzen zum Lachen auf. In dieser Aufgabe schien er ebenso auf- wie unterzugehen, denn kaum hatte er den Job erledigt, verlor er in meiner Erinnerung alle Kontur. Ich stieg wie die Schüler in den IC nach Schiphol, der große Unscheinbare blieb zurück. Hatten wir uns verabschiedet?

Früher dachte ich immer, es gibt zwei Möglichkeiten: Ein Erzähler sucht eine Geschichte oder eine Geschichte sucht einen Erzähler. Aber es ist ganz anders: Hinter jeder Geschichte steckt eine Heimsuchung. Deshalb war ich über die flüchtige Geschichte des unscheinbaren Mannes ganz froh, denn er wirkte nicht unglücklich und die Last, die er zu tragen hatte, kam mir vergleichsweise luftig vor.

Ehrlich gesagt hatte ich Geschichten satt, in denen sich das Unglück türmt. Erst vor einigen Tagen war ich im Speisewagen auf dem Weg nach Husum mit einem Mann ins Gespräch gekommen, der gerade dabei war, eine Praxis als Physiotherapeut zu eröffnen. Dazu war er in eine Stadt in Schleswig-Holstein gezogen, wo er in einer kleinen Industriehalle die geeigneten Räume gefunden zu haben glaubte. Die Halle stammte aus der Konkursmasse eines Unternehmers. Einige Jahre war das Geschäft gut gelaufen und in dieser Zeit hatte er neben seinem Betrieb ein großes Wohnhaus für seine Familie errichten lassen. Doch die Aufträge gingen immer spärlicher ein und der Mann, der schon immer gerne getrunken hatte, trank noch mehr. Als sei das alles nicht schlimm genug gewesen, erhielt er die Diagnose, dass er an Speiseröhrenkrebs litt. Ihm blieb nicht mehr viel Zeit, er trank sich aus dem Leben, bevor der Krebs ihn holte. Nun stand das große Haus leer und wartete auf einen Käufer. Der Mann, der mir diese Geschichte erzählte, machte sich Hoffnung darauf, das Haus in der Zwangsversteigerung günstig zu erwerben, denn er war der einzige Bieter.

»Eine schlimme Geschichte«, sagte ich hilflos.

»Ja«, sagte er, »aber in derselben Straße wohnte ein Mann, der sich erhängte, weil ihn seine Frau, mit der er zwei Kinder hatte, mit jüngeren Männern betrog, und zwei Häuser weiter – wir sind immer noch in ein und derselben Straße – hat sich ein junger Mann einen Strick um den Hals gelegt, der an Depressionen litt. Und dabei ist diese Straße nur sehr kurz und liegt am Rande der Stadt. Und jetzt raten Sie mal, wie die Straße heißt?«

»Keine Ahnung!«

»Die Straße heißt *Am Galgenhügel,* weil dort vor langer Zeit Hinrichtungen stattfanden. Und das ist die Adresse meiner neuen Praxis: Am Galgenhügel! Und zu mir kommen die Leute, weil sie wieder gesund werden wollen.« Der Mann schüttelte den Kopf und lachte. »Dabei ist weit und breit kein Hügel zu sehen, das Land da ist so flach wie eine Scheibe Brot.«

Das nennt man dann wohl Galgenhumor.

Der IC nach Schiphol verfügte noch über einen jener in die Jahre gekommenen Bistrowagen, deren Inneneinrichtung einem plüschigen Bordell gleicht, das man am besten mit Filzpantoffeln betritt. Die blau bezogenen Bänke öffnen sich wie Halbmonde zum Fenster, so dass man sich fühlt, als würde man mit den anderen Gästen gemeinsam um ein Lagerfeuer sitzen. Die Wände sind rosafarben, dazwischen Spiegel, deren abstrakte Ornamentik wahlweise an einen Schutzmann mit ausgebreiteten Armen, eine vielarmige indische Gottheit oder einen Tannenbaum denken lässt. Auf der anderen Seite des Gangs finden sich höher gelegene Tische, die von Metallstangen flankiert werden, und aussehen, als würde sich die Schaffnerin hier als Striptease-Tänzerin versuchen. Hier und da schimmert es golden, überall blitzt es, wohin man aber auch sieht: Man landet immer wieder in mitreisenden Gesichtern, denn die Spiegel machen aus dem Raum ein Beobachtungszimmer allererster Güte.

Die Stimmung im Bordbistro war aufgekratzt. Die holländischen Jugendlichen waren übernächtigt und kämpften ihre Müdigkeit mit gesteigerter Munterkeit nieder. Der untersetzte Steward ließ sich, bevor er ihnen Alkohol ausschenkte, die Pässe zeigen. Ein Vater und sein Sohn, beide braungebrannt, kamen aus dem Urlaub zurück und gedachten noch einmal lautstark der gemeinsam verbrachten Zeit. Sie lebten nicht mehr miteinander und würden sich nach diesem Treffen lange Zeit nicht mehr sehen. Während der Sohn unauffällig aussah, ein Jugendlicher wie viele andere auch, wirkte der Vater wie ein in die Jahre gekommener Hells Angel. Er hatte lang wallendes, grau durchsetztes Haar, das ihm tief bis auf den Rücken reichte, der dichte Vollbart war ungestutzt und wuchs in alle Richtungen, die Augen lagen hinter einer blau verspiegelten Sonnenbrille verborgen. Die Unterarme waren vielfach tätowiert: Auf dem linken Arm sah man eine mittelalterliche Ruinenlandschaft und auf dem anderen ein Schwert, von dem Blut tropfte. Er steckte von Kopf bis Fuß in schwarzem Leder. Vater und Sohn tranken Beck's Green Lemmon aus der Flasche.

Alle zehn Minuten durchstreiften drei Jungs den Wagen, so als sei der Zug ein Abenteuerspielplatz. Ihr Anführer, immer vorneweg, trug ein T-Shirt mit der Aufschrift »Schule gefährdet die Gesundheit«. Am Nebentisch arbeitete ein Mann, der so gewaltig auf die Tastatur seines Laptops hackte, als wollte er jeden einzelnen Buchstaben bestrafen. Vor ihm hatte ein groß gewachsener, korpulenter, junger Mann Platz genommen, der Roberto Savianos »Gomorrha« las und dazu ein Hefeweizen trank. Er ähnelte sehr dem dickbauchigen Mönch, dessen Konterfei die Bierflasche zierte. Seine Lippen waren blau und schwer, er kaute an den Nägeln und immer wieder fuhr er sich nervös durch sein zerzaustes Resthaar. Mit ihm am Tisch saß eine Türkin, die fror. Sie trug eine Jack-Wolfskin-Jacke, die sie bis oben hin geschlossen hatte. Der Juni war kühl dieses Jahr. Sie befand sich im Modus Dauertelefonat. Während die rechte Hand das Handy ans Ohr presste, nestelte und zupfte die linke Hand ständig an ihr herum, als führe sie vollkommen losgelöst von der Frau und ihrem Willen ein heimliches Eigenleben.

»Ist der Platz neben Ihnen noch frei?«

Eine kleine Frau sah mich mit großen dunklen Augen fragend an. Kohlrabenschwarzes Haar. Pagenkopf. Blass. Ohne die Antwort wirklich abzuwarten – natürlich hatte ich genickt –, glitt sie auf den blausamtenen Halbmond. Diensteifrig eilte der Steward herbei, ganz beflissen, ganz zugewandt, geschmeidig in all seinen Bewegungen.

»So, bitte schön! Lassen Sie es sich schmecken!«

Auf dem Teller lag eine Currywurst, die in großen Mengen Ketchup badete. Ich wünschte der Frau mit dem Pagenkopf einen guten Appetit.

»Danke. Am liebsten wäre mir jetzt Fisch! Aber die Currywurst ist auch nicht schlecht!«

»Die beste Currywurst meines Lebens hab ich mal bei einem schnauzbärtigen Griechen in Bremerhaven gegessen.«

»Meine beste Currywurst ... die hab ich in Namibia gefunden. Scharf, knusprig und aus Antilopenfleisch.«

»Da sind Sie aber ganz schön rumgekommen, zum Currywurst-Essen nach Namibia?!«

»Das täuscht. Mein Mann und ich sind fast ausschließlich nach Italien gefahren, zwanzig Jahre lang. Ich kenne Italien besser als Deutschland. Ich war in Campobasso oder in Brindisi. Aber glauben Sie, ich war mal in Gotha oder in Jena?«

»Dann sprechen Sie jetzt perfekt Italienisch?«

»Un poco! Mein Mann war ... ist der große Italophile, ich bin eigentlich nur eine Mitläuferin. Daran ist's dann auch gescheitert.«

»Sie leben getrennt?«

»Wenn ich Ihnen diese Frage mit ›Ja!‹ beantworte, kann ich auch gleich die ganze Geschichte erzählen. Oder wollten Sie arbeiten?« Sie zeigte auf meinen aufgeklappten Laptop.

»Das kann warten.«

»Bis wohin fahren Sie?«

»Bis nach Amsterdam!«

»Na, so lange brauche ich nicht. Nicht einmal bis Minden!«

»Darf ich das abräumen?« Der Steward blinzelte beflissen und war schon wieder verschwunden.

»Die Kindheit meines Mannes war unglücklich. Zumindest erkläre ich mir damit, was dann geschah, seine Entwicklung, seinen Weg. Franz ist im Ruhrgebiet aufgewachsen und sein Vater war ein äußerst strenger Mann, ein Aufsteiger, der sich vom einfachen Steiger zum Bergrat hochgearbeitet hatte. Vor dem Mittagessen mussten die Söhne die Hände vorzeigen und dem Vater die Speisen vorlegen. So wie der Vater sollten auch die Söhne sein, fleißig und strebsam. Franz hasste Rosenkohl, Grünkohl, Rotkohl, Weißkohl, Blumenkohl. Broccoli war erträglich.

Den ersten großen Konflikt mit dem Vater gab es, als sich mein Mann für ein geisteswissenschaftliches Studium entschied und ein Lehramtsstudium anfing. Nach dem Willen seines Vaters hätte er Ingenieur oder etwas Ähnliches werden sollen, doch daran hatte Franz nicht das geringste Interesse.«

Der Hells Angel lachte und schlug seinem Sohn auf die Schulter, der sich darüber verschluckte und einen Hustenanfall bekam.

Der lesende Mönch schaute auf und biss sich an einem Fingernagel fest.

Die holländischen Jugendlichen riefen im Chor »Proost! und orderten eine zweite Runde Bier, während sich die Türkin fröstelnd die Hände rieb.

»Mein Mann und ich lernten uns im Kollegium kennen. Er war schon einige Jahre an der Schule, an die ich dann als Referendarin kam. Er konnte gut zuhören, er half mir, mich zurechtzufinden, und so wurden wir ein Paar. Er war schon immer in Italien verliebt gewesen. Wenn er mutiger gewesen wäre, hätte er eine Italienerin geheiratet. Unsere Hochzeitsreise, keine Frage, die ging nach Italien, nach Alassio, eine kleine Stadt an der ligurischen Küste, die einen wunderschönen Fischerhafen besitzt. Und dann fuhren wir jedes Jahr nach Italien, meistens sogar zweimal im Jahr. Und mein Mann reiste in den letzten Jahren auch immer mal wieder allein an Lieblingsorte. Die Sprache hatte er sich rasch angeeignet, zuerst hatte er einen Volkshochschulkurs besucht, dann traf er sich über Jahrzehnte einmal wöchentlich mit Leuten, die anfangs deutlich besser sprachen als er, aber das hatte er bald aufgeholt. Bei diesem Italienisch-Stammtisch wurde dann auch immer italienisch gekocht und mein Mann entpuppte sich als wahrer Kochkünstler. Selbst der italienische Lehrer Giuseppe sagte immer wieder: ›Franz, du kochst besser italienisch als meine Mama.‹ Und das von einem Italiener! Ich bin zu diesen Treffen anfangs noch mitgegangen, aber mir wurde das zu viel, zumal ich auch auf andere Leute und Länder neugierig war. Mein Franz aber war fast schon ein Italiener geworden.«

Sie nahm einen Schluck Wasser. Ich sah nach draußen. An was fuhren wir da eigentlich gerade vorbei? An einer Aufforstung, einer Baumschule, einem Industriekomplex? Das gesamte Terrain war weiträumig

eingezäunt und alle hundert Meter leuchtete ein weißes Schild. Ich konnte gerade noch das groß geschrie-
bene Wort »Verboten« entziffern. Was für eine Beschil-
derungswut, denke ich, jedes vierte Schild hätte es an
dieser Stelle auch getan, weit und breit war kein Mensch
zu sehen, der die Schilder hätte lesen können.

»Irgendwann begann mein Mann sogar, seinen
Stammbaum zu erforschen. Obwohl er es nie gesagt
hat, bin ich mir sicher, dass er nach italienischen Vorfahren gesucht hatte. Das Einzige, was er fand, waren
polnische Einwanderer, damit ließ sich natürlich keine
italienische Herkunft begründen und so verschwand
der Stammbaum in irgendeiner Schublade. Mein
Mann und ich sind mittlerweile geschieden und Italien trägt die Schuld. Was bleibt von unserer Ehe?
Kinder haben wir nicht, das gemeinsame Haus haben
wir verkauft.

In Alassio waren wir glücklich. Ich werde die Eidechse nicht vergessen, die kleine grüne Eidechse auf
dem grauen Stein. Mein Mann und ich haben sie lange
betrachtet, am liebsten wäre ich dort stehen geblieben,
bis die Nacht kam.«

Die Frau räusperte sich, drehte ihre Sonnenbrille in
der Hand, gleich, dachte ich, wird sie sie aufsetzen.

»Haben Sie Lust, einen Wein mit mir zu trinken?
Ich lade Sie ein!«

»Nein, ich meine … ja, aber ich lade Sie ein!«

»Auf keinen Fall, ich merke, dass es mir guttut, all
das zu erzählen. Sie sind aber auch ein geduldiger Zuhörer.«

»Das fällt bei Ihnen nicht schwer.«

Wir schwiegen eine Weile, tranken den Wein. Sahen hinaus, ließen alles an uns vorüberziehen. Vater und Sohn waren gegangen, der lesende Mönch hatte ein zweites Weizenbier bestellt und die holländischen Jugendlichen glitten immer tiefer in die Agonie ihres abenteuerlichen Ausflugs, der bald zu Ende ging.

»Eines Tages, als ich vom Einkaufen kam, wusste ich, dass unsere Ehe zu Ende ging. Ich sollte Tomaten mitbringen, nicht irgendwelche Tomaten, sondern San-Marzano-Tomaten. Das sind die besten Tomaten der Welt, sie wachsen auf vulkanischen Böden, sie sind sehr süß und doch auch fest. Weil ich es eilig hatte, kaufte ich andere Dosentomaten, immer noch gute Tomaten, aber eben keine San-Marzano-Tomaten. Mein Mann nahm die Dose aus dem Einkaufsbeutel und warf sie an die Wand. Dann nahm er die zweite Dose und warf sie auch an die Wand, dann die dritte und die vierte. Äußerlich wirkte er dabei ganz ruhig.«

Wir nahmen jeder einen Schluck von dem Grauen Burgunder. Auf der Karte stand kein italienischer Wein.

»Mein Mann hatte schon lange keine Lust mehr, Lehrer zu sein und ließ sich in den Vorruhestand versetzen. Die Abstriche beim Gehalt nahm er in Kauf, zumal er etwas von seinen Eltern geerbt hatte. Und dann hatte er die Idee, die ihn noch umbringen wird. Er wollte ein italienisches Restaurant aufmachen. ›Ich koche besser als die meisten Italiener, ich spreche perfekt italienisch und ich weiß, was deutsche Gäste wünschen.‹ Das waren seine Argumente, und ich muss ihm lassen, dass er die Sache mit großer Energie angegangen ist. Er pachtete ein Lokal, in dem zuvor ein heruntergekommenes Balkan-Restaurant gewesen war, er steckte sein Erbe in den Umbau und ließ sein Lokal sehr geschmackvoll einrichten. Schlicht, aber mit Stil. Er engagierte Personal, er wählte die Lebensmittel aus, entwarf die Speisekarte, er war alles in einer Person: Besitzer, Koch, Kellner, Animateur und Geschäftsführer. Das Restaurant ist eigentlich gut gelegen, nahe an einem Park, mit großem Sommergarten. Er nannte das Restaurant ›Bella Italia‹ und als alles fertig war, setzte er sich auf die Terrasse und wartete auf die Gäste.«

»Personalwechsel, die Fahrkarten, bitte!«

Als der Schaffner die Karten abknipste, fing sein Handy an zu singen. Pippi Langstrumpf. Ich mach mir die Welt, widdewidde wie sie mir gefällt.

»Einen Moment mein Schatz, bin gleich bei dir!« Er wandte sich wieder uns zu: »Sorry, meine Tochter.«

»Können Sie mir sagen, warum ein Restaurant nicht gut läuft? Warum es nicht angenommen wird? Ich weiß nicht, was er falsch gemacht hat, ich will es vielleicht auch nicht so genau wissen. Ich hatte mich schon von meinem Mann getrennt und alles was ich über ihn jetzt noch weiß, weiß ich von anderen. Dass er sein Personal nach und nach entlassen musste, dass er Schwierigkeiten bekam, die Rechnungen zu bezahlen, dass er seit einiger Zeit schon keine Miete mehr bezahlt und dass er jeden Abend allein auf der Terrasse sitzt. Er öffnet das Restaurant gar nicht mehr, aber er macht noch die Kerzen an, ein paar Lichter und dann setzt er sich nach draußen und trinkt seinen Wein. Ich weiß nicht, wo das enden wird. Ich weiß es wirklich nicht.«

Die Frau wirkte nicht betrübt oder sehr niedergeschlagen.

»Männer können ganz schön kindisch sein, oder?« Sie sah mich an.

»Sie meinen Ihren Mann?«

Sie gab mir darauf keine Antwort.

»Ich bin jetzt mit einem Holländer zusammen. Wissen Sie, was das Gute ist? Er ist verrückt nach allem, was deutsch ist. Und Italien mag er gar nicht.«

Die Wespen sterben jetzt süße Tode in klebriger Verzweiflung. Später August. Die Urlauber kehren mit sonnenverbrannten Gesichtern zurück, schwere Koffer stehen in den Gängen, die Tage werden kürzer, die Blätter müde, die Erwartungen sind kleinlaut geworden. Die Wolken ziehen an diesem Abend über den Himmel wie eine unübersehbare Büffelherde in einem schwarzweißen Western. Die Klimaanlage hüllt den Speisewagen in kühle Gleichmut gegen die abklingende Hitze des Tages. Ein Paar, das an einem Tisch vor mir sitzt, steckt fest. Sie schweigen. Sie wissen nicht, wie sie das Aufhören beginnen sollen. Sie trinken Wein. Sie halten sich an den Händen. Er sagt: »Es war eine lange Zeit!« Und sie? Sie schaut hinaus: »Dazu gehören immer zwei. Warum hast du mir nichts gesagt? Ich kann dich nicht lesen wie ein Buch! Wir hätten uns mehr Zeit nehmen sollen.« Er nickt und er schüttelt den Kopf. Er schrubbt seine Stirn wie einen Fußboden.

»Kinder«, sagt sie, »sind auch keine Lösung. Nicht für uns.«

Ein Vater mit einem Kind auf dem Arm und einem anderen an der Hand bahnt sich seinen Weg, ein drittes, ein Junge, springt hinterdrein und singt: »Wer wird Deutscher Meister? Ha, Ha, Ha, HSV!«

Mit einem Schlag sind alle Tische besetzt, erste Unterhaltungen zwischen Fremden kommen auf. Ich sitze an einem Vierertisch und bleibe deshalb auch nicht mehr lange allein. Wie alt mag die Frau sein? Ich frage sie nicht. Nach all dem, was sie mir erzählt, wird sie in ihren Dreißigern sein. Das tiefschwarze Haar ist von ersten grauen Strähnen durchzogen, dunkle Augen, die Nase scharf wie ein Schnabel, ein rundes Muttermal über der vollen Oberlippe. Sie fragt, ob an meinem Tisch noch ein Platz frei sei. Sie zögert, wartet ab, ich nicke und sie rutscht auf die Bank. Sie greift sich zielstrebig die Weinkarte. Sie schnippt mit Daumen und Zeigefinger nach dem Steward wie eine eifrige Schülerin, die die Aufmerksamkeit der Lehrerin erlangen will. »Haben Sie denn keinen italienischen Wein?«, fragt sie. Er schüttelt bedauernd den Kopf. Auffällig lange. Kann er nicht aufhören? Soll ich ihm meine Hilfe anbieten? Dann endlich: »Ich kann Ihnen aber den Spanier unbedingt empfehlen, der wird sehr gerne getrunken.« Sie schüttelt den Kopf: »Nein, danke! Dann nehme ich den Grauburgunder, bitte!« Sie sagt das ohne einen Anflug von schlechter Laune, nur sehr entschieden. Sie sieht mich direkt an, weicht meinem Blick nicht aus.

»Der Spanier«, sage ich, »ist wirklich nicht schlecht!«

Ich komme mir einfältig vor. Bin ich hier der eilfertige Steward? Doch sie wischt meine Verlegenheit schnell beiseite. »Wenn Sie wüssten, woher ich gerade komme, dann würden Sie auch italienischen Wein bestellen oder auch nicht, ich weiß ja nicht, wie Sie so veranlagt sind.« Ich missverstehe sie, denke, sie meint es in einem kulinarischen Sinne. »Haben Sie gerade eine Pasta-Party hinter sich?« Sie lacht. Ich komme mir noch einfältiger vor. Sie schüttelt belustigt den Kopf.

»Nicht wirklich, aber eigentlich haben Sie gar nicht so Unrecht. Ich habe gerade meinen Vater das erste Mal getroffen.«

Am Nebentisch hat sich der Mann mit den drei Kindern niedergelassen. Ein lautstarker Kampf um die Sitzplätze beginnt, alle wollen neben dem Oberhaupt sitzen. Das Paar ohne Zukunft hält sich noch immer an den Händen. Sie schweigen schon seit geraumer Zeit. Der Steward kehrt wieselflink an unseren Tisch zurück, schraubt die Flasche auf und schenkt ein.

»Na dann: ›Salute‹!«, trinkt sie mir zu, wir stoßen an.

»Sind Sie ohne Vater aufgewachsen?«

»Nein, im Gegenteil, ich hatte einen wundervollen Vater. Er ist aber schon seit zehn Jahren tot. Er war aber nicht mein leiblicher Vater, das wusste ich nicht.«

»Und Sie haben das erst jetzt erfahren?«

»Total bescheuerte Geschichte. Ich bin beruflich viel unterwegs und sehe meine Mutter nur noch selten. Vor ein paar Monaten hab ich Überstunden abgefeiert und bin in die alte Heimat gefahren. Meine Mutter lebt in der Nähe von Bremen auf dem Land. Wir hatten ein paar nette Tage, haben viel gelacht und uns die alten Geschichten erzählt. Meine beiden Schwestern, die in ihrer Nähe leben, kamen auch zu Besuch. Es war sehr harmonisch. Am Tag meiner Abreise half ich meiner Mutter noch beim Aufräumen, sie bügelte, ich räumte die Wäsche ein, im Hintergrund lief der Fernseher. Irgendeine Nachmittags-Talkshow, die ich mir nie ansehen würde. Es ging um Vaterschaftstests. Der Moderator verlas die Ergebnisse des Tests und dann wurde wild applaudiert. Meine Mutter hat ganz unvermittelt den Fernseher ausgeschaltet, sah mich an und hatte Tränen in den Augen.«

Der Steward kommt vorbei.

»Alles zu Ihrer Zufriedenheit?« Sie nickt: »Danke!« Er wendet sich dem Vater und seinen drei Kindern zu. Sie wollen alle Spaghetti. Und Fanta, aber die gibt es hier nicht. Der Steward schlägt Pepsi-Cola vor, aber das wehrt der Vater entschieden ab. »Schlecht für eure Zähne.«

»Papa war nicht dein Vater. Das wollte ich dir sagen. Er hat es gewusst und es war kein Problem für ihn. Außerdem hatten wir dann ja noch eigene Kinder zusammen, deine Schwestern, und so haben wir beschlossen, es dir nicht zu sagen. Du solltest dich nicht schämen, du warst unser gemeinsames Kind genau wie die anderen.« Sie trinkt einen Schluck und streicht sich eine Strähne aus dem Gesicht.

»Meine Schwestern sind beide blond. Nur ich bin so dunkel geraten. Wir haben oft gerätselt, woher das kommt, aber dass ich einen anderen Vater haben könnte, ist uns nie eingefallen. Wissen Sie, meine Mutter ist so brav, ich hätte ihr das nie zugetraut. Und dann hat sie alles erzählt. Von Marco, der in einer Bremer Disco als Kellner gejobbt und tagsüber Soziologie studiert hatte. Von seinen dunklen Augen und seinen schmalen Fingern. Er war nicht groß gewesen, aber er hatte den Kopf so aufrecht getragen und so selbstbewusst ausgesehen, dass er alle anderen überragt hatte. Meine Mutter war total verliebt, aber für den stolzen Marco war es nur ein Abenteuer gewesen, glaube ich. Jetzt muss ich aber was essen.« Sie unterbricht ihre Erzählung und greift nach der Speisekarte.

»Haben Sie vielleicht auch Hunger? Ich esse immer ungern allein.«

»Gerne!«

Der Spitzenkoch im Speisewagen kommt in diesem Monat aus Bayern. Die Speisekarte klärt uns über die Besonderheiten der bayerischen Küche auf. Man erfährt: »Die Speisekarten in Bayern werden hauptsächlich von Fleisch, insbesondere Schweinefleisch dominiert, aber auch luftige Knödel und würzige Krautwickel sind sehr beliebt. Im Ausland ist Bayern vor allem für das Oktoberfest und das bayerische Bier berühmt.« Und der bayerische Spitzenkoch weiß von der Bedeutung saisonaler Küche: »Alles wächst dann, wenn der Mensch es braucht.« Diese Philosophie, sagt er, habe er von seiner Urgroßmutter übernommen.

Das Fleisch kommt auf den Tisch. Wir essen, trinken, schauen auf die vorbeifliegende Landschaft. Wir lassen die Unterhaltung über die echten und falschen Väter neben uns liegen wie eine Serviette. Am Nebentisch sind die Spaghetti verputzt. Der Vater putzt, zupft und reibt an seinem fleckigen Hemd.

Der älteste Sohn fragt: »Papa, hat Gott das Gras auch gemacht?

»Ja, Gott hat das Gras auch gemacht, Gott hat alles gemacht.«

»Aber keine CDs!«

»Ja, die hat der Mensch gemacht, aber den hat ja Gott gemacht und deshalb sind die CDs letztlich auch von Gott.«

»Dann hätte der die doch gleich selbst machen können?«

»Vielleicht hat er nicht dran gedacht …?«

»Aber der denkt doch an alles, der muss doch auch an CDs denken, sonst ist er ja kein Gott oder kann Gott auch ein Gedächtnisloch haben?«

»Konrad, der liebe Gott hat sicherlich Wichtigeres zu tun, als sich um deine Musik-CDs zu kümmern!«

»Dann sind dem meine Lieblingsgruppen total egal? Wenn das so ist, kennt der mich ja auch gar nicht.«

»Ach, Konrad, wie soll ich dir das jetzt wieder erklären?«

Sie hat ebenfalls der Unterhaltung zugehört. Sie lächelt.

»Meine Kinder sind aus diesem Alter schon heraus. Haben Sie Kinder?«

Ich nicke. Berichte. Fasse mich kurz. Ich will wissen, wie es mit ihr und Marco weiterging. Hat sie jetzt plötzlich Skrupel bekommen? Hat sie das Gefühl, mir zu viel erzählt zu haben? Sie kann Gedanken lesen.

»Sie wollen bestimmt wissen, wie es war, meinem Vater zu begegnen? Ich weiß es ehrlich gesagt selbst noch nicht. Wir haben uns in München getroffen, in einem Biergarten. Es war heiß und mein Vater hat die ganze Zeit Wespen verjagt oder erschlagen. Er kam mir vertraut vor, aber mir war klar, dass das nur ein Gefühl war. Meine Mutter hat beim Abwaschen oft »Bello e Impossibile« von Gianna Nannini gesungen, jetzt weiß ich, warum. Ich hab es ihm erzählt und er hat gelacht. Er spricht gut Deutsch, er hat mir alles Mögliche erzählt, aber über uns haben wir kaum gesprochen. Er hat so getan, als sei es völlig alltäglich, seine erwachsene Tochter nach all den Jahren zum ersten Mal zu sehen. Er hat von seinen Kindern in Italien erzählt und es klang so, als ob ich meine Geschwister seit Jahrzehnten kennen müsste. Dann hat er sich lange über die bayerische Schweinshaxe ausgelassen, die in München zwar gut sei, aber in Nürnberg unübertroffen. Warum das so sei, habe ich nicht verstanden. Er und seine italienischen Freunde würden manchmal im Sommer nur zum Schweinshaxen-Essen nach Bayern reisen. Er lebt in Norditalien, morgens hin, Schweinshaxe essen, nachmittags zurück. Wir haben uns Familienbilder gezeigt, wir haben uns vorgenommen, uns zu besuchen, zum Abschied haben wir uns in den Arm genommen, aber das hat das Treffen für mich noch unwirklicher werden lassen. Er ist einen Kopf kleiner als ich, aber ich fühlte mich neben ihm wie ein kleines Mädchen, das sich auf die Zehen-

spitzen stellen muss. Er kam mir wie eine Märchen-
figur vor, wie ein lustiger König. Heute Abend werde
ich lange mit meiner Mutter sprechen.«

Plötzlich entdeckt jemand eine Wespe. Sie stößt auf
und ab tanzend gegen die Scheibe, auf der Suche nach
einem grenzenlosen Draußen. Eine zusammengerollte
Zeitung schlägt an ihr vorbei, sie entkommt, eine
Hand verscheucht sie, viele wenden die Köpfe, eines
der Kinder schreit in halb gespielter, halb echter Hysterie. Die Flugkurven des Insekts werden kürzer, pani-
scher, Feinde überall. Der Steward naht unaufgeregt
wie ein würdevoller Kammerjäger, stülpt ein Glas über
das Tier, schiebt geschickt einen Bierdeckel darunter
und führt den ungebetenen Gast in Richtung Küche
ab. Die Kinder spenden Beifall. Der Zug nähert sich
Berlin, eine riesige Familie von Windrädern spaziert
über die Felder.

Wir fahren durch Spandau. Der Zug hält. Ein Dach-
first gleißt in der Abendsonne. Auf dem Dach steht
ein Mann und blickt nach Westen. Ein paar Tauben
fliegen auf. Jetzt schiebt sich der Zug langsam voran.
Alle haben bezahlt, die meisten Gäste sind schon wieder zu ihren Plätzen zurückgegangen. Das Paar ohne
Zukunft hält immer noch Händchen. Die Frau und
ich verabschieden uns.

»Alles Gute!«

»Wann fahren Sie nach Italien?«

»Im Herbst? Ich lass mich überraschen. Vielleicht
lass ich es auch bleiben. Witzig war er schon, aber ...«
Sie hat es jetzt eilig. Sie läuft die Rolltreppen hoch wie

eine junge Frau. Ich lasse alle anderen vortreten und stelle mich hinten an.

Ein paar Fußballfans ziehen vorüber. Hertha hatte offenbar ein Heimspiel. Was singen sie?

»Auswärtsfahren macht schön,
Auswärtsfahren macht schön,
Auswärtsfahren macht sexy,
Auswärtsfahren macht schön.«

Ich habe ein anderes Lied im Kopf.

»Du bist schön, schön und unmöglich mit diesen schwarzen Augen und deiner morgenländischen Art.«

Ich sehe eine Frau, die den Abwasch macht; sie nimmt einen Teller und trocknet ihn lange, lange ab, so lange wie ein Lied dauert.

Die Stewards

Mario kommt aus Cuxhaven. Er ist ein ruhiger Typ, er wirkt ausgeglichen, so schnell wirft ihn nichts um. Es ist nicht sein Tag heute. Wir kommen von Süden. Bis Kiel hätte er durchgehend auf seinem Speisewagen fahren sollen, aber zwischen Bremen und Hamburg kommt die Durchsage, dass der ICE nur bis Hamburg führe, dann müsse man in einen bereitstehenden Zug umsteigen. Ob das auch ein ICE mit Bordbistro sein wird, ein Regionalzug oder ein IC, weiß Mario nicht.

Er trägt einen schmalen Oberlippenbart, er hat dunkle Augen und kurzes dunkles Haar. Er steht aufrecht vor dem Kunden und legt dabei die Hände zusammen, fast wie ein Priester. Vielleicht war er mal Ministrant. Er mag Mitte dreißig sein und strahlt tatsächlich noch Würde aus. Würde – ein fast schon vergessenes Wort, eine fast schon unzeitgemäße Haltung für einen Mittdreißiger. Der Ersatzzug in Hamburg ist viel zu kurz, um all die Menschen, die nach Kiel wollen, bequem aufzunehmen. Es herrscht qualvolle Enge, die Leute stehen dicht an dicht in den Gängen, einige sitzen resigniert auf ihren Koffern. Ein Bordbistro gibt es nicht, nur eine kleine Theke mit Ausschank.

Mario zieht das Rollgitter hoch. Es ist ein schwedischer ICE, der aus Kopenhagen kam, die Vorratsschränke des Bistros waren so gut wie leer. Nur noch

Saft, Wasser und Flaschenbier sind an Bord, für die Kasse hat er keinen passenden Schlüssel. Mario ist aufrichtig bekümmert, er ist ein Opfer der Logistik. Ich bestelle ein Bier. Die Passagiere sind wie betäubt. Es ist ein heißer Sommertag, kaum jemand unterhält sich, niemand bestellt etwas. Mario hat Zeit zu erzählen.

Er fuhr eine Zeit lang nach Amsterdam und auf dieser Strecke habe es immer wieder besondere Vorfälle gegeben. Einmal hätten Demonstranten Autoreifen auf die Schienen gelegt und diese dann angezündet. Die Flammen schlugen hoch und der Zug musste bremsen und anhalten. Die Feuerwehr wurde alarmiert, sie begann ihre Löscharbeiten. Es dauerte einige Stunden, bis der Zug seine Fahrt fortsetzen konnte.

Mario muss bedienen und unterbricht seine Erzählung. Die hochgewachsene, junge Frau zu meiner Linken – sie trägt eine Kette mit kleinen Perlen – fährt zu einem Vorstellungsgespräch nach Kiel, sie selbst sei katholisch, bewerbe sich aber auf eine Stelle bei einer protestantischen Bank.

»Die Konfession ist denen egal!« Sie hat ein gutes Gefühl, sie ist selbstbewusst, sie hat eine kaufmännische Ausbildung und ein Studium in zwei Ländern hinter sich und die Welt steht ihr offen.

Ein Mädchen mit Ponyfrisur lehnt erschöpft an der Wand. Ich biete ihr etwas zu trinken an. Sie kommt aus Moldawien, sie hat in Berlin Germanistik und Anglistik studiert und will nun ihr Studium in Kiel fortsetzen. Sie sieht aus wie eine tagträumende Jane Birkin mit großzügigem Ausschnitt.

»Du sprichst sehr gut Deutsch!«

»Wir hatten hervorragende Lehrer und ich komme aus einem armen Land.«

Mario hat seinen Kunden bedient. Eine Geschichte fällt ihm noch ein. Er war wieder einmal auf dem Weg nach Amsterdam gewesen. Kurz nachdem der Zug Utrecht passiert hatte, rannten die Passagiere panisch an seinem Bistro vorbei und flüchteten in das vordere Zugteil.

»Ich wusste erst gar nicht, was da los war, die Leute schrien und waren völlig aufgelöst.«

Es stellte sich heraus, dass im Raucherwagen, der sich am Ende des Zuges befand, ein Mann eine junge Frau als Geisel genommen hatte. Unvermittelt hatte er eine Pistole gezogen und sie ihr an den Kopf gehalten. Der Zug hielt, ein Sondereinsatzkommando wurde angefordert und alle Passagiere mussten den Zug verlassen. Erst drei Tage später, als Mario wieder auf dieser Strecke unterwegs war, erfuhr er von holländischen Kollegen, wie die Geschichte ausgegangen war. Die Geisel war unverletzt befreit worden, der Geiselnehmer überwältigt. Das Motiv des Geiselnehmers war einigermaßen bizarr: Der Mann hatte mit seiner Aktion dagegen protestieren wollen, dass Sony die DVD einführt. Ich bestelle ein zweites Bier, eine ältere Frau schreit laut auf, als ein Mann über ihr Knie fällt.

»Unverschämtheit!« Und Mario?

»Wenn ich der Zugchef wäre«, sagt er, »würde ich jetzt allen ein Bier spendieren.«

Die zwei sind ein komisches Paar. Er ist groß, beleibt, hat bereits graues Haar, aber das Gesicht eines Kindes. Er liebt Männer. Sie ist eine robuste Berlinerin mit Zöpfen wie Pippi Langstrumpf. Es ist der letzte Zug an diesem Samstag von Berlin nach München. Der Tag, der mit Regen und Gewittern begonnen hat, geht mit strahlendem Sonnenschein zu Ende. Die tief stehende Abendsonne wirft über alles ein fast unnatürlich schönes Licht. Alles leuchtet, alles lebt, selbst die Bäume fangen an zu sprechen.

Es ist nicht viel los, aber er fühlt sich dennoch gestresst. Immer wenn er auf seinen Sitz rutscht, lässt er einen lauten Seufzer von sich. Sie haben sich den ersten Zweiertisch auf der linken Seite mit einem handgeschriebenen Pappschildchen reserviert. Wenn der Zug hält, öffnet er die Tür des Bistros, durch die ansonsten nur angeliefert wird, nimmt im Stehen zwei oder drei hastige Züge, ehe die Tür wieder schmatzend zuschnappt. Sie fragt: »Seid ihr euch denn auch treu?«

»Ich ja, ob er treu ist, weiß ich nicht!« Er fragt: »Und wie geht's deinen Muschis?«

»Meine Muschis sind schwer in Ordnung.«

Sie hat zwei Katzen, er ist offenbar auch stolzer Katzenbesitzer. Er empfiehlt ihr das Buch »Schmitz' Katze«. Er freut sich schon auf den Heimweg, wenn er zum Lesen kommt. »Hoffentlich«, seufzt er, »wirft sich keiner vor den Zug. Oder die doofen Schafe rennen wieder in den Tunnel.« Er nennt sie »Pullovertrottel«. Sie erzählt ihm von den Wildschweinen. Auf der Strecke von Berlin nach Hamburg hat der ICE neulich eine Herde von Wildschweinen erfasst. Daraufhin hat der Zugchef eine Durchsage gemacht und den Fahrgästen mitgeteilt, dass der Zug soeben eine »Wildschweinbande« mitgenommen habe. Und dann habe er einen Scherz machen wollen und verkündet, dass es im Speisewagen Wildschweinbraten zum Sonderpreis geben würde. Und dann seien doch wirklich einige Leute gekommen und hätten gefragt, ob es tatsächlich günstigen Wildschweinbraten gäbe.

»Als die hörten, was wirklich passiert war, haben einige fast einen Herzkasper bekommen. Und ich hab dann zu ihm gesagt: ›Du Ochse, kannst doch nicht so eine Durchsage machen!‹

Sie sprechen dann noch über Kollegen. Sie sagt einen Satz, der sich bei mir festsetzt, ein Satz, in dem ein ganzes Leben steckt: »Schon krass, was der Guido mal war und was der Guido jetzt ist! Krass!« Neben mir liest ein junger Mann Richard Fords »Der Sportreporter«. Ein Mann mit Safari-Weste trinkt ein Pils. Wir fahren an der Saale entlang, das Tempo ist verhalten, Burgen und Weinberge liegen an der Strecke. Ich wende mich zum Personaltisch. Ob der Beruf denn stressiger geworden sei in den letzten Jahren? Es wird immer schlimmer, sagt er. Es ist auch schon zu Handgreiflichkeiten gekommen. Einmal habe ihn sogar ein Gast an der Krawatte gepackt und fest zugezogen. Dreimal habe er ihn gewarnt, aber der Typ hätte nur noch fester zugezogen, dann habe er sich mit einem Ellenbogenschlag befreit und ihn erst einmal zur Rede gestellt. An der nächsten Station wurde er dann von der Polizei abgeholt.

Der Mann mit der Safari-Weste steht auf und geht.

Er hatte gleich, als er das Bier bekam, bezahlt, ohne auf die Rechnung zu warten. Das hat der Steward jedoch vergessen. Er wächst, richtet sich auf, steht in voller, zürnender Größe im Gang: »Zahlen wollen Sie aber schon noch, mein Herr?« Der Safari-Mann wendet sich um. Amüsiert.

»Ich habe bereits bezahlt!« Ich nicke. Der Steward seufzt.

»Ach herrje, sorry!«

≈

Ich hatte gar nicht vor, ein längeres Gespräch zu beginnen. Der Speisewagen war gut besetzt und sie hatte alle Hände voll zu tun. Eine entschlossene Frau. Eine Bayerin. Sie war nicht beleibt, aber stand mit kräftiger Leibesfülle im Gang. Kurze Haare, kantige Brille. Ich fragte sie, wie denn eigentlich das Personal im Bordrestaurant hieße, was man korrekterweise zu ihm sagen würde.

»Ich«, sagte sie, »bin der *RS 1*, das ist die Abkürzung für *Restaurant-Steward*.« Und die *1* bedeutete, dass sie der Chef war. Sie war schon lange dabei, mehr als fünfundzwanzig Dienstjahre.

»Dann haben Sie ja einiges erlebt, oder? Was war denn das Schlimmste, was Sie hier im Speisewagen in all den Jahren erlebt haben?« Ich hatte bei meiner Frage an die Malheurs gedacht, wie sie im Speisewagen nun einmal passieren.

»Wir haben mal einen mitgenommen«, antwortete sie, »da wussten wir hinterher nicht mehr, ob das nun ein Mensch oder ein Tier war.«

Ich verstand sie falsch. Ich dachte, sie meinte einen, der sich im Speisewagen »viehisch« oder »säuisch« benommen hatte und fragte arglos: »Hat der so viel getrunken oder was?«

»Aber nein, der hat sich bei Tempo 300 vor den Zug geworfen, und den hat's völlig zerrissen. Man konnte ihn gar nicht mehr identifizieren, denn die Teile waren weit verstreut.« Keiner der anderen Gäste winkte sie jetzt heran oder unterbrach unser Gespräch. Es schien so, als ob jetzt alle respektierten, dass sie an der Reihe war. Sie stand immer noch im Gang und wenn jemand hinter ihrem Rücken passieren wollte, beugte sie sich kurz vor und derjenige schlüpfte klaglos vorbei. Sie ließ sich nicht unterbrechen. Wenn sie das alles aufschreiben würde, was sie erlebt hatte, dann hätte sie jetzt schon einen dicken Roman zusammen. Besonders schlimm sei es 1998 nach dem Unglück bei Eschede gewesen, als der ICE »Wilhelm Conrad Röntgen« entgleist war und 101 Menschen starben. Viele Fahrgäste hätten in den Wochen nach der Katastrophe Sprüche geklopft, mit denen sie nur schwer zurechtgekommen war. Sie selbst sei oft auf der Unglücksstrecke zwischen Hamburg und München unterwegs gewesen. Einige Tage nach dem Unglück fuhr sie wieder auf dieser Strecke. Sie war gerade dabei eine Tischdecke zu wechseln, als ein Fahrgast zu ihr sagte: »Wenn wir jetzt verunglücken, brauchen wir das feine Tischtuch auch nicht mehr!« Das habe sie schwer getroffen und konnte sie bis heute nicht vergessen. »Ach, und besonders unangenehm war auch die Sache mit dem Rotwein gewesen. Damals gab es noch große Weinflaschen an Bord, heute gibt es ja nur noch die kleinen. Es waren vier Gäste, die fuhren nach Hamburg zu einem Theaterstück oder Musical. Die waren sehr festlich gekleidet, keine 08/15-Leute. Sie hatten schon zwei Flaschen Wein getrunken und bestellten nun die dritte. Ich öffnete sie am Tisch und irgendwie rutschte mir die Flasche aus der Hand und schlug auf ein Glas, das auf dem Tisch stand. Dadurch schoss der Wein wie eine Fontäne aus der Flasche und es spritzte und sprudelte bis zur Decke. Wissen Sie, wie die aussahen? Von denen ging dann keiner mehr ins Theater. Natürlich habe ich mich tausendmal entschuldigt, die waren auch nett, und natürlich kam die Versicherung für den Schaden auf. Aber das tat mir leid, dass der Theaterabend nun ins Wasser gefallen war.«

≈

Ich sitze im IC Borkum 2134. Der Zug hat keinen Speisewagen, sondern ein Bordbistro. Im Bordbistro muss man sich selbst bedienen. Selbstbedienung, ein widersprüchliches Wort, denn kann man sich überhaupt »selbst bedienen«? Kann man Herr und Diener zugleich sein? Kann man sein Selbst verlassen und es als ein anderes Selbst bedienen? Und wenn ich mich selbst bediene, bediene ich dann nicht zugleich einen anderen?

Je nach Personenumfang und Familiarität finden an den halbmondförmigen Bistro-Tischen zwei bis vier Personen Platz. Mein Selbst steht auf und bedient sich selbst. Das günstigste Getränk ist ein Espresso. Das Bordbistro-Personal ist von hemdsärmeliger Fröhlichkeit. Ein umfänglicher, schwer bebauchter, stiernackiger Bistro-Riese steht hinter dem Tresen. Er ist so groß, so dass sein Gesicht hinter der Gläserreihe verschwindet, die von der Decke herunterhängt, ich muss mich bücken, um ihn zu Gesicht zu bekommen. Er und seine Kollegin plaudern fröhlich, sie klopfen Sprüche, er, der Bistro-Riese, singt vor sich hin (»Ja mir san mit 'm Radl da«), besser könnte die Laune an diesem verregneten Samstagmorgen nicht sein. Jetzt ahmt der Bistro-Riese sogar »Sponge Bob« nach, seine Kollegin, nicht weniger munter und imitationsfreudig, versucht sich mit einer Quietsche-Entchen-Stimme an einer Parodie von »Ernie und Bert«.

≈

Zwei Männer. Munter. Unterhalten sich über Unterhaltungselektronik, die Leistung von Akkus und die Laufzeit von Motoren. Der eine will wissen, was ein Muffin ist.

»Ein Muffin«, erklärt der Bistro-Riese, »ist ein amerikanisches Kleingebäck, das wir mit Heidelbeeren oder mit Schokolade da haben. Ein Muffin ist ein Törtchen, eben ein amerikanisches Kleingebäck.«

Der Bistro-Riese pfeift: »Alle meine Entchen.« Einer der beiden Muffin-Männer, ein Professor, wohnt zur Untermiete in Berlin-Mitte. Sein Vermieter ist ein Altmieter in einem alten DDR-Haus, das völlig verfallen war und dessen Wohnungen nach der Wende in Eigentumswohnungen umgewandelt wurden. Das Projekt wurde vom Bund zu achtzig Prozent gefördert, dafür muss aber mindestens ein Altmieter im Haus verbleiben. Nun war der letzte Altmieter bereits ausgezogen und die neuen Eigentümer saßen deshalb in der Klemme. Sie bemühten sich, den letzten Altmieter zurückzuholen, sonst würden sie den Förderstatus und damit viel Geld verlieren. Der Altmieter kehrte tatsächlich zurück und wollte wieder in seine alte Wohnung ziehen, die fünf oder sechs Zimmer hatte und eine ganze Etage einnahm, da er noch zu Zeiten Honeckers einen wilden Wanddurchbruch durchgeführt hatte. Die neuen Eigentümer waren zwar nicht scharf darauf, ihm diese riesige Wohnung abzutreten, aber der Altmieter beharrte und setzte sich schließlich durch. Da aber die Wohnung für ihn inzwischen viel zu groß und zu teuer war, nahm er Untermieter auf, was ihm durch den Mietvertrag erlaubt war. Und nun hatte der Muffin-Professor alle Zimmer der Wohnung gemietet.

Der Bistro-Riese versucht sich jetzt an den Beach Boys (»Ba, ba, ba, ba, ba, ba, ba …«). »Du, Schulli, man kann jetzt deine Unterbüx sehen«, sagt die Kollegin zum Bistro-Riesen. Der tanzt jetzt hüftschwenkend.

»Das hat ja richtig italienisches Flair hier«, sagt der Muffin-Mann.

≈

Da, wo eben noch ein Mann saß, der wie John Updike aussah und große Hasenohren hatte, sitzt nun ein Männlein mit schwarz-rot-goldfarbenen Hosenträgern, das ein Buch über historische Eisenbahnen aufschlägt. Ab 20.00 Uhr, lese ich, ist »Happy Hour« im

Bordbistro: Beck's Pils, Radler oder Cola-Bier 0,3, frisch gezapft, je 2,40 Euro. Der Bistro-Riese und seine Kollegin unterhalten sich über Stephanie Meyers »Biss zum Morgengrauen«. Das sei so spannend, sagt sie, dass sie es nicht mehr aus der Hand legen könne. Ist sonst nicht so mein Fall, solche Bücher, aber ab der dritten Seite wurde es spannend. Das Einzige, was mich ärgert, ist, dass es nur die beiden ersten Bände als Taschenbücher gibt. Der stiernackige Riese sagt: »Ich bekenne mich dazu, ich habe alle Harry-Potter-Bücher gelesen.«

≈

Ich bin auf dem Weg von Berlin nach Gotha. Kurz bevor wir in den Leipziger Hauptbahnhof einfahren, wo der Zug seine Richtung wechselt, weil der Bahnhof ein Kopfbahnhof ist (übrigens der größte in Europa), frage ich den beschäftigungslosen Steward, was denn die verrückteste Geschichte gewesen sei, die er im Speisewagen erlebt habe. Er ist rot wie eine aufgeschnittene Melone, seine schwarzen Haare sind blickdicht, kein Lichtstrahl fiel je auf diese Kopfhaut. Er sieht einen Moment in die Vergangenheit – er schaut nach unten –, die irgendwo in Höhe seines Bauchnabels vor Anker gegangen zu sein scheint, und schüttelt nach einer halben Ewigkeit endlich resigniert den Kopf, als wolle er sagen: »Wo soll ich da anfangen?«

»Ach wissen Sie, da hat man so ziemlich alles erlebt. Am schlimmsten fand ich, als sich einer die Fußnägel mit so einem Zwicker geschnitten hat.« Ich schüttele jetzt den Kopf: »Nein, oder?«

»Doch, doch: Fuß auf die Bank und dann die Zehennägel ab. Also da bleibt einem doch die Spucke weg, oder?«

≈

Ich erinnere mich noch genau an die Gesichter. Die beiden Frauen mochten um die fünfzig gewesen sein. Sie waren vergnügt, sie tranken Bier, sie wirkten wie Mädchen, die der Aufsicht ihres strengen Lehrers entkommen waren und nun über die Stränge schlagen wollten. Der Mund der einen zuckte von Zeit zu Zeit unwillkürlich, die andere hatte dunkle Augen und einen dunklen Teint. Ihre ebenmäßigen Zähne leuchteten weiß. Die eine machte einen Schmollmund und spielte mit ihrer Kette. Die andere ging austreten. Als sie zurückkehren wollte, blieb die Tür vor ihr verschlossen, und so sehr sie sich auch mühte, die Lichtschranke durch ihre wedelnden Hände zu treffen, so ergebnislos blieben ihre Bemühungen. Ich stand auf und ging ihr entgegen, um ihr zu helfen, aber in diesem Moment, als sie die Arme frustriert sinken ließ, gab die Tür den Weg frei, denn die Lichtschranke befand sich auf Hüfthöhe, worauf auch ein Schild hinwies. Sie bedankte sich bei mir und als wir wieder an unseren Tischen saßen, sagte sie laut zu ihrer Freundin: »Die Fahrgäste sind ja freundlicher als das Zugpersonal!« Ein Schaffner, der sich neben ihnen am Personaltisch niedergelassen hatte, drehte den Kopf und fühlte sich angesprochen. Er fragte die Frauen, ob sie ihn meinten, was es gäbe, ob er helfen könne. Völlig unvermittelt fingen die Frauen an zu beißen. Es sei eine Unverschämtheit, wenn sich das Personal am Nebentisch über Liebesdinge unterhalte.

»Stellen Sie sich einmal vor, Sie gehen ins Restaurant und am Nebentisch erzählen sich die Kellner von ihrem Liebeskummer!« Die Frauen duldeten keine Widerrede. »Sie verstehen das nicht, oder? Warum sitzen Sie eigentlich hier, haben Sie denn kein Dienstabteil? Warum sitzen Sie hier?«

Woher kam diese Aggressivität? Offenbar fühlten sich die beiden vernachlässigt, ich hatte jedoch nichts dergleichen beobachtet. Die Frauen zahlten, kalte Wut, strafende Blicke, ich wurde – obwohl ich mich ihrem Zorn nicht anschließen konnte – mit einem Lächeln bedacht. Als sie gegangen waren, setzte ich mich zu dem düpierten Schaffner, der immer noch recht bedröppelt auf seinem Platz saß. Ich sagte ihm, dass ich diesen Ausbruch nicht nachvollziehen könnte, denn davon abgesehen, dass es in den meisten Restaurants Personaltische gäbe, lebte ja der Besuch in einem Restaurant mitunter auch davon, dass sich die Gäste und das Personal unterhielten, und zwar nicht nur über das Essen. Eine Kollegin kam hinzu. Sie war Mitte fünfzig und sprach mit einem starken Dialekt. Sie stammte aus Saarbrücken. Das wäre eine schöne Stadt, schöner als Berlin und Hamburg, schöner als München.

»Man erlebt manchmal wirklich schlimme Geschichten im Speisewagen«, sagte sie. »Was ich jetzt erzähle, passierte aber im Bordbistro, da, wo die Kunden stehen. Zwei Russen standen da und tranken. Sie hatten viel getrunken und die ganze Zeit versuchten sie, die Deutschen zu provozieren. Die Deutschen aber blieben unendlich duldsam, obwohl die Russen immer wieder zu stänkern anfingen. Das ging so weit, dass einer von ihnen einem Deutschen das Bier ins Gesicht schüttete, und selbst da blieb der Deutsche noch einigermaßen beherrscht. Außerdem bestrafte der Russe sich gleich selbst: Er hatte das Glas so heftig auf den Tresen geschmettert, dass das Glas zerbrach und er sich wirklich schwer schnitt. Der ganze Boden war mit Blut bedeckt. Die Bundespolizei wurde gerufen und das Bistro geschlossen.«

Hinter uns saß ein Mann, den ich bislang nicht beachtet hatte. Ein asketischer Typ, der kurze Hosen trug, obwohl er bereits über fünfzig war. Sandalen und weiße Tennissocken. Er sagte mit todernstem Gesicht: »Die meisten Menschen haben das Lachen verlernt, das Lachen beim Anblick ihres eigenen Lebens.«

≈

»Früher war fast alles besser«, sagt sie. Sie kommt aus Hamburg und arbeitet seit zwanzig Jahren im Speisewagen. Sie strahlt Gelassenheit aus. Sie muss in einem ICE bedienen, der gar kein ICE ist, der aber als ICE firmiert, weil der ICE kurzfristig in die Werkstatt musste. Dieser Ersatz-ICE hat auch gar keinen Speisewagen, sondern nur einen Stehimbiss. Früher, als sie anfing, waren sie zu viert im Speisewagen, zwei, die bedienten und kassierten, zwei, die in der Küche standen. Heute müssen sie zu zweit alles machen: Bedienen, Kassieren, Abwaschen, die Speisen aufwärmen und anrichten. Zum Gespräch mit dem Kunden bleibt kaum noch Zeit. Ihr schlimmstes Erlebnis im Zug war eine Fahrt von Frankfurt. Es waren Ausländer, aber was für Ausländer? Sie weiß es nicht mehr. Die Familie hatte eine große Melone dabei, die wollten sie im Speisewagen teilen und essen. Sie verlangten ein großes Messer von ihr, das sie aber gar nicht hatte. Daraufhin fing die Familie an, sie und die anderen Fahrgäste zu beschimpfen, sie seien doch alle Nazis und der mit dem Glasauge (ein Gast hatte ein Glasauge) könne sich gleich ein zweites kaufen. Schließlich zog einer aus der Sippe eine Pistole und bedrohte sie damit. In der nächsten Stadt wurde die ganze Gruppe von der Bundespolizei mitgenommen.

Einmal sei es passiert, dass zwei Gäste aussteigen mussten, obwohl sie kaum die Hälfte ihres Essens eingenommen hatten. Sie zahlten großzügig und gingen. In der Zwischenzeit hatte sich aber schon ein anderer Fahrgast auf ihren Platz gesetzt und angefangen, beide Teller leer zu essen, und als sie die Teller abräumen wollte, habe der Mann sie angebrüllt und geschrien, er wolle in Ruhe zu Ende essen und sie möge ihn doch nicht stören.

Das schönste Erlebnis habe sie gehabt, als ihr ein Kunde mal hundert Mark Trinkgeld gegeben habe. Das sei gar kein reicher Typ gewesen, sondern ein Arbeiter, der von Montage gekommen war und seinen Lohn bekommen hatte. Der sei nett gewesen, sagt sie und seufzt. Die Geschäftsleute hingegen seien oft geizig, sehr fordernd und kaum freundlich. Herablassend. Gerade die Strecke Hamburg – Berlin sei so eine »Die-Herren-sind-wichtig-Strecke«.

≈

Die zwei sind magere Heringe. Sie bedienen auf der Strecke zwischen Hamburg und Berlin. Ein Norddeutscher und ein Türke. Der schmale Türke lächelt nett, jungenhaft freundlich. Sein Kollege, der in der Küche bleibt und am Tresen bedient, sagt mehrfach: »Mensch, Alter, mach mich nicht verrückt!« Er spricht mehr zu sich selbst als zu dem anderen. Ja, er sei schon lange dabei und ich bin erstaunt, dass er drei Jahre für eine lange Zeit hält. Aber in der Gastronomie sei er schon seit zwanzig Jahren. Er habe aber auch schon mal Versicherungen verkauft. Das höchste Trinkgeld habe er einmal von einem russischen Gast bekommen. Der hatte fünfundzwanzig Kreditkarten und so ein fettes Bündel Geldscheine, Euroscheine und Dollars. Die Russen, sagt er, kannten ja gar keinen Spargel, da hat er erst mal alles geordert, den ganzen Spargel gefuttert. »Sie haben die ganze Speisekarte rauf und runter bestellt, wir hatten nichts mehr an Bord. Und als er gezahlt hat, hat er sich erst gar nicht mit Münzen aufgehalten. ›Münzen‹, sagte er, ›kenne ich nicht. Was ist das, Münzen?‹ Er hat mir gleich hundertzwanzig Euro in die Hand gedrückt. Und natürlich haben die auch meine ganzen Wodka-Vorräte getrunken, damals gab es im Speisewagen noch kleine Wodka-Fläschchen. Warum gibt es die eigentlich nicht mehr? Mein Bereichsleiter hat mir mal gesteckt, dass mehr als fünfzig Prozent gar nicht im Speisewagen angekommen sind, die sind vorher verschwunden.«

Er machte die bekannte Schluckspecht-Geste. Er ist

ein Typ, den nichts so schnell umhaut. Wie ein Seemann steht er hier und tut Dienst, und jeder Tag ist
ein Sturm, den es lachend zu überstehen gilt.

≈

»Das Schönste, was ich erlebt habe, waren die Mexikaner.«

Er kommt aus Köln. Es ist Heiligabend und er hat
Dienst. Er kam am frühem Morgen aus Köln und
fährt jetzt, nach drei Stunden Pause in Berlin, wieder
zurück. Er hat gute Laune, ich frage ihn nicht, ob er
Familie hat oder an diesem Abend jemand auf ihn
wartet. Er ist noch jung, kaum dreißig.

»Das Schönste waren die Mexikaner. Es war bei der
Fußballweltmeisterschaft 2006, da hatten wir mexika-
nische Fans im Speisewagen. Die haben auf den Tischen getanzt und ich meine das wörtlich: Die standen
auf den Tischen und tanzten. Die Fans trommelten, es
wurde gesungen und getrunken. Alles ganz friedlich,
keine Hooligans. Die Mexikaner waren so ausgelassen, die haben uns die Wangen in den mexikanischen
Farben bemalt und wir haben mitgefeiert. ›Die Welt
zu Gast bei Freunden‹, dieser Slogan stimmte damals
wirklich, ich habe so eine verrückte und nette Stimmung weder im Speisewagen noch irgendwo anders
erlebt. Ich bin kein trauriger Typ, aber diese Fröhlichkeit gibt es in Deutschland sonst nicht.«

≈

Ich fahre von Stralsund nach Berlin. Der Zug ist fast
leer. Auf dem Hinweg war er brechend voll mit Urlau-

bern, die nach Rügen oder Hiddensee wollten. Teilweise fährt dieselbe Besatzung zurück, ich erkenne eine Schaffnerin wieder, und auch im Bordbistro wuselt ein Mann herum, der schon auf der Hinfahrt dabei war. Jetzt steht er in der Küche und unterweist eine Mitarbeiterin in allen Aufgaben. Sie sind so ins Gespräch vertieft, dass ich warte, bis wir Greifswald erreicht haben, erst dann gehe ich an den Tresen und frage, ob ich schon etwas bekommen könne und ob er, der wuselige Mann, der Bordbistro-Lehrer wäre. Er wehrt ab und erklärt, dass er der Kollegin nur geholfen habe, da sie keine Gastronomin sei, sondern eigentlich Schaffnerin. Gleichwohl müsse sie jetzt im Bistro bedienen, weil dieser Zug, der laut Plan eigentlich gar keinen Bordbistro-Wagen habe, nun aber doch einen mit sich führe und demzufolge müsse der auch besetzt werden. Ich frage ihn, ob er nicht Lust hat, einen Kaffee mit mir zu trinken, das lehnt er zwar ab, aber er setzt sich doch zu mir an den Tisch. Er ist fünfundsechzig Jahre alt und dieses Jahr in Rente gegangen. Er ist dreiundvierzig Jahre mit dem Speisewagen gefahren und hat bei der Mitropa gelernt. Auf Interzonenzügen wurde er nicht eingesetzt, »weil ich wohl nicht gut genug und zuverlässig gewesen bin, politisch gesehen«. Der Standard sei damals sehr gut gewesen, sogar besser als bei der Deutschen Bundesbahn, das hätten ihm Westreisende immer wieder bestätigt. Er ist ein kleiner Mann, Brille, kurze Haare. Er hat in Leipzig gelernt, das sei damals die beste Fachschule für die Gastronomie bei der Mitropa gewesen, auch in den Interzonenhotels habe man gelernt. Als ich ihn nach

Erlebnissen frage, winkt er ab: »So viele, was soll ich erzählen?«

Dann erzählt er doch eine Geschichte, »die habe ich nach all den Jahren noch im Blut«. Er habe einmal im Speisewagen vier Studenten aus Leipzig bedient und die hätten sich die ganze Zeit überaus »geschwollen« ausgedrückt und so laut gesprochen, damit alle Welt mitbekam, wie klug sie waren. Da hätte ihn einer der jungen Männer gefragt: »Herr Ober, wäre es denn möglich, dass wir noch ein Bier bekommen?«

»Aber sicher ist das möglich!«, erwiderte er.

Dann ließ er die Burschen zappeln, weil er sich über ihre arrogante Art geärgert hatte. Die Zeit verging und die Studenten wurden ungeduldig. Ein Kollege fragte ihn, ob er die vier Herren denn nicht vergessen habe. »Nein, nein«, hätte er geantwortet, »das geht schon alles seinen Gang.« Dann sei er in seinem schwarzen Anzug und mit dem weißen Tuch über dem Arm an ihnen vorbeispaziert, ohne sie weiter zu beachten. Endlich habe einer der Studenten ihn am Arm gezupft und gefragt: »Aber wir hatten doch schon vor geraumer Zeit bei Ihnen ein Bier bestellt. Haben Sie uns vergessen?«

»Ja, aber Sie hatten nur nach der Möglichkeit, ein Bier zu bekommen gefragt und das habe ich entsprechend bejaht. Wenn Sie wirklich ein Bier hätten bestellen wollen, dann wäre der richtige Gebrauch des Konjunktivs sicher von Vorteil und angebracht gewesen.« Zack, das hatte gesessen. Er triumphierte noch einmal im Rückblick über ihre verdutzten Gesichter. »Das Bier haben sie dann trotzdem noch bekommen.«

Komisch, dass ihm aus vierzigjähriger Praxis ausgerechnet diese Geschichte als erste einfällt. Auch ein Zugunglück hat er einmal erlebt.

»Es war auf dieser Strecke«, sagt er, »als auf unseren Zug ein anderer Zug auffuhr, es gab sechs Tote. Ich flog durch den ganzen Speisewagen, blieb aber bis auf ein paar blaue Flecke unverletzt.«

Er bleibt nicht lange an meinem Tisch sitzen, ich glaube, er misstraut mir, hält mich für einen Kontrolleur, er betont immer wieder, dass er rein privat unterwegs sei und den Kollegen im Bistro ausschließlich privat geholfen habe, und er wisse ja, dass das gar nicht erlaubt sei. Er verabschiedet sich, kommt aber kurz vor Berlin – inzwischen sind zwei ereignislose Stunden verstrichen – wieder. Wir kommen erneut ins Gespräch. Ihm fällt noch eine Geschichte ein. Eines Tages fuhr ein Hochzeitspaar in seinem Speisewagen, und weil er nichts anderes hatte, um ihnen eine Freude zu bereiten, überreichte er ihnen einen Strauß roter Plastikrosen, der auf dem Tisch stand. Fünf Jahre später spricht ihn ein Paar auf der Straße in Leipzig an:

»Sind Sie nicht der freundliche Kellner, der uns damals die Rosen überreicht hat?«

≈

Ich fahre im IC von Magdeburg nach Leipzig und sitze im Bordbistro. Außer mir gibt es nur noch einen weiteren Gast, der zwischen Magdeburg und Leipzig drei Hefeweizen trinkt. Die Kellnerin ist hochgewachsen, schwarze kurze Haare, dunkle Augen, schlank. Ich hätte sie auf fünfzig geschätzt, in unserem Gespräch wird sich herausstellen, dass sie bereits siebenundfünfzig ist. Sie ist aufgekratzt wie ein junges Mädchen. Sie ist in der DDR aufgewachsen: »Ich war glücklich in der DDR.« Sie ist in einem kleinen Dorf in der Nähe von Leipzig groß geworden, ganz ländlich sei es da gewesen. In ihrer Jugend hat sie Leistungssport getrieben, Diskus- und Speerwerfen, doch als sie älter wurde, hat man davon abgesehen, sie weiter zu fördern, weil ihr Körperbau nicht der Disziplin entsprochen habe. Sie hat dann vor allem sehr viel Betriebssport gemacht. Sicher hat der Sport dazu beigetragen, dass sie sich ihre jugendliche Erscheinung bewahrt hat. Sie hat 1992 als Kellnerin bei der Bahn begonnen, davor war sie auch schon Kellnerin in der DDR, allerdings nicht bei der Bahn. Sie erzählt vom Staatsratsvorsitzenden Walter Ulbricht, dem ungeliebten Spitzbart, der 1973 während der Weltfestspiele der Jugend und Studenten verstorben sei, weshalb man seinen Tod zunächst nicht bekannt gegeben habe. Sie erzählt von der gesprengten Kirche in Leipzig, die jetzt wieder aufgebaut werde, damals hätte man die Studenten, die gegen die Sprengung der Kirche protestiert hätten, von der Straße weg verhaftet. Nein, dennoch, alles an der DDR sei nicht schlecht gewesen.

Heute hat sie eine Schicht von über zwölf Stunden hinter sich, von Leipzig nach Oldenburg und zurück. Sie könne gut in Zügen mit Neigetechnik fahren, weil sie von Anfang an auf diesen Zügen gelernt habe, die Kollegen aus den »Alten Bundesländern« würden hingegen oft besser mit den alten »Einser-ICE« zurechtkommen, die würden zwar hin und her springen, aber sich eben nicht neigen. Dagegen habe sie Respekt vor den Einser-Zügen. Sie zeigt mir das Innere der Bistro-Küche, da gibt es eine Reihe von hervorstehenden Griffen und Knäufen, da hole sie sich oft blaue Flecken, sie zeigt ihre nicht unansehnlichen Beine her. Was denn ihr schlimmstes Erlebnis im Speisewagen gewesen sei? Das Schlimmste sei gewesen, als ein betrunkener Fahrgast sie mit einer Schnapsflasche bedroht habe, er habe im Speisewagen gegessen und gesoffen, den Schnaps hatte er selbst mitgebracht. Er zog grölend ab, setzte sich in die 1. Klasse, obwohl er kein Ticket dafür hatte. Schließlich sei er in den Speisewagen zurückgekehrt und wollte ihr die Schnapsflasche über den Kopf hauen, sie sei mit einem Sprung zurückgewichen, der Schlag ging ins Leere. Damals seien sie nur mit drei Frauen auf dem Zug gewesen, es habe sehr lange gedauert, bis die Polizei endlich kam. Das Bedienen in einem Restaurant sei anspruchsvoller und anstrengender, sagt sie, weil man sich mehr um den Gast kümmern, weil man sich dem Gast mehr zuwenden müsse. Sie will bis zur Rente mit fünfundsechzig arbeiten, sie lebe in einem Plattenbau ohne Aufzug und habe kein Auto, fahre nur Rad, auch das halte wohl jung. Zum Abschied reiche ich ihr die Hand und wünsche ihr alles Gute.

»Vielleicht sehen wir uns ja einmal wieder!«, sagt sie. »Ja, vielleicht«, sage ich, »ich fahre viel mit der Bahn.«

Eigentlich nichts passiert

Südkreuz. Der Bahnhof legt sich auf die Reisenden wie ein Sargdeckel. Beton, Stahl, Eisen und Glas. Abstufungen in Grau. Die Tauben wirken fast vielfarbig in dem monochromen Bahnhof. Zu den Fernbahnsteigen fährt man nach unten auf langen ächzenden Rolltreppen. Man entdeckt kaum Reisende. Der Bahnhof ist leergefegt.

Es ist Abend, der letzte Zug ohne Schlafwagen von Berlin nach München fährt ein. Der ICE bebt heran, die Gewalt, die in ihm steckt, will heraus und auf der Strecke brüllen. Hinter den spiegelnden Scheiben erkennt man hier und da ein Gesicht, die Menschen sitzen wie Amputierte auf ihren Plätzen. Ich nehme gleich im Speisewagen Platz. Es wird noch nicht bedient. Ein Vater und sein Sohn, er mag sechs oder sieben Jahre alt sein, suchen ihren Wagen.

»Ist das hier 2. Klasse?«, kräht der Junge.

»Ja!«, gibt der Vater knapp zur Antwort.

»Geil, dann bin ich jetzt ein Zweitklässler!« Der Vater knufft den Jungen in die Seite. Der Zug bebt, fährt an, schiebt den Abend vor sich her. Die Vororte bleiben zurück. Das Tempo ist noch verhalten. Ein Mann hisst in seinem Kleingarten eine »Schalke«-Fahne, ein anderer riecht an einem abgeschnittenen Zweig.

Auf den Bahnsteigen der S-Bahnhöfe stehen die Reisenden reglos, müde von der Hitze des Tages. Ein

169

Mädchen gleitet lautlos auf ihren Inline-Skates am Zug vorbei, ein Hund zerrt an seiner Leine und bellt den Zug an. Wie ein Fisch unter Wasser öffnet er das Maul wieder und wieder, kein Laut dringt nach innen.

Die Stadt dünnt schnell aus, Kiefern und Birken fliegen vorbei. Es ist Ferienzeit, die meisten sind schon verreist und am frühen Samstagabend sind die Straßen noch leer. Die Alten verlassen ihre Häuser jetzt nicht mehr, die Jungen präparieren sich für die Nacht, die Trinker sitzen wie immer in der Kneipe und haben den Unterschied zwischen Tag und Nacht vergessen. Die ersten Felder kommen in Sicht, der Mais ist schon hoch aufgeschossen, geschnittenes Heu liegt auf den kurz geschorenen Feldern.

Nach und nach treffen die ersten Reisenden im Speisewagen ein. Eine Frau mit schulterlangen Haaren setzt sich in die von mir am weitesten entfernte Ecke. Sie ist anmutig und scheu wie ein Reh. Die Platzwahl erfolgt bei der Mehrzahl der Reisenden intuitiv nach diesem Prinzip: Wie verschaffe ich mir den größtmöglichen Abstand zu den anderen? Ein alte Frau humpelt heran. Sie fragt, ob der Platz frei sei und setzt sich dann schnaufend an einen Zweiertisch, wo ein Mann sein Bier trinkt. Noch bevor sie sich ganz niedergelassen hat, hebt sie ihren Kopf und bemerkt erst jetzt, dass die meisten Tische noch unbesetzt sind.

»Oh, da ist ja noch überall Platz!« Sie erhebt sich mit überraschender Behendigkeit und setzt sich an einen der freien Tische. Wir passieren jetzt die Luther-Stadt Wittenberg, die Elbe liegt wie eine schmuddelig-faltige Tischdecke in ihrem Bett, an einigen Stellen kräuselt sich die Oberfläche, ein Schwan unterbricht seinen Anlauf und lässt die Flügel sinken.

Die Frau ist zwar alt, aber keineswegs von gestern. Sie trägt Nike-Turnschuhe, der blaue Pfeil ist golden eingefasst. Sie steckt in einem wallenden Gewand, bunt, so wie es Afrikanerinnen tragen. Sie bestellt mit sehr klarer und etwas zu lauter Stimme. Vermutlich ist sie schwerhörig. Der Salat, den sie möchte, ist aus. Der Steward baut sich vor ihr auf, kurzes Haar, zwei Ohrringe, mehrere massive Ringe an den kräftigen Fingern.

»Im Sommer haben wir immer nur zehn oder zwölf Salate und wenn die weg sind, sind die weg. Ich kann Ihnen einen einfachen Gurkensalat mit Cocktail-Tomaten anbieten.« Die Frau sagt: »Nicht so schlimm, dann bringen Sie mir die Ofenkartoffel eben mit einem Gurken-Tomaten-Salat.«

Eine kleingewachsene Frau mit bereits ergrauenden Haaren betritt jetzt die Bühne. Sie schaut sich kummervoll um. Mit großer Vorsicht trägt sie eine blaue IKEA-Tragetasche vor sich her. In der Tasche befindet sich ein Transportkäfig. Sie stellt die Tasche behutsam unter den Tisch und spricht beruhigend auf das Tier ein. Ein klägliches Maunzen ist zu hören.

Der Steward kommt, nimmt eine durch und durch dienstliche Haltung ein.

»Ich muss Sie darauf hinweisen, dass Tiere im Speisewagen aus hygienischen Gründen nicht gestattet sind!« Die kleine Frau protestiert.

»Wo soll ich denn hin mit ihr? Sie ist doch in ihrem Käfig!« Die Frau mit dem schulterlangen Haar dreht sich um: »Also mich stört das Tier nicht.« Der Steward zuckt mit den Achseln: »Darum geht es doch gar nicht.«

»Aber ich kann doch das Tier nicht allein lassen und ich muss etwas essen.«

»Ich habe die Vorschriften nicht gemacht!«, sagt der Steward und hebt wie zum Beweis seine Hände, damit jeder sehen kann, dass an seinen Händen keine Vorschriften kleben. Die Züge der kleinen Frau, die schon zuvor bekümmert aussah, verfinstern sich noch mehr. Die andere Frau sagt: »Also so was!« Und die ältere Frau fragt irritiert: »Was ist denn da los?« Der Widerstand der Frauen wuchert, der Steward spürt ihre Entschlossenheit. Er schlägt vor, den Käfig im Gang beim Ausgang abzustellen.

»Fragen Sie den Zugführer, ob er damit einverstanden ist und dann stellen Sie den Käfig dort ab.«

Der Zugführer ist ein Schaffner mit einem gezwirbelten, sorgfältig geschnittenen Schnauzbart. Die Enden laufen kurvenreich aus. Der Schaffner hört sich die Schilderung der Frau an. Nickt. Sagt gar nichts und bittet um die Fahrkarten. Hinter mir haben inzwischen zwei Frauen Platz genommen, die eine osteuropäische Sprache sprechen, die ich nicht identifizieren kann. Polnisch ist es nicht, Russisch auch nicht. Mutter und Tochter. Die Tochter hat große feuchte Augen, sie blickt mit puppenhafter Vornehmheit, die Mutter ist elegant gekleidet. Beide geben ihre Bestellung in gutem Deutsch auf. Ein ganz und gar unscheinbarer Mann bestellt einen Tee und kratzt ausgiebig seine Nase. Die Frau mit der Katze dreht sich zu dem Käfig

172

um, mehrfach, ehe sie ihren Kopf an die Scheibe lehnt. Ihr Blick ist nachtschwarz. Die Abendsonne steht inzwischen tief, ein rötlicher Glanz liegt auf den Feldern und Wiesen, die Bäume werfen längere Schatten.

Ein junger Mann mit einem roten iPod bestellt einen Salat. Der Steward wiederholt seinen Satz.

»Wir haben im Sommer immer nur zehn oder zwölf Salate und wenn die weg sind, sind die weg. Ich kann Ihnen einen einfachen Gurkensalat anbieten, mit Cocktailtomaten.« Der junge Mann wünscht sich die Heiligendammer Gemüsesuppe. Sein Knie wippt stetig auf und nieder, die Finger trommeln einen Takt aufs Tischtuch. Der unscheinbare Mann bestellt einen weiteren Tee, die Osteuropäerinnen lachen ausgelassen. Der Zug wird langsam, langsamer, bis er hält. Wir stehen im Wald, ein trüber Fluss neben den Gleisen. Plötzlich, fast zum Greifen nah, sehe ich die Reste eines Luftballons an einem Ast. An dem Band hängt ein Zettel mit einer Botschaft. Es sind fünf oder sechs Zeilen, das kann ich noch sehen, alles andere bleibt undeutlich. Je mehr ich versuche, die Botschaft zu lesen, desto verschwommener wird alles. Ich lege die Hände an die Scheibe, kneife die Augen zusammen, bis mir die Tränen kommen, aber ich kann nichts entziffern. Eine der beiden Osteuropäerinnen berührt mich an der Schulter und reicht mir wortlos ein Opernglas. Ich danke und gerade als ich es einstelle, fährt der Zug an.

»Schade«, sage ich bedauernd, »ich hätte zu gerne gewusst, was auf dem Zettel stand.« Die Frauen lachen. »Wir auch!«

»Welche Sprache sprechen Sie eigentlich?« Sie kichern.

»Tschechisch!« Ihr Essen kommt. Ich wünsche ihnen einen guten Appetit.

Der Zug schlingert. Ein sehr großer Mann bahnt sich mit stämmigen Schritten seinen Weg und setzt sich. Er sieht aus wie ein intellektueller Gert Fröbe. Ein Deutscher, dem das Wirtschaftswunder am Bauch und das Internet-Zeitalter im Gesicht klebt. Er trägt eine kurze Hose, ein offenes, gestreiftes Hemd, darunter ein T-Shirt, der verbliebene Haarkranz ist zur Glatze rasiert, die modische Brille ist eckig und rot. Er blickt amüsiert-provokativ. Sein Blick könnte Luftballons zum Platzen bringen. Der kurzhosige Gert Fröbe bestellt einen Butterkuchen und einen Kakao. Er spricht betont langsam, hat seine Bestellung noch nicht beendet, da macht der Steward schon kehrt, wird aber nochmal durch ein Räuspern und einen scharfen Blick des Mannes zurückgezwungen.

»Können Sie den Butterkuchen bitte warm machen?«

»Das machen wir sowieso immer«, sagt der Steward und dreht ab. Fröbe verschränkt die Arme vor der Brust und schüttelt den Kopf.

Ein Amerikaner kommt. Zumindest sieht er so aus. Ein kleiner, dünner Mann, Sehne an Sehne, drahtig, braungebrannt, mindestens siebzig. Er trägt eine Basecap der New York Knicks. Seine Sonnenbrille verbirgt Augen, die wie Flöhe hin und her hüpfen. Er setzt sich, springt auf, geht wieder. Fröbe hält seine Serviette vor den Mund und hustet. Er ist feist und penibel, eine gefährliche Mischung. Die lichtdurchflutete Landschaft liegt jetzt wie ein riesiges Schwimmbad da draußen, man möchte gerne hineinspringen, ein paar Züge tun und dann den nassen Körper in der Sonne trocknen lassen. Fröbe hat schnell gegessen und getrunken. Er hält sich nicht mit Sentimentalitäten auf, kein abschweifender Blick. Der Speisewagen ist nur Bauchtankstelle für ihn. Er winkt den Steward heran. Reibt Zeigefinger und Daumen aneinander

»Zahlen!« Der Steward schlendert heran.

»Hat's geschmeckt?« – »Stellenweise!«, knurrt Fröbe. Es kostet 4, 90 Euro, er gibt 5,00 Euro.

»Stimmt so«, stemmt sich hoch und geht.

Das milde Abendlicht lässt das rote Leder der Sitze warm aufscheinen. Der Amerikaner kommt noch einmal, verharrt an der Schwelle, setzt sich auf einen Fensterplatz, wühlt in seiner Hosentasche, geht wieder. Die alte Frau mit den Turnschuhen sieht mich an: »Den muss man zum Essen festbinden, oder?« Ich lächele zurück und sage: »Am besten mit einem Doppelknoten, sonst fliegt er weg.« Sie hat mich nicht verstanden.

»Was?« Sie legt die Hand ans Ohr.

»Doppelknoten«, rufe ich und binde eine Luftschleife.

»Ja, ja, fest zuziehen, ich kenne solche Vögel, mein erster Mann war auch so einer.«

Der Zug neigt sich, ihr Stock schlittert zu Boden. Ich will ihn aufheben, aber sie hat ihn mit dem Fuß schon zu sich herangezogen und geschickt hochgehoben.

»Na, da müssen Sie beim nächsten Mal schneller sein. Aber danke!«

Der unscheinbare Mann hat einen Wurstteller bestellt. Er hält die Gabel wie ein Kind und isst sehr bedächtig. Die Frau mit der Katze will zahlen. Es macht 18,10 Euro, sie sagt »Neunzehn!« und lehnt den Kopf an die Scheibe. Ich gehe zum Katzenkäfig und versuche, das Tier zu entdecken, doch es drückt sich in die dunkelste Ecke. Ich gehe zurück und frage die Frau, ob es der Katze gut geht. Die Frau sieht mich erstaunt an.

»Wir hatten auch eine Katze, viele Jahre. Geht es Ihrer Katze denn gut?«

»Sie hat eine Tumoroperation hinter sich!«

»Oh, das tut mir leid. Waren Sie in einer Spezialklinik?«

»Das macht eigentlich jeder Tierarzt!«

Jede ihrer Antworten kommt mit großer Verzögerung. Als würde sie nach jedem Satz weit, weit weggehen.

»Dann hoffe ich, dass es Ihrer Katze bald wieder gut geht!«

»Wenn es gestreut hat, kann man nichts mehr machen.«

»Gibt es denn Chemotherapie für Katzen?«

»Ja!«

»Und wie alt ist Ihre Katze?«

»Zehn!«

»Unsere Katze hatte auch mal Krebs, aber sie ist vierundzwanzig Jahre alt geworden.«

»Das ist sehr alt.«

»Ja, der Tierarzt hat auch gesagt, so eine alte Dame hat er noch nicht gesehen.«

Ich habe gelogen, unsere Katze hatte nie Krebs. Aber dass sie vierundzwanzig Jahre alt wurde, stimmt.

»Meine Katze war auch immer gesund. Ich habe noch zwei andere. Nie waren die krank.«

Die Frau schaut mich mit unbewegten Zügen an. Ist sie depressiv? Mir fällt nichts mehr ein. Ihre Antworten klingen ausgetrocknet. Ich habe Durst. Wir schweigen. Ich bleibe noch eine Weile neben ihr sitzen. Als mein Tee kommt, gehe ich zurück zu meinem Platz. Ich wünsche eine gute Reise und viel Glück.

Jetzt haben die beiden Stewards einen Augenblick Zeit. Alle sind versorgt. Die Gäste essen, schauen zum Fenster hinaus, lesen. Die meisten Plätze sind jedoch leer. Sie setzen sich an den Personaltisch. Sie sind schon oft zusammen gefahren, sie kennen sich gut. Sie ist klein, ihre schwarzen Haare sind unnatürlich schwarz, ein kleiner Stein ziert ihre Nase. Sie bedient am Bistro-Tresen, er versorgt den Speisewagen.

»Na, nu erzähl mal, was gibt es Neues in Leipzig?« Er überlegt. »Ach, eigentlich …?« Sie wartet nicht ab, sie empört sich.

»Hast du schon deine Dienstpläne? Ich hab wieder eine Nachtschicht. Ich hab so was von keine Lust drauf. Ich mach das zum letzten Mal. Du fährst um zwölf Uhr nachts los und kommst dann um 5.45 Uhr in Köln-Bonn Flughafen an. Da bist du schon kaputt. Dann hast du eine kurze Pause und fährst um 6.15 Uhr auf einem vollen Pendlerzug zurück. Und alle wollen, dass du lächelst und freundlich bist. Das kannst du verges-

177

sen. Ich bin doch keine Schauspielerin, ich will mich doch nicht verstellen, das bin ich doch nicht, so ein Grinsemonster. Da können sie sich eine andere suchen.« Ein Gast steht am Tresen und ruft in ihre Richtung.

»Gibt es noch was?«

»Wenn ich komme, ja! ... Soll ich kommen?« Sie lacht über ihren Scherz und springt auf. Die Frau mit den Turnschuhen will zahlen. Niemand sieht sie, der Steward sitzt mit dem Rücken zu ihr. Sie schlägt mit dem Löffel an den Teller, keine Reaktion. Jetzt probiert sie es mit dem Glas, der Ton ist heller, aber der Steward merkt immer noch nichts. Sie ruft unüberhörbar: »Ich zahl dann mal!« Er schreckt hoch. Sie gibt großzügig Trinkgeld, er bedankt sich, räumt den Teller ab und stolpert über ihren Stock.

Der Thüringer Wald liegt hinter uns. Wir fahren auf Bamberg zu. Im Speisewagen hat jetzt die Beleuchtung die Oberhand gewonnen, das rote Leder wirkt jetzt kälter als zuvor. Draußen hat jetzt alles seine Farbe verloren. Jemand kippt ein Glas Tinte über das Land, das immer dunkler wird. Noch kann man die Konturen der Dinge erkennen, ein grauer Schleier liegt über allem, aber bald wird die Nacht alles verschluckt haben. Die Straßenlaternen sind angesprungen, Scheinwerfer tasten sich ins Dunkel, ein Gegenzug huscht vorbei. Die beiden Tschechinnen sind gegangen und haben sich verabschiedet.

»Wir wünschen Ihnen eine gute Reise!«

Ganz plötzlich ist es leer geworden, nur noch eine junge Frau sitzt am anderen Ende des Wagens und telefoniert, obwohl die Schilder darauf hinweisen, dass das Telefonieren hier verboten ist. Der Steward steht auf, um ihre Bestellung aufzunehmen, aber sie winkt mit dem Zeigefinger ab, nein, nichts, danke! Er dreht unverrichteter Dinge wieder um und setzt sich. Seine Kollegin blättert in einer Illustrierten und kratzt sich am Bein.

»Verdammte Mücken! Wir waren gestern am See und die Biester haben mich völlig zerstochen.«

Er grinst: »Die wissen, was gut ist!«

»Idiot!«

Ein Soldat fragt im Vorübergehen: »Kann ich ein Bier haben?«

»Aber nur, wenn Sie volljährig sind!« Sie lacht wieder. Der Soldat feixt.

»Da können Sie sicher sein.«

Ich frage den Steward, warum er denn keine Krawatte trage, alle seine Kollegen würden doch Krawatten tragen.

»Bin befreit, ich hatte eine Schilddrüsenoperation.« Er vertieft sich in ein Kreuzworträtsel. »Gott des Krieges. Vier Buchstaben?«

Jetzt kommt noch einmal der Amerikaner. Diesmal setzt er sich und bleibt. Er bestellt ein Diesel. Unter dem Tisch hat er eine Papiertüte, aus der er in regelmäßigen Abständen ein Stück Brot hervorholt.

In den Häusern da draußen brennen die Lichter. Häuser wird es immer geben. In ihnen wächst alles Glück und Unglück heran. Vielleicht steht dort jemand hinter einer Gardine, er hat alle Lichter gelöscht und fürchtet, dass der Zug ihn sieht. Die mondlose Nacht ist genauso unerforscht wie die Tiefsee.

Ich bin jetzt der einzige Gast. Wir fahren auf Nürnberg zu. Warum muss ich jetzt an das Ehepaar denken, das ich vor einigen Tagen im Quedlinburger Schloss sah? Sie hatte es eilig, er betrachtete aufmerksam ein mittelalterliches Richtschwert. Sie war beleibt, er war hager. Seine Nase war von geplatzten Äderchen durchzogen, sie trug eine überdimensionierte Bernsteinkette.

»Ich muss das noch sehen«, sagte er gepresst.

»Du bist krank«, erwiderte sie in kaltem Ton.

»Ich bin nicht krank, ich bin interessiert.«

»Krank!«

»Wir haben heute doch kaum etwas besichtigt!«

»Wir haben die ganze Stadt besichtigt.«

Waren sie einander in Hass zugetan? Sprach man so, wenn man dreißig Jahre verheiratet war? Ein kostümiertes Burgfräulein hatte eine Führung angeboten und verabschiedete sich nun von den Teilnehmern in blumig-barocken Wendungen, die sie auswendig gelernt hatte. Der Hagere blieb auch hier stehen, sie zog ihn unwillig am Ärmel, er machte sich mit einer schroffen Geste frei. Gleich, dachte ich, werden sie sich schlagen.

Als ich nach draußen auf das abschüssige Kopfsteinpflaster trat, gingen sie vor mir. Sie führte einen Hund an der Leine, den sie draußen angebunden hatten. Sie hatten jetzt einander untergehakt und sprachen liebevoll miteinander. Sie streichelte ihm zärtlich die Wange, das Idealbild eines Paares im fortgeschrittenen Alter. Welches Bild stimmte denn nun? War das ein und dasselbe Paar? Hatten sie eine Komödie gespielt?

Der Zug bremst. Wir fahren in Nürnberg ein. Hier halten wir einige Minuten. Der Steward öffnet die Bistro-Tür, springt auf den Bahnsteig, seine Kollegin folgt ihm, sie rauchen und unterhalten sich mit einem Schaffner.

Ein sehr elegantes Paar steigt zu und setzt sich zunächst an den Personaltisch, wo ein handgeschriebenes »Reserviert«-Schild steht. Sie ziehen wieder um, setzen sich einige Tische weiter. Er sieht aus wie ein spanischer oder italienischer Dirigent, welliges, dunkles Haar, dunkle Augen, ein dunkler Teint. Er trägt einen olivfarbenen Anzug mit einem Einstecktuch, die lachsfarbene Krawatte ist tadellos gebunden, milchige Manschettenknöpfe. Er sieht aus wie ein Königssohn, seine Begleiterin, die deutlich größer ist als er, muss eine Sängerin sein. Ihr kastanienbraunes Haar hat sie hochgesteckt, sie trägt eine Jeans, eine Strickjacke aus hellblauem Mohair und eine schimmernde Perlenkette. Sie sitzen zu weit entfernt. Ab und an weht ein Bruchstück herüber. Es sind wirklich Musiker, ich höre, wie er sagt »der Schmerz, der Schmerz«, er spricht von einem »kleinen Mozart-Stück«, das man in einen gewissen Zusammenhang stellen müsse, auch die Choreographie sei wichtig und die Resonanzen. Sie ist ganz Ohr. Er baut Kathedralen von Klang und Bedeutung in die Luft, er lässt Kaskaden von Lauten und Stille, Pause und Rhythmus regnen, er greift zu einem goldenen Füllfederhalter und zeichnet etwas Bedeutendes auf die Papiertischdecke. Sie folgt seinen sehr schmalen Fingern, die wie selbstverliebte Baumeister immer neue Anläufe nehmen, um etwas aufzurichten. Bilde ich es mir nur ein – ich sehe schließlich nur ihren Rücken –, aber nimmt sie nicht eine Abwehrhaltung ein? Zwischen seinen Worten und seinen Gesten klaffen Lücken und alles, was ich verstehen kann, wirkt so verbraucht und bekannt wie die kulturkritischen Phrasen, die man aus dem Fernsehen kennt. Mit einem Schlag füllt sich der Speisewagen wieder, der Bahnsteig in Nürnberg ist trotz der späten Stunde belebt.

Die Nacht ist da, wir werden wegen einer Verspätung erst kurz nach Mitternacht in München ankommen. Eine Spanierin setzt sich an den Nebentisch. Sie telefoniert kurz, dann tippt sie in ihren Laptop, dabei hört sie Musik. Sie trinkt ein Bier und kaum zwanzig Minuten später ist sie sang- und klanglos verschwunden. Ein junger Mann, der aussieht, als ob er das vierte Mitglied der »Ärzte« wäre, bestellt einen Salat.

»Der Salat ist aus, wir haben immer nur zehn oder zwölf Salate im Sommer und wenn die weg sind, sind die weg.«

Der junge Mann, ich nehme an, er ist ein talentierter Schlagzeuger, lässt sich die gute Laune nicht verderben und bestellt Nudeln mit Gorgonzola-Sauce. Auf seiner Jeans-Jacke leuchtet ein »AKW-Nee«-Button. Ein Mann mit kahl rasiertem Schädel lässt sich schnaufend nieder. Seine Füße stecken in Springer-Stiefeln, er ist feist, sein Kopf ist viel zu klein für den massigen Körper. Er trägt ein T-Shirt, auf dem sich ein Adler mit gewalttätiger Visage auf dem Erdball niederlässt, als könne er die Welt in seinen Krallen davontragen. Eine Nazi-Physiognomie. Er schläft sofort ein und der Steward lässt ihn links liegen.

Der Dirigent ist mittlerweile ganz erschöpft. Die Frau sitzt immer aufrechter vor ihm. Seine Haut ist plötzlich ganz fahl vor Erschöpfung, die Kluft zwischen seinen Gesten und seinen Worten wird immer größer, er sieht die Frau mit wachsender Bitterkeit an.

»Ich red so vor mich hin«, verstehe ich, dann schweigt er und verschränkt die Arme vor der Brust. Seine Poesie perlt an ihr ab, so scheint es, sie gibt ihm ein Buch, er soll es lesen. Er blättert lustlos darin herum, bemüht sich aber so zu wirken, als könne er den Sinn des Geschriebenen klar und deutlich aufnehmen. Er ist jetzt ganz und gar in sich zusammengesunken.

Die Stewards machen Bestandsaufnahme und schreiben Bestellungen. Sie ruft aus der Küchenzeile: »Mensch, Manno, wir haben doch noch Salate!«

»Was? Aber du hast doch selbst gesagt, als du eingestiegen bist, es ist nichts mehr da!«

»Ja, wenn der Kollege mir das so sagt, schau ich doch auch nicht mehr rein.«

München. Der Dirigent und die Sängerin gehen zuletzt. Sie geht jetzt voran, er schleicht hinterher. Die weite Halle summt vor sich hin. Die Läden werden ausgeputzt. Zwei Polizisten patrouillieren, ein Häuflein von Trinkern weicht ihnen aus. Der Mann, der so aussieht wie ein Nazi, wird von einer Asiatin abgeholt. Es ist nach Mitternacht.

Sechs Stunden im Speisewagen, es ist eigentlich nichts passiert.

In dem kleinen Hotel reibt sich der Pensionär die Müdigkeit aus den Augen, er muss wach bleiben, die ganze Nacht. Er macht das nur zweimal in der Woche. Er gibt mir den Schlüssel und wünscht »Gute Nacht!«.

Augenblicksgeschichten

Eins

Er streckte die Hand aus – sie zitterte nicht oder doch? – und fragte sich, ob es eine gute Idee gewesen war, vor dem Vorstellungsgespräch etwas zu trinken.

Zwei

Er lebte in trauter Zweisamkeit mit seinem Handy.

Drei

Dass sie sich nichts zu sagen hatten, war unüberhörbar.

Vier

Die Rolle, die er ein Leben lang am besten spielen können würde – und das tat ihm aufrichtig leid –, war die der beleidigten Leberwurst.

Fünf

Dass die anderen sich nicht auf ihn verlassen konnten, sollte nicht seine Schuld gewesen sein.

Sechs

Als er den Koffer der alten Dame ins Gepäckfach schob, fand er endlich wieder zu sich selbst.

Sieben

Während sie dem Gast eine Suppe servierte, tauchte sie im Traum ihren Fuß in ein knisterndes Schaumbad.

Acht

Sein Gesicht führte Beschwerde: Dass ihm niemand auf die Nerven fiel, durfte nicht wahr sein.

Neun

Mit jedem Kilometer, den ihn der Zug davontrug, würden sie merken, dass sie ohne ihn nicht zurechtkommen würden, weshalb er die längste Strecke gewählt hatte.

Zehn

Er verwechselte Lautstärke mit Stärke.

Elf

Sie schmiegte sich an ihn und bedauerte es nur, dass sie den Kolleginnen im Büro nicht erzählen durfte, dass er es war, an den sie sich schmiegte.

Zwölf

An ihrer Anmut konnte man sich erfreuen wie an einem alten Märchen.

Dreizehn

Dass sie den Zettel mit seiner Telefonnummer auf dem Tisch liegen ließ, würde er nie erfahren, da er gerade eben ausgestiegen war.

Vierzehn
Sie roch suchend an ihren Fingerspitzen, sie schnüffelte Nacht und fand ihn.

Fünfzehn
Ihre Blicke flogen eifrig hin und her, aber sie wagten kein Wort, und als sie aussteigen musste, sah er ihr so lange nach, bis sie sich umdrehte und ihm winkte.

Sechzehn
Sie las den Beipackzettel wieder und wieder. Das, was dort über Risiken und Nebenwirkungen stand, über Verträglichkeit und Indikationen, sie las es rauf und runter, drückte schließlich eine Tablette aus der Verpackung, ließ sie zunächst vor sich liegen, drehte sie dann hin und her, roch daran, ließ sie von oben in die Hand fallen, ehe sie sie endlich mit einem Schluck Wasser hinunterspülte und auf alles Weitere wartete.

Siebzehn
Er sprach jetzt bereits das dritte Mal auf ihren Anrufbeantworter und seine Stimme wurde immer zärtlicher.

Achtzehn
»Heiligabend«, sagte sie, »sitzen doch nur die im Speisewagen, die keiner mehr haben will, hoffnungslose Fälle, und ich bin auch dabei.«

Neunzehn

Er betrachtete die Halbmonde seiner Fingernägel, strich sich prüfend durchs Haar, polierte mit der Zunge die Zähne, nahm sein Handy und teilte dem Controller mit, dass er ihn feuern würde – beim nächsten Patzer.

Zwanzig

»Ich mag nicht mehr«, sagte sie, ließ ihr Besteck fallen, stand auf und ließ ihn sprachlos zurück.

Einundzwanzig

Er sah seinen Chef an wie ein Verliebter und schwieg; die schweren Jahre würden kommen, wenn er entdeckte, dass auch in ihm ein Chef steckte.

Zweiundzwanzig

Die alte Frau schüttelte wieder und wieder den Kopf, sie schämte sich, aber sie konnte nicht mehr, sie hatte schon so viel gegessen und trotzdem war so viel übrig geblieben. Und dass das alles weggeworfen würde, konnte sie immer noch nicht fassen, denn früher – und das war freilich schon lange her –, als sie noch jung war, da war alles anders: das Zugfahren sowieso und der Umgang mit Speisen.

Ach, wenn das die Mutter sehen könnte!

Dreiundzwanzig

»Die Verliebten«, sagte der Steward, »schrieben früher Postkarten, lasen Briefe und rauchten, heute lesen oder tippen sie SMS, sie telefonieren und trinken Wasser.«

Vierundzwanzig

»Bitte nicht abräumen«, rief der Mann verzweifelt dem Steward entgegen und legte seine Arme beinahe schützend um die fünf grünen Bierflaschen, »ich fühle mich sonst so allein. Bringen Sie mir bitte noch so einen feuchten Kameraden!«

Fünfundzwanzig

Ein Gast entdeckt die Soljanka auf der Speisekarte: »Die gab's zu meiner Geburt, die gab's im Hort, zur Jugendweihe hab ich sie mir auf die Hose geschüttet, die gab's zur Hochzeit und nach der Scheidung gab's die auch. Und jetzt hat sie auch noch den Westen erobert.«

Sechsundzwanzig

Manche Menschen sind als Gesprächspartner ergiebiger, wenn man mit ihnen zusammen schweigt.

Siebenundzwanzig

Die Chansonsängerin, die immer nur spielen will, verwandelt sich zwischen Berlin und Hamburg mit Hilfe eines Schminketuis und zweier Zigaretten, die sie auf der Toilette raucht, von einem unscheinbaren Mädchen in einen Star.

Achtundzwanzig

Die alte Frau fragte mich: »Wussten Sie, dass den Juden die Benutzung des Speisewagens ab 1939 verboten war?«

Neunundzwanzig

»Früher«, sagt sie, nahm mein Tempotaschentuch dankend und legte den Kopf in den Nacken, »bekam ich immer Nasenbluten, wenn ich jemanden küssen wollte. Keine Angst, das ist schon lange her.«

Dreißig

Er bohrte so ausdauernd in der Nase, da musste noch was anderes stecken, irgendetwas, wonach man ein Leben lang sucht.

Einunddreißig

Nach der dritten Flasche Bier fasste er sich ein Herz und rief sie an – und schwieg. Vielleicht nach dem vierten?

Zweiunddreißig

»Verfickte Scheiße!«, fluchte er und erschrak über sich selbst, als ihm das Bier über die Tastatur seines Laptops lief.

Dreiunddreißig

»Wenn alle Menschen so schön erzählen würden wie Sie, müsste ich mir nicht immer selber zuhören.«

An die Grenze

An diesem Tag sollten sich alle freuen. Vor zwanzig Jahren fiel die Mauer. Ich habe die Mauer nie fallen sehen. Ja, es wurde geklopft, gehämmert, gebohrt und zuletzt kamen die Bagger, aber an ein Bild von einer fallenden Mauer kann ich mich nicht erinnern. Ich fahre von Leer nach Berlin. Ich werde in Oldenburg und Hannover umsteigen. Draußen sieht es aus, wie es immer zu dieser Jahreszeit in dieser Gegend aussieht: Ein paar Kühe liegen oder stehen herum, feuchte weite Wiesen, Stacheldraht, Maulwurfshügel, Gräben, hier und da ein flacher brauner Fluss, ein mannshoher Deich, die Birken sind schon kahl, es sind nur wenige Autos zu sehen. Eine schwarze Katze steht reglos auf dem Feld und lauert, ein Pferd hebt den Schweif und pisst. So wird es hier vor zwanzig Jahren auch ausgesehen haben.

Wo war ich am 9. November 1989? Ich saß in einem Kreuzberger Altenzentrum im Ohrensessel einer 83-jährigen Frau, die im Krankenhaus lag, weil sie sich den Oberschenkelhals gebrochen hatte. Dass sie nie in ihren Sessel, in ihre Wohnung zurückkehren würde, wusste sie damals noch nicht. Da die Wohnungsnot in der Stadt groß war, landete ich vorübergehend in ihren Räumen. Die Freunde meiner Eltern, deren Mutter dort wohnte, hatten mich gebeten, mich unauffällig zu verhalten, keine laute Musik zu hören und auf Nachfrage zu antworten, ich sei nur zu Besuch hier. Die konspirativen Umstände meines Quartiers passten, fand ich, zu der geteilten Stadt. Ich verschlief die berühmte Nacht.

Ich muss an eine Kurzgeschichte denken, die ich in den achtziger Jahren gelesen und die mich damals sehr beeindruckt hatte, denn sie wirkte wie eine Zukunftsvision, obwohl in ihr weder Raumschiffe noch Außerirdische auftauchten. Die Geschichte handelte von einem jungen Mann aus Dresden, der eine Freundin in München besuchte, und es war das Normalste von der Welt – zumindest in dieser Erzählung –, denn Deutschland war eins. Sehr viel mehr wollte die Geschichte gar nicht erzählen. Wie wäre es, lud sie den Leser ein, sich vorzustellen, wenn es keine Grenze mehr gäbe? Wie wäre es, wenn wir den Schnitt, der durch das Land geht, nicht mehr leben und empfinden müssten? Wie wäre es, wenn Menschen aus Ost- und Westdeutschland miteinander befreundet wären, ohne dass sie dabei durch die Grenze behindert und geprägt würden? Wäre die Geschichte damals nicht so irreal gewesen, wäre sie nie geschrieben worden. Ihr Trick war, dass sie das Unvorstellbare einfach Alltag werden ließ.

In Bad Zwischenahn setzt sich eine Frau mir gegenüber ans Fenster. Ich nehme mir vor, eine kleine »Wo-waren-Sie-am-9.-November?-Umfrage« zu machen. Ich muss jedoch meine Schüchternheit niederkämpfen. Die Frau dürfte Ende vierzig sein. Sie trägt eine John-Lennon-Brille und hat kurze schwarze Haare.

»Entschuldigung, wissen Sie noch, wie Sie den 9. November erlebt haben?« Die Frau blickt auf. Sie hat ein Kreuzworträtsel gelöst. Sie sieht mich an. Gar nicht überrascht, so als sei sie das schon oft gefragt worden.

»Es gab Streit, Streit mit meinem Mann. Ich lebte damals in Ost-Berlin im Prenzlauer Berg. Ich war mit ein paar Freundinnen essen. Da lief ein Fernseher und so bekamen wir die Pressekonferenz von dem Genossen Schabowski mit, aber dass deswegen gleich die Mauer fällt, haben wir nicht geahnt. Ich komme spät in der Nacht nach Hause. Schließe die Tür auf und auf dem Küchentisch liegt ein Zettel von meinem Mann: ›Bin zum Kurfürstendamm, bis später.‹ Und unsere Tochter, die damals nur vier Jahre alt war, hatte er allein gelassen.

Als er nach Hause kam, habe ich ihm erst mal eine richtige Abmahnung verpasst. Ich hatte in den ersten Tagen auch gar keine Lust, rüber zu gehen. Und als ich dann das erste Mal in den Westen bin, hab ich mich furchtbar geärgert. Da wurden uns am Potsdamer Platz Bananen und Kaugummis als Begrüßungsgeschenke entgegengehalten. Wissen Sie, ich habe das richtig weggeschlagen, ich wollte das nicht, die Leute müssen gedacht haben, was ist das denn für eine Tusse, aber das ging einfach nicht. Das war so entwürdigend, mit Wrigley's Spearmint empfangen zu werden.« Sie schaut wieder in ihr Kreuzworträtsel. »Wissen Sie eine deutsche Stadt mit fünf Buchstaben? Zweiter Buchstabe O.«

»Vielleicht Worms?« Sie trägt es ein.

»Stimmt! Und fast fertig!« Sie steckt die Zeitschrift weg. Wir haben Oldenburg erreicht. Es ist Zeit zum Umsteigen und zum Abschied nehmen: »Gute Reise!«

Der Zug fährt pünktlich ab. Wir sitzen zu viert in unserem Abteil. Mir gegenüber hat ein Mann um die sechzig Platz genommen, an der Tür sitzt ein Ehepaar, das auch schon im Ruhestand sein dürfte. Wir sehen hinaus. Der kleine Binnenhafen. Ein Schiff, ein paar Türme, die träge Hunte, nichts rührt sich. Ich möchte meine Umfrage fortsetzen, aber ich komme zunächst mit niemandem ins Gespräch. Der Mann am Fenster sieht abweisend aus. Manchmal schließt er die Augen. Das Ehepaar ist mit sich selbst beschäftigt. Sie haben den Zug knapp erreicht, sind noch kurzatmig, müssen sich erst sortieren, sich erst einfinden. Der Mann, mit blauroten Wangen, ist beleibt und schnauft noch ein wenig länger als seine Frau. Schließlich entzündet sich doch eine Unterhaltung, als alle feststellen, dass es zu kalt sei in dem Abteil. Wir fummeln an einem Heizungsschalter herum, aber natürlich tut sich nichts. Das Ehepaar kommt aus Oldenburg und fährt nach Berlin, um dort ein langes Kulturwochenende zu verbringen. Sie werden in die Staatsoper Unter den Linden gehen, sie wollen das Kabarett »Die Distel« besuchen und sich das Pergamonmuseum ansehen. Sie haben ein erstklassiges Hotel gebucht, es scheint ihnen finanziell wirklich gut zu gehen.

»Heute ist ja der Jahrestag des Mauerfalls. Wissen

194

Sie noch, wo Sie den 9. November vor zwanzig Jahren verbracht haben?« Der Mann lacht sofort.

»Und ob ich das weiß! Ich war in Bayern in einer Kurklinik und machte da eine Nulldiät. Die Kur endete am 8. November und daher hatte ich also zwei Wochen lang nichts gegessen und keinen Alkohol getrunken. Am Abend des 9. November habe ich deshalb mit einem Freund kräftig gegessen und ordentlich gezecht. Wir hatten ja was nachzuholen. Am Morgen des 10. November ruft meine Frau ganz früh an, wir lagen noch mit schweren Köpfen im Bett, und fragt mich, ob wir schon mitbekommen hätten, dass die Mauer offen sei.« Er sieht zu seiner Frau hinüber, sie lächelt. »Und dann habe ich sie gefragt: ›Hör mal, bin ich jetzt besoffen oder du?‹«

Ich frage das Ehepaar, ob sie dann gleich in den Osten gefahren seien?

»Nein«, sagt der Mann. »Ich bin das erste Mal 1992 nach Rügen gefahren und ich habe überall diese Läden und Einkaufszentren aus dem Westen gesehen, das war ganz schrecklich, wie eine Lawine haben die das Land überrollt.«

Jetzt wendet sich der Mann am Fenster uns zu. Er sieht mich an und fragt: »Kennen Sie den Unterschied zwischen dem Westen und dem Osten?« Ich schüttele den Kopf. »Im Kapitalismus beutet der Mensch den Menschen aus und im Sozialismus ist es umgekehrt.« Ich verstehe erst nicht, wiederhole den Satz für mich murmelnd, erst dann: »Ach, so!« Es gibt keinen Unterschied! Der Mann ist auf dem Weg nach Karlsruhe, wo er lebt. Er hat am 9. November 1989 ferngesehen und die Nachricht zuerst gar nicht glauben können. Er sei dann auch nicht sofort in den Osten gefahren, sondern erst 1991, da habe er ein paar Touren gemacht: »Da gab es schon große Unterschiede. In Thüringen haben die Leute die Hände gerieben und gesagt: ›Jetzt geht's los, jetzt geht's bald los‹, aber in Mecklenburg saßen die Leute vor ihren Häusern und sagten: ›Was sollen wir denn jetzt machen?‹« Wir wechseln noch ein paar Worte, aber unser Gespräch erschöpft sich bald.

Ich verabschiede mich in den Speisewagen. Das Ehepaar ruft mir hinterher, ich solle ihnen einen Platz freihalten. Der Speisewagen ist gut besetzt. Ich setze mich an den einzigen noch freien Vierertisch, weil ich weiß, dass ich an ihm nicht lange allein bleiben werde.

Wir verlassen den Bremer Hauptbahnhof. Draußen Satellitenschüsselwälder in Kleingärten, entleerte Swimmingpools leuchten blau, ein Werbeschild verspricht »Postsparen macht Geld aktiv«. Der Zug wirbelt Laub auf, es sieht aus, als ob ein Schwarm Heuschrecken den Zug begleiten würde, stoppelige Maisfelder, die Stadt liegt schnell hinter uns. Irgendjemand sagt: »Der Fahrkarten-Fritze kommt.« Die einzigen Menschen, die man draußen noch sieht, sind Hundehalter. Die Zahl der Hunde, denke ich – auch in Bezug auf Berlin –, muss enorm gestiegen sein. Immer mehr Menschen kommen auf den Hund, offenbar um überhaupt noch einen Anlass zu haben, ihre Wohnungen zu verlassen. Die Hunde, die einen Menschen an der Leine führen, sind Menschenhalter.

Jetzt ist kein Tisch mehr frei und daher bekomme

ich schon bald Gesellschaft. Es ist wieder ein Ehepaar und auch sie fahren nach Berlin, um dort ins Theater und in die Oper zu gehen. Ich höre ihrem Gespräch zunächst nur zu. Sie streiten sich nicht, aber sie stellen einander in Frage oder hinterfragen, was der andere sagt. Beide sind sehr groß und halten sich aufrecht. Sie sprechen über besondere Opern-Inszenierungen, die sie im nächsten Jahr besuchen wollen. Sie fahren nach Paris, nach Barcelona, in die Schweiz. Er liest »Die Strudlhofstiege« von Heimito von Doderer. Ich zeige auf das Buch und sage: »Ich hab's auch versucht, aber ich bin dran gescheitert.« Der Mann lächelt, aber er geht nicht weiter auf meine Bemerkung ein. Die Frau sieht nach draußen, wo zwei Pferde weiden und wundert sich: »Mein Vater hat immer gesagt, Pferde dürfen in dieser Jahreszeit nicht auf die nasse Weide, weil sie sonst Blähungen oder Koliken bekommen, die können daran zugrunde gehen.« Er sieht sie an und meint: »Na ja, da hat sich doch vielleicht einiges geändert seit den Erkenntnissen deines Vaters, oder?«

»Meinst du, dass die Pferde heute andere sind als vor sechzig Jahren?«

»Nein, ich meine bloß, dass man heute mehr über Pferde weiß und vielleicht hatten die Koliken ganz andere Gründe oder vielleicht kann man den Pferden heute medikamentös ganz anders helfen?«

Er beginnt wieder zu lesen. Sie schaut zum Fenster hinaus. Nach einer Weile stößt er sie an: »Das ist ein erstaunliches Buch, ein wunderliches Buch. Der verbeißt sich so in die Sachen und in die Menschen, über die kleinste Sache schreibt er seitenlang. Er beschreibt eine ganze Seite lang, wie einer seinen Mokka trinkt, ich werde es dir einmal vorlesen. Das ist wirklich …?« Er sucht ein Wort, findet es nicht, überlegt, vergisst darüber, dass er seine Frau angestoßen hat und fängt nach einer Weile wieder an zu lesen. Ich nutze die Gelegenheit und frage sie, ob sie sich erinnert, wo sie war, als die Mauer fiel. »Ob ich noch weiß, was ich damals gemacht habe?« Sie sieht zu ihrem Mann hinüber. Er zuckt mit den Achseln. Für ihn ist das offenbar eine irrelevante Frage. »Was werden wir gemacht haben? Ich weiß«, sagt sie, »dass ich es zum zehnten Jahrestag noch wusste, damals habe ich es so gerade noch mit Mühe und Not zusammenbekommen, aber jetzt?« Sie nimmt noch einmal Anlauf: »Wir werden es aus dem Fernsehen erfahren haben, oder? Aber nein, ich weiß es einfach nicht mehr. Damals arbeiteten mein Mann und ich auch noch, heute sind wir viel unterwegs, solange wir noch können. In unserem Alter kann es schnell vorbei sein damit und dann ist man ans Haus gefesselt oder schlimmer.« Der Mann seufzt, liest aber weiter. »Dass wir jetzt nach Berlin fahren, hat mit dem 9. November auch gar nichts zu tun, wir haben die Reise schon lange im Voraus gebucht. Wir fahren regelmäßig nach Berlin, wir haben dort eine kleine Wohnung, die wir uns mit Freunden teilen.« Die beiden werden um die Siebzig sein. Sie sind rüstig, sie essen und sprechen mit Umsicht, ja, mit einer gewissen Muße, sie sind auffällig gepflegt und gut gekleidet, so als sei das Leben ein Sturm, gegen den man sich mit einer perfekten Schale und Haltung zu wappnen habe. Sie wirken irgendwie imprägniert, aber irgendwo geht ein Riss durch ihre Welt. Hat sie irgend-etwas Unseliges schon erreicht?

Der Speisewagen wird jetzt noch voller. Der Mann blickt von seinem Buch auf: »Ich geh mal an meinen Platz, da liest es sich besser. Bleibst du noch?« Sie nickt und schaut dann wieder hinaus. Wir erreichen Hannover. Das Gedränge im Zug wird noch größer. Drei Frauen betreten den Speisewagen, aber sie finden keinen Tisch, an dem sie zusammen Platz finden würden. Ich biete ihnen meinen Umzug an, setze mich an den Nebentisch, wo noch ein Sitz frei ist, so dass die drei jetzt beieinander sitzen. Durch diesen Ortswechsel sitze ich einem Mann gegenüber, der kurz zuvor Platz genommen hatte. Er lädt mich freundlich ein: »Gerne, bitte setzen Sie sich!« Der Steward kommt, er bestellt einen Cappuccino. Der Kellner weist ihn darauf hin, dass es ein Instant-Cappuccino sei.

»Ist völlig in Ordnung«, sagt der Mann und legt ein Buch auf den Tisch. »Unendlicher Spaß« von David Foster Wallace. Der Mann wird um die vierzig sein, er trägt eine Brille, einen gepflegten Vollbart und stoppelkurze Haare. In diesem Augenblick, als ich ihn fragen will, wo er denn am 9. November gewesen sei, merke ich plötzlich, dass die Kategorisierung, ob jemand wie ein Westdeutscher oder ein Ostdeutscher aussieht – ein innerer Erkennungsdienst, der in den frühen Jahren nach dem Mauerfall noch eine große Rolle gespielt hatte –, nicht mehr wichtig ist, nicht mehr unwillkürlich anspringt. Als ich 1991 einen Studentenjob bei Karstadt hatte – ich musste Kunden, die dazu bereit waren, irgendeinen Fragebogen ausfüllen lassen –, sagte mir der Abteilungsleiter, der mich einwies: »Achten Sie auf die Schuhe, da können Sie todsicher den Ossi erkennen.« Ich schaue unauffällig zu Boden, der Mann trägt ockerfarbene Timberland-Boots.

»Darf ich Sie was fragen?« Er schaut auf.

»Können Sie sich noch an den 9. November 1989 erinnern? Wissen Sie noch, was Sie gemacht haben?«

Seine Antwort bleibt aus. Er sieht mich an, nicht unfreundlich, er lässt sich Zeit, er hält meinen Blick, weicht nicht aus, dann antwortet er mit einer Gegenfrage: »Wissen Sie denn noch, wo Sie an diesem Tag waren?« Ich erzähle ihm von dem Ohrensessel und dem Altersheim und ich hole – als vertrauensbildende Maßnahme sozusagen – gleich weiter aus und erzähle, dass meine Eltern 1960 über Berlin geflohen sind, dass mein älterer Bruder noch in Leipzig geboren wurde, dass meine Eltern ein halbes Jahr im Flüchtlingslager lebten und dass wir meine Großeltern, die in Leipzig lebten, in jedem Sommer in den siebziger Jahren besuchten. Ich erzähle ihm, dass diese Besuche in Leipzig immer ein Abenteuer für mich waren, denn hier ging ich das erste Mal in den Zoo, ins Kino, hier aß ich das erste Mal einen Broiler und Zuckerwatte, ich besuchte die Leipziger Messe, ich spielte das erste Mal Fußball und ging das erste Mal in ein großes Fußballstadion: 1. FC Lokomotive Leipzig spielte gegen BSG Sachsenring Zwickau, und nach dem Spiel sah ich das erste Mal prügelnde Fußballfans. Er hört mir aufmerksam zu und fragt mich dann, in welchem Jahr ich geboren worden sei.

»Ich bin Jahrgang 1965.«

»Dann sind wir fast im gleichen Alter.«

»Wollen wir uns duzen?«

»Gerne.«

»Und wo warst du am 9. November 1989?«

»Ich war Grenzsoldat. Ich habe die Grenze gesichert.« Er spricht mit gedämpfter Stimme. »Ich gehe mit der Geschichte nicht hausieren. Man kann sie nicht einfach so nebenbei erzählen, weil die Leute mit der Grenze und den Grenzsoldaten immer bestimmte Vorstellungen verbinden. Meine Geschichte ist meine Geschichte, aber viele bilden sich ein, dass sie die Geschichte kennen, dass die Geschichte ihnen gehört, weil sie ein paar Bilder im Kopf haben, weil sie einen Film über das Thema gesehen oder etwas darüber gelesen haben. Man muss immer erst erklären, bevor man erzählen kann, aber das klingt dann immer so, als ob man sich rechtfertigen würde. Ich habe mich nicht für den Wehrdienst an der Grenze beworben, da wurdest du eingezogen und eingeteilt wie jeder andere, der seinen Wehrdienst bei der NVA ableisten musste. Als ich meinen Wehrdienst antrat, war ich zwanzig und wusste nur, dass ich studieren wollte. Ich lebte in Halle und unter meinen Freunden waren viele, die sich in oppositionellen Kreisen bewegten und sich später im Neuen Forum engagierten. Auch deshalb fühlte ich mich in der Uniform sehr unwohl. Der Wehrdienst begann mit einer dreimonatigen Ausbildung im Grenzausbildungsregiment 24 in Halberstadt, das nur die ›Knochenmühle‹ genannt wurde. Da wechselten sich ödester Drill und absurde Übungen ab. Bei einem

Lehrgang wurden gezielt Fluchtsituationen trainiert, bei denen man Republikflüchtlinge an der Flucht hindern musste. Man bekam es mit ›Grenzverletzern‹ zu tun, die im Protokoll immer mit ›GV‹ abgekürzt wurden. Einer spielte den Grenzverletzer und die anderen waren die Grenzer. Ich meldete mich meistens freiwillig als Grenzverletzer, weil dem Grenzverletzer die Flucht fast immer gelang.«

»Warum?«

»Die, die die Grenzer spielten, mussten in voller Ausrüstung antreten, mit Fernglas, Maschinenpistole, zwei Magazinen, dem Bajonett, mit Funkgerät und schweren Stiefeln. Das alles brauchte der Grenzverletzer nicht zu tragen, weshalb er viel schneller laufen konnte. Wenn ich erfolgreich geflohen war, sagten die anderen, ich hätte dich doch gekriegt, denn ich hätte ja schießen können. Und dann habe ich bloß zurückgefragt: ›Wieso schießen? Du hättest dann gegen das Grenzgesetz verstoßen, da heißt es nämlich unter Paragraph 27, dass das Hoheitsgebiet eines benachbarten Staates nicht beschossen werden darf und wie will man das denn machen, wenn man dem Flüchtling hinterher schießt?‹ Das haben die gar nicht verstanden. Ich glaube, ich war der Einzige, der sich dieses Gesetz wirklich aufmerksam durchgelesen hat.«

Der Steward kommt und serviert den Cappuccino. Er ist mager, um die fünfzig, er trägt einen struppigen Schnauzbart, hat einen kahlen Schädel und öligschwarze Augen. Er sieht aus wie ein melancholischer Seehund. Ich fragte ihn, wo er denn am 9. November vor zwanzig Jahren gewesen sei.

»Ich saß mit Kollegen in einer Kneipe in Hennigs-dorf. Wir hauten gerade das Sparschwein unseres Sparvereins auf den Kopf, als die ersten West-Wagen angefahren kamen. Das wurde ein langer und sehr feuchter Abend.« Er ist kurz angebunden, andere Gäste fordern seine Aufmerksamkeit.

Mein Gesprächspartner – wir haben uns bislang nicht mit Namen vorgestellt – zerreißt zwei Zucker-beutelchen, rührt kräftig um und schlürft vorsichtig den braunen Schaum ab.

»Ich glaube, ich weiß, welche Frage du als Nächstes stellen wirst. Oder welche Frage du gerne stellen wür-dest, aber vielleicht zögerst du noch und schiebst sie noch ein wenig nach hinten, weil es dir unangenehm ist.«

»Dann sag mal!«

»Du würdest gerne wissen, ob ich mal vor der Frage stand, ob ich jetzt schieße oder nicht.«

»Das wüsste ich gerne, ja, wenn du es erzählen magst?«

»Nach unserer Ausbildung wurden wir, ohne dass wir wussten, wohin wir kommen, alle in einen LKW gepackt und über Sachsen-Anhalt verteilt. Ich habe in Oebisfelde angefangen. Wir fahren da gleich auch noch durch, das liegt kurz hinter Wolfsburg, und man kann sogar noch eine ehemalige Unterkunft für die Grenztruppen erkennen. Oebisfelde liegt am Rande des Drömlings, das ist ein ziemlich großes Moor mit Tausenden von Gräben und endlos langen Pappelrei-hen. Meistens stand man zu zweit auf Posten und schlug die Zeit tot. Ein Posten bestand aus dem Postenführer und dem Posten, der ihm untergeordnet war. Meistens passierte gar nichts, außer dass eine Rotte Wildschweine durchzog oder ein Fuchs vorbeikam. Es war an einem kalten, nebligen Wintertag. Ich stand schon acht Stunden auf einer zugigen Brücke, war müde und durchgefroren und wartete auf unsere Ablösung, die sich in dieser Nacht verspätete. Plötzlich stiefelte ein junger Mann über die Brücke, als sei es das Normalste von der Welt, dabei befand er sich schon längst im Sperrgebiet. Er trug nur einen Stoffbeutel bei sich. Ich weiß nicht mehr, wie er aussah, ich weiß nur noch, dass ich fand, dass er für die Jahreszeit zu wenig anhatte. Er war schon an mir vorbeigegangen, und die Situation war so irreal, dass mir die Worte fehlten und auch mein Postenführer war völlig konsterniert. Ich habe von da an alles wie von außen betrachtet, so als ob ich mir selbst zusehen würde. Als der junge Mann schon fast an uns vorbei war, setzte sich mein Postenführer langsam in Bewegung, so als ob er in Zeitlupe losgehen würde. Er rief den Mann an. Hinterher fiel mir auf, dass wir alle Sicherheitsvorschriften, die wir auf den Lehrgängen so oft geprobt hatten, verletzt hatten, dass wir alles falsch gemacht hatten, was man nur falsch machen konnte. Einige Monate zuvor beging ein Grenzsoldat in Marienborn Fahnenflucht, der hatte zwei andere Posten entwaffnet und im Wachturm eingesperrt. Daher war uns besondere Wachsamkeit eingeschärft worden. Aber das war in dem Augenblick alles vergessen. Wir haben den Mann auch nicht gesichert, wie es Vorschrift gewesen wäre, sondern wir standen einfach da und warteten.

Ein bisschen ratlos. Ich kann mich auch kaum daran erinnern, ob dabei irgendetwas gesagt worden wäre. Mir tat der Typ leid, er war ein bisschen älter als ich und er schaute die ganze Zeit zu Boden.

Später wurden wir vom Kompaniechef beglückwünscht, die Verhinderung der Flucht wurde gerade gegenüber anderen Grenzkompanien als Prestigeerfolg gewertet, da so etwas vergleichsweise selten vorkam. Ich wurde zum Gefreiten befördert, bekam einen Tag Sonderurlaub und fühlte mich total unglücklich. Als ich an dem Urlaubstag nach Hause fuhr, lief abends Konrad Wolfs Film »Solo Sunny« im Fernsehen der DDR und ich saß vor dem Fernseher und war völlig uneins mit mir und dem Land, in dem ich lebte.«

Wir schauen nach draußen. Gerade waren wir noch durch Wolfsburg gefahren, vorbei am dunkelgrünen Mittellandkanal, vorbei an den strengen Klinkerfassaden des gigantischen Autowerks, vorbei an den vier himmelhohen Industrieschornsteinen, vorbei an der gläsernen Autostadt und der grün schimmernden Fußballarena. Schon vorbei. Gleich würden wir, Niedersachen verlassend, die ehemalige Zonengrenze passieren.

Mein Gegenüber schaute nach draußen, orientierte sich, wartete und wies schließlich auf ein geducktes Gebäude, das mir zwischen den Büschen und Bäumen kaum auffiel, ein grauer Kasten. Da! Vorbei! Das war die Grenztruppen-Unterkunft seiner Kompanie. Vorbei!

»Und dann kam dieser schlimme Sommer 1989. Ich stand an der Grenze zum Westen und die West-Grenzen im Osten wurden immer löchriger. Während sich etwas im Land zu bewegen anfing, stand ich im Wald, beobachtete Störche und Rehe oder las Dostojewski. Einige von meinen Freunden fuhren im Urlaub nach Ungarn und man wusste nicht, ob die wiederkommen oder ob sie sich in eine Botschaft flüchten oder über die grüne Grenze gehen. Mein schlimmster Tag an der Grenze war der 6. Oktober 1989. An diesem Tag fuhr ein Zug mit Botschaftsflüchtlingen aus Warschau über Oebisfelde in den Westen. Und wir standen mit der Waffe über der Schulter am Bahnhof von Oebisfelde und sollten verhindern, dass jemand auf den Zug aufspringt. Das war ja völlig bizarr, denn einen Tag später feierte die DDR den vierzigsten Jahrestag ihres Bestehens und die Leute flohen vor dieser Greisen-Party. Das Gelände war weiträumig abgesperrt und wir standen in einem Abstand von ein paar Metern entlang des Gleises. Und dann hielt der Zug, wahrscheinlich wurden alle nochmal kontrolliert, es kam mir ewig vor. Die Leute im Zug waren schon euphorisch, denn sie wussten, dass sie es jetzt geschafft hatten. Sie riefen durch die geöffneten Fenster ›Ihr armen Schweine, ihr müsst hierbleiben‹ oder ›Kommt doch mit‹ oder Ähnliches. Sie lachten, rauchten, tranken, ich konnte ihre Unterhaltungen hören und war ziemlich verzweifelt. Ich hatte Angst, dass jemand von meinen Freunden oder Bekannten im Zug sein könnte und mich in dieser Uniform sehen würde, denn ich fühlte mich ihnen zugehörig, repräsentierte aber in meiner Uniform den Staat, den sie verließen. Was gab es da zu erklären? Dass die alten Herren, die Autoritäten in der DDR gar nichts begriffen hatten und gar nicht wussten, was in ihrem Land vor sich ging, wurde mir nochmal im Nachgang klar, als unser Kommandant sagte: ›Der Zug kam ja auch ganz dreckig zurück.‹ Damit wollte er wohl sagen, das war ohnehin nur der Pöbel, der da gegangen ist, kein Verlust. Der hat gar nicht verstanden, dass da die Zukunft des Landes weglief und zu dem ganzen System nein sagte. Dieser Kommandant war auch schon uralt und weil sein Kopf so ein Zittern zeigte, trug er den Spitznamen ›Nicken‹.

Das war wirklich schlimm, ich stand dort am Zug mit Tränen in den Augen und versuchte, niemandem ins Gesicht zu sehen. Das war der furchtbarste Tag.«

Er sieht wieder hinaus. Wir schweigen. Der Zug hat Verspätung. Der Zugführer meldet sich: »Meine sehr verehrten Damen und Herren, Sie werden es schon bemerkt haben, leider haben wir unsere Verspätung noch ausgebaut, sie beträgt jetzt 37 Minuten. Unsere voraussichtliche Ankunft in Rathenow … ich korrigiere, in Berlin, wird voraussichtlich gegen 13.40 Uhr sein. Wir bitten um Entschuldigung.«

Erst jetzt stellen wir uns einander vor. Wir tauschen unsere Adressen aus und stellen fest, dass wir im selben Berliner Bezirk unweit voneinander entfernt wohnen.

»Lass uns mal einen Kaffee trinken gehen«, sagt er, »wenn du magst! Ich geh jetzt mal zurück an meinen Platz, meine Frau wird sich schon wundern, wo ich bleibe.«

Wir geben uns die Hand. Wir haben Sachsen-Anhalt schon hinter uns gelassen und sind kurz vor Potsdam. Jetzt beginnt sich der Speisewagen zu leeren, die Gäste zahlen, Berlin ist nicht mehr weit.

Auch die Frau, mit der ich vorhin zusammensaß, sitzt jetzt wieder allein. Wir sehen uns an, sie lächelt und winkt mich an ihren Tisch: »Ich möchte Ihnen noch was sagen. Vorhin, als die anderen Gäste an unseren Tisch kamen ... wir hatten über Berlin gesprochen. Wir sind noch aus einem anderen Grund mit der Stadt verbunden. Unser Sohn ist dort tödlich verunglückt. Es war ein Motorradunfall. Er hatte sein Studium schon beendet und eine gute Stelle gefunden. Auch deshalb fahren wir regelmäßig nach Berlin.«

Mir fällt nicht ein, was ich sagen könnte. Darf man Fremde berühren? Wir haben gar nicht so sehr viel miteinander gesprochen. Es wäre vollkommen fehl am Platz. Ich bringe es nicht fertig, mein Beileid auszudrücken und ich kann nur ahnen, wie sehr ihnen der Sohn fehlt. Es muss schon lange her sein, oder? Ich unterdrücke meine Fragen. Sie zahlt. Sie sagt: »Wir lesen viel und auch die Musik ist wichtig für uns.«

Wir erreichen Berlin. Wir verabschieden uns. Spandau, der erste Halt in der Stadt, liegt schon hinter uns. Da ist Bahnhof Zoo, der Zug fährt jetzt langsam.

Heute ist der 9. November 2009, vor zwanzig Jahren fiel die Mauer. Fast jeder weiß noch, was er an diesem Tag tat oder erlebte. Ich schlief.

Ich bin wieder zu Hause. Ich gehe ins Wohnzimmer. Ich suche das Buch, das der Mann liest, dessen Sohn verunglückt ist, das Buch, das ich vor ein paar Jahren nicht mehr weiterlesen wollte. Wie beginnt es?

Auf die Strudlhofstiege
zu Wien

Wenn die Blätter auf den Stufen liegen
herbstlich atmet aus den alten Stiegen
was vor Zeiten über sie gegangen.
Mond darin sich zweie dicht umfangen
hielten, leichte Schuh und schwere Tritte,
die bemooste Vase in der Mitte
überdauert Jahre zwischen Kriegen.

Viel ist hingesunken uns zur Trauer
und das Schöne zeigt die kleinste Dauer.

Einige Tage nach dem 9. November fahre ich nach Leipzig. Der Selbstmord Robert Enkes am 10. November hat die Erinnerung an den 9. November 1989 verdrängt. Eine Frau setzt sich zu mir an den Tisch, die aussieht, als ob wir Kinder miteinander hätten haben können. Tatsächlich passen Kinder nicht in ihren Lebensplan. Ich meine, sie erinnert mich an ein großes Glück und sie löst in mir Heimweh nach einer fernen Nähe aus. Ihre Nase ist groß, wie ich es mag an Frauen. Ihr Haar duftet, wenn man es anschaut. Sie unterhält eine Fernbeziehung, weshalb sie zwischen Leipzig und Berlin hin- und herpendelt. Weil sie mir vom ersten Augenblick an vertraut vorkommt, erzähle ich ihr, dass ich ein Buch über Begegnungen im Speisewagen schreibe. Ich erzähle ihr von meinen Erlebnissen am 9. November.

»Ich glaube, ich hätte da noch was für dich! Obwohl

das, was ich am 9. November erlebt habe, nicht besonders aufregend war. Ich arbeitete damals als Kellnerin in einer Kneipe in Charlottenburg. Irgendwann hieß es, die Mauer ist auf und dann kamen schon bald die ersten Ossis. Ich hatte mir an dem Tag ein schönes Kleid gekauft, nichts Teures, aber ich fand es schick. Da kam ein Ossi auf mich zu und meinte ganz enttäuscht: ›Ihr Westfrauen seht ja auch nicht schicker aus als die Frauen bei uns.‹ Nachdem wir die Kneipe spätnachts geschlossen hatten, bin ich mit Freunden zum Brandenburger Tor gefahren. Meine Freunde sind dann auch gleich in den Osten rüber, aber ich habe mich das nicht getraut, so als ob die Mauer sich hinter mir unwiderruflich hätte schließen können. Aber das wollte ich eigentlich gar nicht erzählen.

Meine Geschichte spielt ein paar Jahre später. Es muss 1995 gewesen sein, da wurde gerade die Länderfusion zwischen Berlin und Brandenburg diskutiert. Ich studierte noch, trat aber auch schon als Chansonsängerin in der Berliner Kleinkunstszene auf und machte allerhand kleine Jobs, um meinen Lebensunterhalt zu bestreiten. Eines Tages bot mir jemand den Job an, Frau Berlin zu spielen. Um für die Vereinigung der beiden Länder zu werben, sollte ein Sonderzug von Potsdam nach Wriezen fahren mit einem Zwischenhalt in Berlin-Lichtenberg. An Bord waren zahlreiche Landespolitiker und Journalisten. Ich sollte die Braut aus Berlin sein, die Herrn Brandenburg heiratet und ihre Hochzeit im Zug feiert. Für eine Studentin war der Job super bezahlt und ich sagte sofort zu. Allerdings fehlte mir noch ein Herr Brandenburg, den ich vorschlagen durfte. Ich schlug der Agentur einen Freund von mir vor, in den ich damals vielleicht ein wenig verliebt, mit dem ich aber nicht zusammen war, denn ich hatte ja einen Freund. Ich musste mir bei einem Kostümverleih ein Brautkleid leihen und das Geld dafür erst einmal auslegen, was mir schwerfiel. Und dann ging fast alles schief. Zuerst versagte das Auto, mit dem wir zum Bahnhof fahren sollten, dann fuhr uns die S-Bahn vor der Nase weg und wir würden hoffnungslos zu spät kommen. Damals gab es noch kaum Handys und wir wussten nicht, wie wir nach Potsdam kommen sollten. Ich war eine verzweifelte Braut. Schließlich telefonierten wir aus einer Kneipe nach Potsdam und erreichten, dass der Zug außerplanmäßig an einer S-Bahnstation in unserer Nähe hielt. So stiegen wir total verschwitzt in den knallvollen Sonderzug. Ich bekam Blumen geschenkt, Leinöl, Spreewaldgurken und allerlei andere Spezialitäten. Ich war so aufgeregt, dass ich erst einmal etwas Alkohol trinken musste, was mich schlagartig betrunken machte, denn ich hatte an dem Morgen nichts gefrühstückt. Es wurde ziemlich viel getrunken in diesem Zug, der wie ein einziger Speisewagen wirkte. Wir hielten irgendwo. Marschmusik wurde geblasen und irgendwelche Politiker, an die ich mich nicht erinnern kann, hielten Ansprachen. Es wurden Fotos gemacht und ich hielt mich an Herrn Brandenburg fest. In Wriezen gab es dann noch mehr Marschmusik und die Braut verschwand erst mal auf der Toilette und erbrach sich. Mit der Länderehe zwischen Berlin und Brandenburg hat es dann nicht geklappt. Und weil mein Freund auf Herrn Brandenburg eifersüchtig und auf mich wütend war, verließ er mich. Mit Herrn Brandenburg ist es auch nichts geworden. Ich weiß gar nicht, was aus ihm geworden ist, denn in Berlin kann man sich ja total verlieren. Immerhin – die Agentur zahlte pünktlich und der Kostümverleih hatte auch nichts zu beanstanden.«

Altes Scheusal

»Das Einzige, was ich mit meinem Vater teilen konnte, war das Briefmarkensammeln. Mein Vater war ein Scheusal. Ich bedaure es nur, dass ich ihm zu Lebzeiten nie eins in die Fresse gehauen habe.«

Der Mann hatte weiche Hände und schmale, unruhige Finger. Sie strichen über die Tischdecke, sie liefen über die Unterarme, sie schnippten gegen die Flasche oder das Glas, sie rührten die Luft um. Er hatte ein blau eingebundenes Briefmarkenalbum auf den Tisch gelegt, auf dessen Titelblatt ein goldenes Posthorn prangt, so wie man es aus alten Märchenbüchern kennt. An seiner linken Hand fehlte der Daumen. Wir hatten Rotwein getrunken, die Flaschen waren leer und der Steward trat vertraulich wie eine Bardame, die wir seit Jahren kennen, an unseren Tisch: »Darf's denn für die Herren noch ein Fläschchen sein?«

»Aber sicher doch!«

Es war später Nachmittag. Die Städte, durch die wir fuhren, sahen im Herbstregen verlassen aus. Die wenigen Menschen versteckten sich unter Schirmen und Kapuzen, die Autos quälten sich wie müde Hunde über den vor Nässe glänzenden Asphalt. Die Satellitenschüsseln starrten blöd vor sich hin, die Laternen sprangen an. Der Speisewagen schrieb an diesem Tag tiefrote Zahlen, kaum ein Gast verirrte sich hierher, jemand löffelte hastig eine gelbe Sauerkrautsuppe, jemand trank ein Bier, war gleich wieder weg, wir saßen die meiste Zeit allein. Der Steward hatte nichts zu tun, langweilte sich und sehnte sich nach dem nächsten längeren Halt, um auf dem Bahnsteig hastig ein paar Zigaretten-Züge zu tun.

»Unsere Familie stammt aus der kleinen Stadt Eger, das liegt heute in Tschechien und heißt Cheb. Ich wurde dort noch geboren; als wir 1945 vertrieben wurden, war ich ein Jahr alt. Mein Vater hat den Verlust seiner Heimat nie verwunden. Mir kam es immer so vor, als ob wir Kinder die Suppe auslöffeln mussten, die ihm das Leben eingebrockt hatte. Und die Suppe schmeckte zum Kotzen. Mein Vater hatte in Prag studiert, er war promovierter Historiker. Er hatte Hoffnungen gehabt, in München zum Professor zu werden oder eine hervorgehobene Stelle im Bayerischen Staatsarchiv zu besetzen, aber man erkannte seine Ausbildung zuerst nicht an und später hat er jede Verbindung nach München verloren. Und so landete unsere Familie in der Nähe von Passau und mein Vater fand eine Stelle als Redakteur bei einer Lokalzeitung. Mein Vater hat uns Kindern wirklich alles verleidet. Schauen Sie mich einmal an! Fällt Ihnen was auf?« Er sah mich auffordernd an.

Ich zögerte. Meinte er den fehlenden Daumen? Es war sonst nichts Ungewöhnliches an ihm. Er war gut gekleidet, er wirkte gepflegt, er trug einen dunkelblauen Cashmere-Pullover, eine dunkle Jeans. Seine schwarzen Haare waren noch dicht, es fand sich kaum ein graues Haar, obwohl er über sechzig war.

»Meinen Sie, dass Ihnen der Daumen fehlt?«

»Nein, nein, daran trägt mein Vater keine Schuld, obwohl … die Geschichte erzähle ich Ihnen vielleicht später. Ich meine etwas anderes. Ich habe mein Leben lang keinen Sport getrieben, ich hasse Sport geradezu. Viele meiner Kollegen – ich bin Architekt – treiben geradezu exzessiv Sport, mein jüngerer Bruder läuft Marathon. Die meisten Männer in meinem Freundes- und Bekanntenkreis halten sich fit, aber ich lehne das alles ab. Ich habe einen Bauch, nicht weiter schlimm, haben ja viele, aber ich habe auch Rückenschmerzen, weil ich nichts tue, ich habe eine schlechte Haltung, weil ich nichts tue und ich habe keine Muskeln, weil ich nichts tue. Ich habe Glück, dass meine Frau noch unsportlicher ist als ich, für sie bin ich schon ein Athlet, wenn ich die Wasserkiste in den dritten Stock schleppe.«

»Ehrlich gesagt, wäre ich nie darauf gekommen, dass Sie keinen Sport treiben. Ich meine, man sieht es Ihnen nicht an.«

»Das kann sein, aber ich empfinde es sehr stark und deshalb denke ich, es müsste jedem auffallen. Mein Vater hat mir jede Lust am Sport genommen. Dabei hat mir Sport wirklich Spaß gemacht. Ich war in der Jugend ein passabler Läufer und Weitspringer, aber alles, was ich anfing, wollte er zur Perfektion bringen. Er fuhr mit dem Fahrrad neben mir her, korrigierte meine Haltung, trieb mich an, aber wie ich auch lief, ich konnte es ihm nicht recht machen. Genauso war es mit dem Weitsprung. In der Nähe unseres Hauses hatte die Gemeinde einen Teich mit Sand zugeschüttet und dort musste ich Weitsprung mit ihm üben. Mein

Vater maß jeden Sprung aus und wenn ich den Absprung verpatzte oder seiner Meinung nach nicht schnell genug angelaufen war, brüllte er mich an, ich solle endlich aufwachen. Mein Vater hat sogar zwei Kugeln gekauft, mit denen ich Kugelstoßen üben musste. Tatsächlich wurde ich dann im Kugelstoßen der beste Schüler, obwohl andere mir körperlich weit voraus waren.«

»War Ihr Vater denn selbst ein sportlicher Mann?«

Er überlegte.

»Er machte damals keinen Sport mehr, aber er hat immer gesagt, wenn er nicht so fit gewesen wäre, hätte er den Krieg nicht überlebt. Er war in Norwegen als Funker stationiert, da muss er viel Ski gelaufen sein. Als ich noch kleiner war, hat er ständig vom Krieg erzählt. Und meine Mutter hat immer versucht, ihn zu entschuldigen, weil er so viel Schreckliches erlebt hätte. Weil er in den letzten Kriegstagen ein paar russische Panzer zur Strecke gebracht hat, haben sie ihm das Eiserne Kreuz 1. und 2. Klasse verliehen. Darauf war er gar nicht stolz; stolz war er eher darauf, dass er dabei keine Kameraden getötet hatte, denn er hat einmal erlebt, wie jemand die Panzerfaust aus einem Kellerfenster heraus abfeuerte, als zwei Soldaten noch hinter dem Schützen standen. Junge, dumme Kerle, sagte er, die waren gleich tot von dem Feuerstrahl, der hinten austritt. Mein Vater hat immer auf diese schlecht ausgebildeten Rotzlöffel geschimpft, die sich und andere durch ihre Dummheit umbrachten. Erst als wir das große Grundstück mit dem riesigen Garten besaßen, hat er aufgehört, vom Krieg zu erzählen.«

Der Mann blätterte das Briefmarkenalbum auf und entnahm ihm ein schwarz-weißes Foto. Es zeigte einen Mann in Wehrmachtsuniform. Die dunklen Haare glänzten, er trug einen Scheitel. Die Stirn war stark, die Augen blickten entschieden. Neben dem Mundwinkel verlief eine auffällige Narbe. Der Mann sah schön aus, die Nase schmal, das Kinn wohlgeformt und leicht emporgereckt, was aber irritierte war sein Gesichtsausdruck, eine Mischung aus Brutalität und Vergeistigung, beides nicht im Widerstreit, sondern aneinander gesteigert zu einer bitteren Kälte, die dem Betrachter entgegenschlug.

»Das war mein Vater. Er ist vor zehn Jahren gestorben. Ich war damals gerade in Amerika und hatte nicht die geringste Lust, wegen seiner Beerdigung vorzeitig nach Deutschland zurückzukehren. Ich telefonierte mit meiner Mutter und sagte ihr: ›Bringt das alte Scheusal ruhig ohne mich unter die Erde.‹ Aber was tat sie? Sie ließ meinen Vater auf Eis legen und so durfte ich ihn dann doch noch einmal sehen. Als er so dalag, im Anzug, mit den gefalteten Händen, hab ich überlegt, ob ich ihm jetzt was in die Fresse gebe, aber das war gar nicht mehr mein Vater, das war weniger als ein Foto, das war schon Erde. Die Chance, mich endlich zu revanchieren, hatte ich schon vor langer Zeit verspielt.«

Ich wette, der Mann hatte noch nie jemanden in seinem Leben geschlagen. Er sah absolut friedfertig aus und selbst wenn er »in die Fresse schlagen« sagte, wirkte er ohne Aggression, es war nur Traurigkeit in seiner Stimme.

»Der Vater hat uns oft geschlagen, verprügelt. Der hat das nicht systematisch gemacht, da gab es kein Ritual wie in der Schule, wo uns die Lehrer in der Grundschule noch mit dem Stock Tatzen gaben ...«

»Tatzen?«

»Ja, ›Tatzen‹ nannte man in Bayern die Schläge auf die Hände, das gab es jeden Freitag, man musste vortreten und dann strafte der Rektor mit einem Stock oder einem Lineal. Das war genau festgelegt, abgezirkelt und mit kühlem Kopf ausgeführt. Mein Vater aber schlug uns in besinnungsloser, verzweifelter Wut, weil er es nicht ertragen konnte, so dumme Kinder zu haben. Er hat mir alles verleidet, weil er sich immer einschaltete, sobald mir irgendetwas Spaß machte. Wenn ich las, gab er mir die richtigen Bücher, wenn ich zeichnete, zeigte er mir, wie man zeichnete. Ich galt damals im Kindergarten als kleiner Wunderzeichner, weil ich weit über mein Alter hinaus gegenständlich zeichnen konnte. Da setzte mich mein Vater eines Tages vor einen Kaktus, den ich abzeichnen sollte. Weil ich aber die Perspektiven nicht richtig beherrschte, drehte er durch und verprügelte mich. Noch schlimmer traf es meine Schwester, die noch weniger Selbstbewusstsein hatte als ich. Mein Vater litt an sich selbst, daran, dass er keine Karriere gemacht hatte, daran, dass man ihn in diesem Land nur widerwillig angenommen und ihm seine Chancen verbaut hatte. Wir wurden in diesem bayerischen Dorf lange als Flüchtlinge verspottet und geschnitten. Man schimpfte uns ›Rucksackdeutsche‹, weil wir nur mit dem Rucksack auf dem Rücken hier angekommen waren. Am schlimmsten waren die ersten Jahre. Meine Mutter war zuerst mit uns Kindern ins Flüchtlingslager gekommen, später hat man uns auf einem Dachboden bei einer Familie zwangseinquartiert. Damals war der Vater noch in Kriegsgefangenschaft. Später wurde er Kreistagsabgeordneter der Gesamtdeutschen Partei, das war eine Partei für die Heimatvertriebenen. Eines Tages klebte an einer Litfaßsäule ein riesiges Plakat meines Vaters, es war, glaube ich, irgendeine Bundestagswahl, und als ich von der Schule kam, stellten sich die Jungs aus meiner Klasse an die Säule und pieselten das Plakat an, lachten sich halbtot und zeigten mit dem Finger auf mich. Am liebsten hätte ich mich dazugestellt, aber ich spürte, dass die anderen ja nicht meinen Vater, sondern mich anpieselten. Da hätte ich mir ja gleich selbst in die Hosen machen können. Mein Therapeut sagte zu mir, seien Sie froh, dass Sie ihn nicht geschlagen haben, denn dann hätten Sie sich ja auf sein Niveau begeben. An manchen Tagen lebt es sich gut mit dieser Einsicht, an anderen balle ich die Faust und stelle mir das verblüffte Gesicht meines Vaters vor. Ganz schlimm war die Sprachmacht, die er über uns besaß. Er konnte druckreif sprechen, wenigstens kam es mir damals so vor; noch die längsten Sätze brachte er elegant ins Ziel. Ich konnte lange Zeit kaum einen Satz vernünftig zu Ende bringen, ich kam ins Stottern, und nur mit größter Disziplin habe ich mir das Stottern wieder abgewöhnt. Bis heute habe ich große Schwierigkeiten, längere Texte zu schreiben, obwohl das in meinem Beruf manchmal nötig ist. Und wenn ich eine große Präsentation bei wichtigen Kunden habe, kann es vorkommen, dass ich an einem Vokal sechs- oder siebenmal hängen bleibe, ehe ich ihn überwinde und weitersprechen kann.«

Er machte eine Pause. Blätterte das Briefmarkenalbum auf und betrachtete einzelne Marken. Er zog zwei oder drei Marken hinter dem Falz hervor. Es waren Briefmarken aus dem Deutschen Reich. Er gab mir eine Marke. Sie war rot. Darauf sah man einen arisch aussehenden Bauern mit Spitzhacke, neben ihm seine Frau. Über den Köpfen las man: »4. Dezember 1938 Sudetengau«. Ich gab ihm die Marke vorsichtig zurück.

»Können Sie was mit dem Datum anfangen?«

»Hitler hat die Tschechoslowakei überfallen und das Sudentenland besetzt?«

»Mein Vater hat diese Briefmarke oft in die Hand genommen und gesagt, dass damit sein Unglück seinen Lauf genommen hätte. Die Engländer, die Franzosen, sagte er, hätten dem Hitler, dem tollwütigen Hund, auf die Finger hauen müssen. Mein Vater war immer deutschnational, für die Nazis hatte er nichts übrig. Er hat in Prag an der Karls-Universität studiert und da hat ihm immer dieses Gemisch von Deutschen, Juden und Tschechen gefallen. Deshalb hat er auch nicht zu denen gehört, die den Einmarsch Hitlers in die Tschechoslowakei begrüßten. In der Bundesrepublik ist mein Vater nie wirklich angekommen. Das war keine Heimat für ihn. Er hat sich mehr und mehr in seinen Garten zurückgezogen, ein riesiger Garten, in dem wir alle möglichen Gemüse und Früchte anbauten. Spargel, Erdbeeren, Kartoffeln, Brombeeren, Salate, was Sie wollen. Es gab jeden Mittag Suppe, dann das Hauptgericht, Salat und einen Nachtisch. Und fast alles aus dem eigenen Garten. Neben den Tellern lag ein silberner Serviettenring mit unseren eingravierten Namen und die Stoffserviette war immer akkurat und schneeweiß. Nach den Erfahrungen des Krieges wollte mein Vater seine Familie so weit wie möglich unabhängig machen von allem, vollkommene Autarkie, das war sein Ziel, sein Zauberwort. Ich habe die Gartenarbeit gehasst, aber ich musste im Sommer fast jeden Tag mehrere Stunden Unkraut zupfen, Blumen gießen, Sträucher zurechtschneiden, Früchte pflücken, Erde auflockern, einsäen, düngen. Als ich vierzehn war, habe ich am Mittagstisch immer gehässige Bemerkungen gegen den Garten gemacht, was natürlich den größten Ärger provozierte. Und zu allem Überfluss musste ich auch noch die riesige Rasenfläche mähen.«

Er goss sich den Rest Wein ein, leerte das Glas beherzt und trommelte mit dem Daumenstumpf auf den Tisch.

»Darüber, wie ich den Daumen verloren habe, herrscht in unserer Familie Uneinigkeit. Ich bin selbst schuld daran, denn ich habe die unterschiedlichsten Geschichten erzählt. Einmal hat mir ein Hund den Daumen abgebissen, ein anderes Mal war es eine gewaltige Tür, die meinen Daumen gequetscht hat, und eine andere Version handelt von einem Stapel Holz und einem scharfen Beil. Einer Kommilitonin habe ich sogar mal erzählt, mein Vater hätte mir den Daumen abgeschnitten, weil ich seine Kaninchen gequält hätte. Tatsächlich habe ich ihn beim Rasenmähen verloren, eine ganz gewöhnliche Geschichte. Als ich mit meinem Vater zum Krankenhaus fuhr, hat er mehr gejammert als ich. Ja, er hat mich regelrecht beschimpft, dass ich so blöd gewesen wäre, mir in Friedenszeiten selbst den Daumen abzusäbeln, während er doch völlig unverwundet durch den Krieg gekommen sei. Das war wieder ein Beweis für das vollkommene Versagen seiner Kinder. Und selbst Jahrzehnte später, als wir alle unser Studium erfolgreich beendet und Arbeit gefunden hatten, hielt er uns noch immer für missraten, weil wir ihn und seinen Doktortitel nicht überboten hatten.«

Der Zug bremste ziemlich unvermittelt, kein Bahnhof, keine Stadt in Sicht. Es war inzwischen dunkel geworden.

»Meine Damen und Herren, wir sind hier wegen einer technischen Störung außerplanmäßig zum Halten gekommen. Wir werden unsere Fahrt jedoch in Kürze fortsetzen. Wir bitten um Ihr Verständnis.«

»Im letzten Jahr ist meine Mutter gestorben und ich habe die Briefmarkensammlung meines Vaters geerbt. Sie ist recht umfassend, aber in den letzten Jahren hatte er sie nicht mehr geordnet. Bevor ich sie verkaufen kann, muss ich sie erst mal sortieren. In einem ersten Impuls wollte ich sie verbrennen, aber meine Schwester meinte, damit würde ich den Vater noch einmal triumphieren lassen. Sie hat recht.«

»Ist sie viel wert?«

»Ach, früher hat sie sicher einmal ihren Wert gehabt, aber die Preise verfallen heute doch. Die alten

Knacker, die, die gesammelt haben, sterben alle aus, und wo keine Nachfrage existiert, gehen die Preise einfach runter. Die jungen Leute verhökern die Briefmarkensammlungen ihrer alten Herren bei Ebay und wissen überhaupt nicht, was sie da unter den Händen haben. Deshalb verschwinden auch immer mehr Briefmarkenhändler. Und wer schreibt heute noch Briefe? Wer macht sich die Mühe und kauft eine ansprechende Briefmarke?«

Er nahm wieder das Foto seines Vaters aus dem Album und betrachtete es lange. Der Zug nahm langsam Fahrt auf.

»Ich finde, mein Vater sieht auf dem Foto wie ein Killer aus, ein durchgeistigter Killer. Das letzte Mal hat er mich an meinem sechzehnten Geburtstag verprügelt. Er fragte mich, wie so oft, in Erdkunde ab. Es ging um Island und Geysire und ich wusste die Antwort nicht. Da bekam er einen hochroten Kopf und gab mir eine Ohrfeige. Meine Fäuste waren schon geballt, ich muss ihn wütend angestarrt haben, aber bevor ich zuschlagen konnte, hat er sich umgedreht und ist aus dem Zimmer gegangen. In meiner Wut habe ich die Salatbeete zertrampelt, aber von dem Tag an hat er mich nicht mehr geschlagen.«

Er nahm das Foto und riss es mit Bedacht sehr langsam entzwei. Er legte die Hälften übereinander und zerriss sie nochmal, dann nochmal. Dann rief er den Steward und bat ihn, die Schnipsel wegzuwerfen.

Lange Schatten

Er sah aus wie einer, der alle Frauen hätte haben können, dem sie jedoch davonliefen, bevor er ihnen nahe
kam. Über der wuchtigen Stirn türmte sich das kräf-
tige Haar, lag wellig am Kopf und verlieh ihm einen
altmodischen Zug. Der große Kopf saß auf überra-
schend schmalen Schultern, er war feingliedrig, aber
hochaufgeschossen. Seine Augen nahezu alptraumhaft
blau. Es war schwer einzuschätzen, ob er im Leben
bislang Erfolg gehabt hatte oder nicht, ob er mit vierzig schon auf der abschüssigen oder noch auf der auf-
steigenden Bahn war, aber da wir uns nicht über Ge-
schäfte und Geld unterhielten, war es nicht von Belang,
wo er gerade auf der Erfolgsleiter stand. Er sprach von
seinem Vater. Er sprach davon, dass er seit vielen, vielen Jahren wieder geweint hatte. Seit er ein Kind war.

Bier löst die Zungen. Es war in unserem Fall ein-
facher, sich zu unterhalten, als sich anzuschweigen.
Wir gaben uns keine besondere Mühe, deshalb fiel es
uns leicht, miteinander zu reden. Wir hatten es nicht
eilig, denn es lag eine lange Strecke vor uns und keiner
von uns hatte offenbar etwas Besseres zu tun. Wir
waren uns gleichgültig und deshalb vertrauten wir
einander.

Es wurde Abend, das Draußen lag unwirklich da
draußen herum, der Zug wischte alles aus wie ein nas-
ser Schwamm, der über eine Tafel fährt. Nichts war

224

zum Greifen nah, alles wurde durch den rasenden Zug um seine Substanz gebracht. Uns jedoch gab es.

»Ist Ihr Vater«, fragte er mich, »Soldat gewesen? Im Krieg?«

»Nein, er war zu jung, bei Kriegsende war er dreizehn.«

»Mein Vater war dreiundzwanzig, als der Krieg zu Ende war.«

»Er war also in der Wehrmacht!?«

»Ja, er war im Afrika-Korps, dahin schafften es nur die Gesündesten und Belastbarsten. Er war mit Rommel in Afrika.«

»Haben Sie …«

»Wir können uns doch duzen, oder? Wir sind doch im selben Alter!?«

»Gerne! Hast du mit ihm über diese Zeit gesprochen, seine Erlebnisse?«

»Wenig. Mein Vater war unverwüstlich. Als er achtzig wurde, hatte er noch dichtes schwarzes Haar, nur hier und da fand sich ein graues. Obwohl er nie gesund gelebt hatte. Er hat viel geraucht und viel getrunken. Erst mit siebzig fing er an, kürzerzutreten. Sein bester Freund starb an einem Herzinfarkt und meine Mutter wusch meinem Vater gehörig den Kopf, denn die beiden waren oft genug mit ihren Köpfen auf dem Tresen liegen geblieben oder beim Schützenfest unter den Tisch gerutscht. Von da an fing er an, Maß zu halten, ohne jedoch völlig abstinent zu sein. Er hat sich seines Lebens wirklich erfreut. Er fuhr Rad, er angelte, er verfolgte die Bundesliga und er ging zweimal in der Woche zur Kirche, denn er war tiefgläubig.«

»Ist Ihr … ist dein Vater gestorben?«

»Ja, vor einem halben Jahr.«

»Wie alt war er?«

»Er ist ein paar Tage nach seinem dreiundachtzigsten Geburtstag gestorben. Zu Hause. Niemand wollte, dass er im Krankenhaus stirbt, und wir wollten auch nicht, dass sie ihm den Fuß abnehmen. Zwei Zehen hatten sie ihm schon amputiert. Die waren ganz schwarz geworden. Seit einem Jahr gings bergab mit ihm. Ich habe mich um eine Pflegekraft gekümmert, die ihn tagsüber betreut hat und abends war ich dann bei ihm.«

»Wie lange hat er gelegen?«

»Die letzten zwei Monate hat er kaum noch das Bett verlassen. Nur zum Waschen und zur Toilette habe ich ihn mit dem Rollstuhl ins Bad gefahren. Ich habe sehr viel Zeit mit ihm verbracht, mehr als jemals zuvor. Es war ganz wichtig für ihn, dass er von seinem Fenster unseren alten Apfelbaum sehen konnte. Er liebte Vögel. ›Schau mal‹, sagte er, ›ein Rotkehlchen‹ oder ›Da, ein Grünfink! Ein Eichelhäher!‹ Ganz oft machte er mich auf besondere Vögel aufmerksam. An Tagen, an denen er noch Kraft genug hatte, musste ich ihm sein Fernglas geben. Und wenn ich dann eine halbe Stunde später in sein Zimmer kam, schlief er und das Fernglas lag auf seiner Brust. Vögel mochte er sehr, aber Katzen hasste er.«

»Weil sie Vögel jagen?«

»Bestimmt, aber es muss da noch etwas anderes gewesen sein. Er sagte immer: ›Auf Katzen kannst du dich nicht verlassen, die sind falsch.‹ Mein Vater hat

einmal eine Katze getötet, und ich habe dabei zugesehen.«

Ich musste an meinen Vater denken, der keine Tiere
töten konnte.

»Mein Vater«, sagte ich, »hat einmal bei einer Tom-
bola ein Huhn gewonnen. Was macht man mit einem
Huhn? Man tötet es, aber mein Vater konnte das nicht.
Das Huhn war tagelang in unserem Geräteschuppen
eingesperrt, wir Kinder haben es mit Mais und Ge-
treide gefüttert. Meine Mutter hat meinen Vater aus-
gelacht. Sie hat das Huhn endlich zum Nachbarn getragen und der hat ihm den Kopf abgeschlagen. Als
wir nach Hause kamen, gab es Hühnersuppe. Und als
wir gegessen hatten, gingen wir zum Schuppen, um
unser Huhn zu füttern, von dem wir glaubten, dass es
noch lebte. Abends gab es nochmal Hühnersuppe.
Wir Kinder rührten die Suppe dieses Mal nicht an.«

Er sah nachdenklich vor sich hin. So als ob er nicht
wüsste, ob er die Geschichte, die er begonnen hatte,
fortsetzen sollte.

»Die Katze streunte schon seit Tagen um unser
Haus herum. Sie war ganz verwildert und auf einem
Auge war sie blind. Mein Vater hat sie dann mit einer
alten Falle gefangen, die er von einem Jäger geschenkt
bekommen hatte. Die Katze fauchte und fuhr ihre
Krallen aus, aber das hat ihr nicht geholfen. ›Junge,
geh ins Haus‹, hat mein Vater gesagt, aber ich wollte,
musste zusehen. Es war früh im Sommer, kleine, un-
reife Äpfel lagen im Gras, es hatte in der Nacht gereg-
net und die Katze war nass. Sehr nass. Er nahm die
alte Falle und ging zu unserem Teich, das war ein

knietiefes, gemauertes Becken mit Waschbetonplatten ringsum. Es gab einen Goldfisch und ein paar Seerosen. Da warf er die Falle hinein, die natürlich sofort unterging. Ich weiß nicht, ob Katzen unter Wasser schreien können. Mein Vater trug die Falle zur Mülltonne, öffnete sie und ließ die tote Katze in die Mülltonne gleiten.«

»Was hat dein Vater beruflich gemacht?«

»Er leitete die Sparkassenfiliale in unserem Dorf. Das war langweilig, hat ihm aber gefallen. Es waren damals aber auch noch andere Zeiten. Ich erinnere mich, dass mein Vater schon mal während der Arbeitszeit mit einem Kunden Skat spielte oder einen Flachmann leerte, das war nichts Ungewöhnliches. Er hatte keinen Ehrgeiz und wollte bloß in Ruhe gelassen werden. Was ich ihm immer hoch angerechnet habe, war, dass er auch mich völlig in Ruhe ließ. Selbst wenn ich schlechte Zensuren nach Hause trug oder einen blauen Brief bekam, brauste er nicht auf. ›Na, Junge‹, sagte er dann, ›du machst das schon, oder?‹ Das war alles, dann verschwand er wieder hinter seiner Zeitung oder im Garten. Mein Vater war tiefgläubig, er ging zweimal in der Woche zur Kirche, aber er zwang mich nicht dazu. Er nahm mich sogar in Schutz, wenn meine Mutter mich deswegen drängte. ›Lass doch den Jungen!‹ Diesen Satz habe ich so oft gehört. ›Lass doch den Jungen!‹ Heute denke ich manchmal, er hat den Satz ganz anders gemeint. ›Lass doch den Jungen‹ hieß eigentlich ›Lasst mir doch meinen Frieden!‹. Er wollte keine Verantwortung mehr, keinen Auftrag, keine Entscheidungen. Viele Menschen fallen in ein Loch, wenn sie in Rente gehen, mein Vater nicht. Auf seinen letzten Arbeitstag hatte er sich schon lange gefreut. Und es gab keinen Augenblick, wo er seine Arbeit vermisst hätte. Er hat es wirklich genossen, seine Radtouren, den Fußball, sein Fernglas, den Tee morgens und abends. Er schien völlig mit sich und der Welt im Reinen zu sein.«

Entweder waren wir betrunken oder wir waren fast betrunken, zumindest hatten wir so viel getrunken, dass wir eine andere Wirklichkeitsumlaufbahn betreten hatten. Die Mitreisenden, die sicher da waren, wurden von mir nicht mehr wahrgenommen oder nur noch am Rand registriert. Was jetzt allein noch zählte, war der nächste Satz, der nächste Schluck. Die Geschwindigkeit des Zuges wirkte wie ein Promille-Katalysator. Alkohol im Speisewagen kann dich schneller aus den Angeln heben als das Bier oder Glas Wein zu Hause oder in der Kneipe. Das Reisen an sich, aber auch die unvermittelte Begegnung mit Fremden hat rauschhafte Züge, in beiden Fällen überschreitet man Grenzen.

Er sah hinaus und fragte: »Hat das was miteinander zu tun? Tiere töten, Menschen töten? Mein Vater hat immer gerne Fernsehen geschaut und sich immer für alle möglichen Sendungen über den Krieg interessiert. Auch in den letzten Monaten hat er, wenn es ihm gut genug ging, in seinem Sessel gesessen und zusammen mit meiner Mutter Fernsehen geschaut. Manchmal setzte ich mich dazu. Und dann gab es wieder einmal eine Dokumentation über das Dritte Reich, ich weiß nicht mal mehr genau worüber oder auf welchem Sender das lief, denn ich las Zeitung und hörte nur mit halbem Ohr zu. Erst als mein Vater eine vollkommen beiläufige Bemerkung über Erschießungen machte, hörte ich genauer hin. Ich fragte ihn, was er gerade gesagt hatte. Er wiederholte seinen knappen Satz und sah weiter auf den Bildschirm. Ich hab ihn dann nochmal gefragt und nochmal, aber er variierte eigentlich immer nur das, was er zuvor gesagt hatte. Mir fällt es schwer, darüber zu sprechen und ich kann nicht wiederholen, was er gesagt hat. Vielleicht will ich mich nicht genau erinnern, vielleicht hat er undeutlich gesprochen. Mich hat es sehr erschüttert und das Bild von meinem Vater wesentlich verändert. Plötzlich musste ich wieder daran denken, wie er die Katze getötet hat.«

Ich hatte ihn nicht genau verstanden. Was hatte sein Vater vor dem Fernseher erzählt? Er schwieg jetzt und sah hinaus.

»Was hat er denn gesagt?«

»Ich weiß nicht mehr genau, wie er es gesagt hat und ich weiß auch nicht genau, was er gesagt hat, aber soweit ich es verstanden habe, hat er zugegeben, in Griechenland an Erschießungen beteiligt gewesen zu sein. Dort war er an Kämpfen mit einheimischen Partisanen beteiligt gewesen. Er sagte etwas Ähnliches wie ›Wir haben sie wie die Kaninchen abgeknallt‹. Ich weiß nicht, ob die Partisanen im Gefecht getötet oder ob sie wehrlos an einer Mauer standen und dort erschossen wurden. Durch die Formulierung meines Vaters wurde jedoch klar, dass die anderen überhaupt keine Chance hatten. Mein Vater sah die Dokumentation bis zum Schluss und dann habe ich ihn ins Bett gebracht. Bevor ich aus dem Zimmer ging, hat er mir nochmal die Hand gegeben, ganz förmlich, als würde er einen Kunden in der Bank verabschieden und sagte: ›Du machst das gut, mein Junge, ist nicht leicht, das alles‹.«

Ich konnte nicht mit meiner Mutter drüber reden. Ich machte mir ein Bier auf und rief einen Freund an, um ihm davon zu erzählen. Während wir telefonierten, weinte ich, aber er hat es nicht gemerkt oder zumindest hat er es sich nicht anmerken lassen.«

Wir bestellten noch ein Bier. Draußen huschten Lichter vorbei. Eine Tankstelle, ein Multiplex-Kino, Peitschenlaternen, die aussahen wie Galgen, die auf Kundschaft hoffen. Es musste sehr kalt dort draußen sein, große Blätterhaufen warteten darauf, weggekehrt zu werden. Bald würde der Winter kommen.

Im neuen Berliner Hauptbahnhof kann man reisen, ohne einen Zug zu besteigen. Wenn man ihn betritt, spürt man sofort die vertikalen und horizontalen Fliehkräfte, die an der eigenen Biographie zerren. Bleiben oder gehen? Der Koloss aus Stahl, Glas und Beton ist nicht einfach groß und monumental, er ist eine vielfach verschachtelte Bühne, ein Theater, das die Grenzen zwischen Schauspielern und Publikum verwischt. Auf der Suche nach dem richtigen Gleis, der richtigen Ebene, beim Warten auf den Zug oder die Fahrstühle, beim Einkaufen in den Shops oder beim Essen an den Imbissen, wechseln die Identitäten. Mal beobachtet man, mal wird man beobachtet, man fährt ab, kommt an, holt ab, kehrt heim, bricht auf, man hofft, zittert, freut sich oder man trauert etwas nach.

Der Hauptbahnhof pumpt frisches Leben in die Adern der Stadt, er tauscht und wechselt aus, er entlässt, schickt fort, er saugt ein und spuckt aus, er zieht an und stößt ab, er ist eine urbane Herz-Lungen-Maschine. Der Hauptbahnhof ist ein Palast der Blicke, denn wenn man von den oberen Ebenen nach unten blickt oder man das gewaltige Tier von unten nach oben zerlegt, hat man das Gefühl, dem Leben beim Leben zuzusehen. Man fühlt sich, als sei man als Figur in eines jener Wimmelbücher gezeichnet, in denen Kindern das große Lebenstheater vor Augen gehalten wird. Der da, der auf der Rolltreppe, der mit dem komischen Mantel und den O-Beinen, das bist du. Oder der da, der Grauhaarige, der seinen Koffer kaum heben kann, das bist du. Oder die da, die Magere, die einen Strauß Blumen hinter ihrem Rücken versteckt, die da, die Abgerissene, die zusammengekauert auf dem Boden hockt, die da, die Geschäftsfrau, die versucht, ihren Zug noch zu bekommen, die bist du auch und der und die und alle zusammen. Und weil du jetzt eine Figur in einem Wimmelbuch bist, hast du das Gefühl, jemand blättert die Seiten um und sieht dir zu beim Lebensspiel.

Vielleicht bist du aber auch eine Figur in einer riesigen Modelleisenbahn-Welt und du wartest darauf, dass jemand einen Euro in den Schlitz gleiten lässt, auf dass sich alles von Strom durchzittert in Bewegung setzt und Leben repräsentiert und sich erlöst fühlt aus der Starre des Wartens. Aber du misstraust dem plötzlich in dich gefahrenen Leben und fängst an zu ahnen, dass du nicht lebst, das ist nicht dein Job, sondern dass du Leben nur repräsentierst, um irgendjemanden über dem tausendäugigen Glasdach zu unterhalten. Und wenn sich einer über dein Leben beugt, weißt du noch lange nicht, ob er nicht selbst nur mit geliehenem Leben über dir steht und genauso an- und ausgeschaltet wird wie du.

Im Hauptbahnhof bekommt man eine Ahnung davon, dass die Zeit Biographien webt, dass jeder immer auf der Durchreise ist, ganz egal, ob er nun sesshaft ist oder nicht, dass jeder einem Zug nachläuft, der ihn endlich nach Hause bringen soll, ihn aber nie finden wird. Wir kommen immer nur in der Vorläufigkeit an – »Über Ihre Anschlusszüge informieren wir Sie gerne« – und keiner weiß, wann die Münze fällt.

Die DB-Lounge im Berliner Hauptbahnhof ist Reisenden der 1. Klasse und Bahn-Comfort-Kunden vorbehalten. Comfort-Kunden sind Vielfahrer, die durch ihre Fahrten eine bestimmte Punktzahl einfahren, die sie berechtigt, besondere Serviceleistungen der Bahn in Anspruch zu nehmen. Die Lounge ist nichts anderes als ein gehobener Wartesaal, wie es ihn zu allen Zeiten gegeben hat. Dieser Wartesaal wiederum ist meistens zweigeteilt: Der vordere Bereich ist den Comfort-Kunden vorbehalten, die 2. Klasse fahren, für sie gibt es einen Automaten, der heiße Getränke ausspuckt. Der hintere Bereich hingegen darf nur von Reisenden der 1. Klasse betreten werden. Sie werden am Platz bedient, ihnen werden kostenlos Getränke und kleine Speisen serviert. Die kompakten Ledersessel in diesem Wartesaal sind rot, der Boden ist zebragestreift.

Es ist halb fünf. Männer balancieren ihre leuchtenden Laptops auf den Knien, zwei Frauen halten ihre Bücher wie Spiegel vor das Gesicht. Von der Decke hängt ein Flachbildschirm herab, auf dem nahezu lautlos das Programm eines Nachrichtensenders läuft. Man sieht eine Reportage über einen Schrotthändler, der alle Arten von Plunder, Sperrmüll und Schrott beschnüffelt, befühlt und dann abfährt. Wenn der Schrotthändler mit den kurzgeschorenen Haaren gerade nichts auf seinen LKW wirft, dann steht er dem Reporter Rede und Antwort. Am Fuß des Fernsehbildes läuft ein Nachrichtenband »Breaking News« in flammendem Rot. Aber nein, keine Katastrophe, es sind nur die Halbzeitstände der Fußballbundesliga, die da fortlaufend zu Füßen des Schrotthändlers und seiner Gehilfen durchs Bild fließen. Zwischen Bayern München und Schalke 04 steht es zur Pause 1:1.

Neben mir nimmt ein kleiner Mann Platz, er ist mager, braungebrannt, er fällt in seinen Sessel, als hätte er Blei in der Hose.

»Hoffentlich«, er wendet sich an mich, »komme ich nachher wieder aus dem Sessel raus, sonst muss ich jemanden um Hilfe bitten.«

»Ich helfe Ihnen gerne, hab's nicht eilig.«

Der Steward steht unvermittelt vor uns und fragt nach unseren Wünschen. Der kleine Mann bestellt einen Kaffee.

»Sind Sie Berliner?«

»Nein, aber ich lebe seit zwanzig Jahren in Berlin und im Augenblick sieht es so aus, als ob ich auch noch die nächsten zwanzig Jahre hier sein werde. Ich habe mir sogar schon einen Friedhof ausgesucht.«

»Sie sind doch noch so jung, Sie sollten sich nicht mit Friedhöfen beschäftigen. In Ihrem Alter habe ich überhaupt nicht an so was gedacht. Jetzt sollte ich mir darüber Gedanken machen, denn ich bin siebenundsiebzig, aber Sie können mir glauben, ich habe keine Lust und keine Zeit dazu. Ich war nur zu Besuch in Berlin. Ich habe die Witwe eines Jugendfreundes besucht, der im letzten Sommer gestorben ist. Wir waren fast siebzig Jahre befreundet, auch wenn wir uns mal aus den Augen verloren hatten, ist der Kontakt doch nie ganz abgerissen. Er ist immer in Berlin geblieben, mich hat es in andere Himmelsrichtungen verschlagen.«

»Dann haben Sie auch einmal in Berlin gelebt?«

»Ja, als Kind, als kleiner Junge habe ich hier gelebt. In Schöneberg, da bin ich auch zur Schule gegangen.«

»Und auf der Schule haben Sie ihren Freund kennengelernt?«

»Nein, er besuchte eine andere Schule. Wir waren beide Pimpfe, wir waren in der Hitlerjugend beim Jungvolk zusammen.«

»Das waren die zehn- bis vierzehnjährigen Jungen?«

»Ja, es war eine schöne Zeit, trotz des Krieges. Wir hatten Bastelabende, wir wanderten und waren in der Jugendsingschar zusammen. Damals bin ich auch Adolf Hitler begegnet.«

»Sie sind Adolf Hitler begegnet?«

»Ich bin ihm nicht nur begegnet, ich habe sogar für ihn gesungen.«

»Haben Sie ihm auch die Hand geschüttelt?«

»Dazu ist es dann nicht mehr gekommen. Wir hatten einmal in der Woche Chorprobe und wir übten immer in der Ludendorffstraße, die heute jedoch Pohlstraße heißt. Unser Proberaum befand sich direkt an der Straße, ganz in der Nähe war der Bendlerblock, wo das Oberkommando der Wehrmacht saß. Eines Tages – unser Chorleiter versuchte gerade, uns mehrstimmig singen zu lassen – kam Hitler. Das war gar keine große Sache. Zwei oder drei Leute begleiteten ihn. Ich weiß nicht mal mehr, ob wir ›Heil Hitler!‹ gebrüllt haben.«

Er dachte einen Moment nach.

»Nein, ich weiß es nicht mehr. Aber eine Sache steht mir ganz deutlich vor Augen. Der Führer hat das Gesicht verzogen, als würde ihm unser Gesang in den Ohren wehtun. Vielleicht war es tatsächlich unser Gesang, ich weiß sogar noch, was wir gesungen haben.«

Er begann das Lied mit leuchtenden Augen aufzusagen, ich sah mich um, ob uns jemand zuhörte, aber niemand nahm von uns Notiz.

»Deutschland, heiliges Wort,
Du voll Unendlichkeit,
über die Zeiten fort, seist Du gebenedeit.
Heilig sind deine Seen,
heilig dein Wald
und der Kranz deiner stillen Höhn,
bis an das grüne Meer.«

»Und Sie meinen, das Lied hat dem Führer missfallen?«

»Nicht das Lied, vielleicht war es unser Versuch, mehrstimmig zu singen. Aber ich glaube, tatsächlich hat der Führer aus einem ganz anderen Grund den Kopf geschüttelt. Unser Chorleiter hieß nämlich Sosnkowski und das ist ein erzpolnischer Name. Das hat ihn bestimmt gestört: Hitlerjungen, die von jemandem unterrichtet werden, der einen so ›undeutsch‹ klingenden Namen trägt. Er hat das Gesicht verzogen und ist dann schnell gegangen.«

»Da sind Sie ja ein richtiger Zeitzeuge!«

»Und dem anderen Führer bin ich auch begegnet!«

»Welchem anderen Führer?«

»Mussolini, Benito Mussolini.«

»In Berlin?«

»Nein, in Italien, ich lebte Mitte der dreißiger Jahre mit meinen Eltern drei Jahre in Mailand. Mein Vater war Karto-Lithograph und zeichnete Autokarten für den italienischen Tourismusverband. Wir waren Teil einer deutschen Kolonie, die in Mailand recht stark war. Ich spielte mit unserem Kindermädchen in einer Allee ganz in der Nähe unseres Hauses, als plötzlich ein großer, schwarzer Wagen neben uns hielt. Ich trug damals die schwarze Mütze der Balilla, das war die faschistische Jugend-Organisation. Ich war kein Mitglied der Balilla, ich war auch noch viel zu klein, aber die Mütze gefiel mir, sie sah aus wie ein umgestülpter Blumentopf. Der Wagen hielt und der Duce winkte. Ich wusste nicht, dass es Mussolini war, aber unser Kindermädchen machte einen Knicks und als der Wagen wegfuhr, sagte sie: ›Das war ein großer Mann, mein kleiner Franz, das war der Duce.‹ Ich hätte diese Episode vergessen, wenn meine Eltern sie nicht immer wieder erzählt hätten.«

»Und warum haben Sie Italien dann verlassen?«

»Mein Vater wurde regelrecht abkommandiert. Er war kein Militär, aber als Karto-Lithograph war er ein gefragter Spezialist. Deshalb erhielt mein Vater 1937 die Aufforderung, nach Deutschland zurückzukehren. Er wollte gar nicht, er wäre lieber in Italien geblieben, aber die deutschen Behörden drohten ihm, dass sie die Italiener auffordern würden, ihn auszuweisen, wenn er nicht freiwillig käme.«

»Warum war er denn in Deutschland so begehrt?«

»Weil ihn das Oberkommando der Wehrmacht brauchte. Er sollte Karten herstellen, Karten für den Krieg, Aufmarschpläne, Karten für die Gebiete, die man erobern wollte, und mein Vater war ein hervorragend geschulter Karto-Lithograph. Er kam aus Leipzig, da wurden die besten Karto-Lithographen ausgebildet. Er wurde sogar Wilhelm Keitel vorgestellt, dem Chef des Oberkommandos der Wehrmacht, der ihm die Wichtigkeit seiner Aufgabe erklärte.«

»War Ihr Vater denn ein überzeugter Nationalsozialist?«

Seine Antwort kam rasch, er musste nicht darüber nachdenken.

»Nein, aber er wäre gerne in die NSDAP eingetreten. Das durfte er aber nicht, weil er einen ganz krummen, buckligen Rücken hatte. Als Kind litt er im Ersten Weltkrieg unter Mangelernährung, außerdem wuchs er in einem lichtlosen Keller auf und daher erkrankte er an Rachitis, die seinen Körper deformierte. Er war also alles andere als ein stattlicher Mann. Als ich elf Jahre alt war, war ich bereits größer als er.«

Der Steward stand wieder vor uns. Groß, schlank, aufrecht.

»Darf es hier noch etwas für die Herren sein?«

Mein Gesprächspartner lehnte dankend ab. Er sah hinauf zu einem Monitor, wo man über die Abfahrtszeiten und die Verspätungen informiert wurde.

»Pünktlich, absolut pünktlich! Ich muss gehen, mein Zug fährt bald. Darf ich Sie bitten?«

Ich nahm seinen Arm, bot den meinen als Stütze und stemmte ihn hoch. Er drückte das Kreuz durch, seinen Mantel hatte er die ganze Zeit nicht abgelegt. Er gab mir die Hand: »War nett, mit Ihnen zu plaudern. Wie alt sind Sie?«

»Dreiundvierzig!«

»Ha, wie mein Filius, mein dritter. Aber der hört nicht gerne zu! Auf Wiedersehen und gute Reise! Und lassen Sie die Friedhöfe in Ruhe.«

Darf ich dich anrufen?

»Hallo? Hallo?

…

Ich bin's …

…

Hast du mich noch gesehen am Bahnhof …?
Ich hatte dich doch gebeten …
Hallo …?

…

Kannst du mal richtig ans Telefon gehen, bevor
mein Netz weg …
Hallo …?

…

Versteh dich nicht …
Ich vermisse dich …
Kann ich dich um acht anrufen …?
Hey, ich bin deine Freundin …
Hättest du doch …
Ich rede doch jetzt mit dir …
Wann denn …?
Am Samstag …?
Soll ich vielleicht einfach versuchen, *dich* anzuru-
fen … Schatz?
Hörst du mir zu?
Darf ich versuchen, dich anzurufen?
Fehl ich dir denn auch ein bisschen?
Ein bisschen …?

Ach, vergiss es …

Was?

Vergiss …

Ich liebe dich …

Hörst du mir überhaupt zu …?

Kannst du nicht mal richtig an den Apparat …?

Dann hören wir jetzt mal auf …

Also am Samstag oder am Sonntag?

Natürlich nur, wenn du da bist …

Du willst schlafen …?

Aber du gehst doch so früh noch nicht …

Darf ich dich anrufen …?

Am Sonntag …?

Ich versuch's …

Ich liebe dich …

Und sei artig …

Hast du mich denn gar nicht gern …?

Du fehlst mir …

Es tut uns doch aber auch gut, wenn wir uns mal nicht sehen …?

Ich bin deine Freundin …

Wir sehen uns …

Sehen wir uns …?

Warum willst du denn nicht …?

Ach, vergiss es …

Nein …

Also bis …

Hallo?

Bist du noch da?

Hallo?

Wir sind jetzt im Tunnel …

Alles schwarz …
Wir fahren …
…
Bist du noch da …?
Sei schön artig, verstehst du mich?
Hallo …
Hallo …?
Hörst du …?
Ich beende jetzt …
Ich hör dich nicht mehr …
Ich leg jetzt auf …
Ich …
Ach, Mist!«

Kinder an der Macht

Die Erwachsenen wollen das Kind nicht loslassen, das sie einmal waren. Das Handy einer Mitreisenden stößt den berühmten Tarzan-Schrei von Johnny Weissmüller aus. Im Speisewagen ist kaum ein Platz frei. Wir fahren von Berlin nach Bochum. Es ist ein Sonntag. Sonntag in der Bahn: Das ist der Enkel-Rückgabetag. Großeltern gehen mit ihren Enkelkindern grundsätzlich in den Speisewagen. Weil sie die Nerven ihrer Mitreisenden schonen wollen, weil sie nicht wollen, dass das Enkelkind unterernährt bei den Eltern ankommt, weil sie den Enkeln eine Freude machen wollen, weil sie hoffen, dass die Zeit im Speisewagen schneller verfliegt, weil sie finden, Großeltern müssen großzügig sein.

Eine Großmutter und ihre Enkelin sitzen an einem Zweiertisch. Das Mädchen geht schon zur Schule. Sie ist der aufgeweckte Typ, mit dem man schon ernste Gespräche führen kann: »Ich liebe ICE-Fahren!«, kräht sie fröhlich. Neben ihnen sitzt ein Mann, der seiner Frau aus einem dicken Buch vorliest.

»Hör mal!«, sagt er, »hier steht ›soteriologische Revolution‹, das müsste ich mal nachschlagen.« Eine Frau, die wie die Schauspielerin Karin Baal aussieht, wendet sich ihnen zu und sagt: »Soteriologie ist die Lehre von der Erlösung des Menschen durch Jesus Christus!« Ich bin über das Wissen der Frau erstaunt.

Der Mann bedankt sich, die Frau, die wie Karin Baal aussieht, beugt sich wieder über ein dickes Heft und liest aufmerksam.

Wir fahren am Bahnhof Zoo vorbei, links liegt die Gedächtniskirche. Die Kleine weist mit der Hand herüber und klärt ihre Großmutter auf: »Die Gedächtniskirche wird nicht repariert, damit man eine Erinnerung an den doofen Krieg hat.« Die Frau, die wie Karin Baal aussieht und die durchaus Karin Baal sein könnte, blickt skeptisch über ihre Lesebrille. Spandau liegt bald hinter uns, ein Heer von Windrädern marschiert auf. Der Koch des Monats, der uns von der Speisekarte entgegenlächelt, riecht an einer Frucht, einer Quitte oder einem Apfel, das ist nicht so genau zu erkennen.

Draußen stehen ein paar zersplitterte Pappeln, ein paar abgenagte Birken. Die Wolken sehen aus wie gebrauchte Wattepads. Ein mageres Pferd zeigt seine Rippen. Die Frau, von der ich mittlerweile überzeugt bin, dass es sich um Karin Baal handelt, holt einen großen Stapel von Papieren aus der Tasche, nimmt einen roten Stabilo-Point-Filzstift und beginnt zu lesen. Hin und wieder macht sie einen Strich an den Rand der Blätter oder sie notiert etwas. Liest sie ein Drehbuch? Jetzt entert eine ältere Frau, sie mag Ende sechzig sein, mit ihren drei Enkeln den Speisewagen. Die Kinder sind wohlgekleidet, die zwei Mädchen und der Junge machen einen frühzeitig gebildeten und erzogenen Eindruck. Die Mädchen, sie sind etwa fünf und neun Jahre, wirken ernsthaft, sie sehen aus, als ob sie Reitunterricht hätten und zweimal die Woche zu einer melancholischen Klavierlehrerin aus Bulgarien gingen. Ihr Bruder, der Kleinste, behauptet, er sei ein Hund und verkriecht sich unter dem Tisch, den er zur Hundehütte erklärt. Die Großmutter versucht vergeblich, ihn hervorzulocken.

Jetzt erscheint ein weiterer Großvater mit seinem Enkel an der Hand im Speisewagen. Der hochgewachsene Großvater ist konservativ gekleidet, er ist deutlich über siebzig und verbreitet eine Aura preußischer Strenge. Der Enkel ist etwa sieben Jahre alt, er trägt ein samtenes Sweatshirt. Die Spitzen seines Ponys fallen ihm tief in das blasse, sommersprossige Gesicht. Er legt einen Gameboy vor sich auf den Tisch und fährt mit einem kleinen Stift über das Display. Hin und wieder ertönt ein elektronisches Gelächter. Der Großvater hat seine Börse vergessen. Er muss nochmal an seinen Platz.

»Hörst du, wenn der Kellner kommt, sagst du, dein Vater kommt gleich wieder.« Der Junge korrigiert ihn: »Mein Großvater!«

»Ja, du sagst, dein Großvater kommt gleich wieder und du bestellst zwei Croissants und zwei Kakao. Kannst du dir das merken?« Der Junge schaut auf seinen piependen Gameboy und nickt. Der Großvater seufzt und geht. Inzwischen versucht der Steward den kleinen Jungen am Nebentisch, der sich immer noch für einen Hund hält, aus seiner Hütte herauszulocken.

»Steh doch auf du, da unten ist es schmutzig, stellen alle Leute ihr dreckigen Schuhe hin.«

Der Hund rührt sich nicht.

245

»Komm raus, du bekommst auch einen Schokoladenriegel!«

Der Hund verwandelt sich wieder in einen Jungen und kommt hervor. Der Steward nimmt ihn an die Hand, setzt ihn an den einzigen noch freien Tisch, holt ihm ein paar Blätter und gibt ihm Buntstifte.

»Jetzt mal etwas! Einen Mond oder eine Sonne!« Der Junge schweigt, schaut ängstlich. Jetzt kommen aber seine Schwestern hinzu und zeigen ihm, wie man malt. Er rührt immer noch keinen Finger. Daraufhin nimmt der Steward an dem Kindertisch Platz, nimmt die Hand des Jungen, führt sie und malt mit ihr eine Sonne und ein paar Wolken. Der Junge malt alleine weiter.

»Na, also, geht doch«, sagt der Steward und eilt zu einem Gast, der zahlen möchte.

Die Elbe glänzt golden im Nachmittagslicht, ein paar Kühe sehen aus wie erleuchtete Wesen. In der Ferne sieht man die Türme von Magdeburg, der Dom trägt eine herbstliche Nebelkrone. Jetzt taucht das erste Großelternpaar im Speisewagen auf, sie betreuen zwei Kinder, ein etwa vier Jahre altes Mädchen und ein Kind, das kaum ein Jahr alt sein wird. Sie sitzen kaum, da beginnt das Baby zu schreien. Es ist ein hohes Kreischen, das sofort den ganzen Raum erfüllt und alles dominiert. Die Frau, die, denke ich, Karin Baal sein muss, winkt dem Kind aufmunternd zu, es brüllt weiter. Sah Karin Baal in ihrer letzten Rolle nicht viel älter und verlebter aus als diese Frau, die eine gesunde Gesichtsfarbe hat und viel schlanker ist als die Karin Baal, die ich im Fernsehen sah? Aber diese

Augen! Diese Ähnlichkeit! Die vermeintliche Karin Baal gibt ihre Ablenkungsversuche auf, das Kind brüllt weiter, der geplagte Großvater trägt das Kind weg und spaziert mit ihm durch die Gänge. Der Nintendo-Enkel hat offenbar eine neue Geschicklichkeitsstufe erreicht.

»Schau, Opa, ich habe alle Levels geschafft!«

»Alle was?«, fragt der Großvater, der von seiner »Frankfurter Allgemeinen« aufblickt.

»Headscore!«, jubelt der Enkel. »Pssst!«, mahnt ihn der Großvater. »Mach das bitte leiser, das stört die anderen Reisenden. Oder hör doch lieber mal eine Kassette. Wenn wir früher eine Zugreise mit unseren Eltern gemacht haben, dann ...« – Der Enkel schneidet seine Erinnerungen ab: »Ach, Opa!« Der Steward geht vorbei, mir fällt auf, dass er seine Hemdsärmel hochgekrempelt hat, zwei sehr muskulöse Unterarme werden sichtbar. Er legt zwei Schokoladenriegel auf den Tisch. Der Junge will sofort zugreifen.

»Bedanke dich bitte erst einmal bei dem Herrn!« Der Junge nuschelt: »Danke!« und reißt das Papier von seinem Riegel. Der Großvater konfisziert den zweiten. Es dauert nicht lange, bis der Junge den zweiten Schokoladenriegel möchte. Komplizierte Verhandlungen beginnen. Der Großvater schlägt dem Jungen vor, doch erst einmal sein Croissant aufzuessen. Oder zumindest den Kakao auszutrinken. Und den Gameboy eine Stunde in Ruhe zu lassen. Der Junge sagt endlich alles bereitwillig zu und macht sich über den zweiten Riegel her.

Wir haben Hannover passiert. Die Gleise wimmeln,

vielfach verzweigt, ein undurchdringliches Netz von Lebenswegen. Der Steward will den Teller des Jungen abräumen, darauf türmen sich leere Sahnedöschen, eine zerknüllte Serviette, Papier und ein angekautes Croissant. Die Abfall-Anmutung ist unübersehbar.

»Halt!«, schreit der Junge, aufrichtig empört, »das esse ich noch!« Der Steward weicht zurück, ich rufe ihn, möchte zahlen. Er bringt die Rechnung umgehend. Ich sage ihm, dass ich es nett finde, wie er mit den Kindern umgeht, dass er sich Zeit nimmt. Ich frage ihn, ob er Kroate ist.

»Nein«, sagt er, »ich bin Bosnier.«

»Haben Sie selbst Kinder?« Er sieht mich an, zögert und sagt: »Nein, und ich werde wohl auch keine haben.« Ich bin dreist: »Und warum nicht?« Er zögert wieder einen winzigen Augenblick: »Weil ich anders orientiert bin!« Er errötet leicht.

Gerade als ich mich einen Moment zurückziehen will – mich hat die Enkel-Dauerbeobachtung erschöpft –, fragt eine sympathisch aussehende Frau, ob an meinem Tisch noch ein Platz frei sei. Sie setzt sich. Sie wird Mitte dreißig sein, schätze ich. Sie zieht einen Stapel Blätter aus der Tasche und beginnt, mit einem Rotstift zu korrigieren. Sie benutzt ein kleines Lineal. Sie stöhnt leise auf: »Oh, mein Gott!«, entfährt es ihr unwillkürlich. Sie ist Lehrerin. Jetzt verstehe ich, auch Karin Baal ist nicht Karin Baal, sondern vermutlich eine Lehrerin. Und die Enkelflut am Sonntag hängt damit zusammen, dass irgendwelche Ferien zu Ende gehen. Die Kinder müssen zurück zu ihren Eltern und die Lehrer müssen, samt ihren Aufsatzheften, zurück zu ihren Schülern. Die Frau macht noch ein paar energische Rotstriche. Auch Karin Baal macht noch immer ihre Anmerkungen. Ich sage: »Da ist ja mehr Rot als Blau auf dem Blatt!« Sie lächelt mich an, errötet leicht und sagt: »Ja, da ist sprachlich einiges unverständlich.«

Wir beginnen uns zu unterhalten. Sie arbeitet an einer Gesamtschule. Sie sagt, dass händeringend Mathematik- und Physiklehrer gesucht würden.

»Sind Sie schon mal von Ihren Schülern im Internet bewertet worden, da gibt es doch so eine Bewertungsseite, wie heißt die nochmal?« – »Spick mich«, erwidert sie. Der Frage, ob sie selbst schon bewertet worden sei, weicht sie aus. Sie gibt aber erstaunlicherweise zu: »Ich habe Lehrer aus meinem Kollegium beurteilt, und zwar sehr negativ. Da gibt es einige, die durch rassistische Sprüche auffallen, das finde ich unmöglich. Und deshalb finde ich auch nichts dabei, die schlecht zu bewerten.« Sie errötet wieder leicht. »Was habe ich Ihnen da bloß erzählt? Sie müssen ja denken … .«

»Ach was, Sie gehören zu den Guten!«

Wir unterhalten uns noch ein bisschen, vor allem über Fußball. Sie schätzt Werder Bremen: »Wissen Sie, die sind so beständig, die Bremer, der Thomas Schaaf ist seit Ewigkeiten da Trainer, die basteln immer sympathische Mannschaften.« Ich stimme ihr in allen Punkten zu. Dann verabschiede ich mich. Ich gehe zurück an meinen Platz und lese Zeitung. Zwei Reihen vor mir sitzt eine Frau. Auch sie liest Zeitung. Sie beginnt zu lachen. Erst unterdrückt glucksend, dann lauthals lachend, prustend wie ein Schulmädchen, sie hält sich richtig den Bauch. Die anderen Fahrgäste recken schon die Köpfe, die Frau beißt sich in den Handrücken. Ich stehe auf und sage: »Den Artikel will ich auch lesen!« Sie sammelt sich ein wenig, dann sagt sie, dass wahrscheinlich nur sie den Artikel so lustig fände, weil sie Kinder habe.

»Ich habe auch Kinder!«, sage ich.

»Aber ich kann mich da so richtig reinsteigern.« Sie sagt, dass der Artikel von unserer Elterngeneration handle, den Fünfunddreißig- bis Vierzigjährigen, die ihre Kinder zwingen, möglichst viel frische Luft und Natur zu genießen, nicht aus echter Naturbegeisterung, sondern um das schlechte Gewissen zu kompensieren, das man gegenüber den Kindern habe, schlechtes Gewissen, weil man sich habe scheiden lassen, weil man in der Stadt lebe, weil man keinen Glauben besitze und auch sonst keinen Kompass fürs Leben. Deshalb sei die Natur so eine Art Ersatzreligion für unsere Generation geworden. Ich gehe an meinen Platz zurück, lese den Artikel und muss lächeln.

Am Himmel prangt der Kondensstreifen eines Düsenjägers, der wie eine Besserwisser-Wolke aussieht. Je weiter wir in den Westen fahren, desto sonniger wird es. Wir erreichen Bielefeld. Ich gehe wieder in den Speisewagen zurück. Die Großmutter mit den drei Enkeln ist gegangen, auch der Nintendo-Enkel ist weg. Dafür sitzt jetzt ein Mann mit seinen zwei Enkeln an dem frei gewordenen Tisch. Er ist Architekt. Zumindest sieht er so aus. Karin Baal, die eindeutig einen ganz anderen Namen trägt, strickt mit vier Nadeln einen vierfarbigen Strumpf. Der Architekt telefoniert mit einem Kaufinteressenten für seine Eigentumswohnung. Die Enkel des Mannes wollen wissen, warum er seine Wohnung verkauft.

»Ach, wisst ihr, die Mieter zahlen manchmal nicht oder sie machen die Wohnung kaputt, dann muss man wieder neue Mieter suchen, deshalb verkaufen wir die Wohnung.« Die Enkel des Mannes beginnen sich zu streiten. Schließlich schlagen sie sich.

»Jetzt keine Eskalation hier. Haltet Frieden!«

»Opi, ich blute!«

»Zeig mal her!« Er untersucht die Unterlippe seines Enkels. »Na, das ist nicht so schlimm, jetzt seht ihr mal, wohin das führt und als Nächstes ist der Finger ab.«

Ein kahlköpfiger Mann durchquert den Speisewagen langsam, er ist etwa Mitte vierzig, auf seinem Arm hat er ein Kleinkind, das heftig an einem Nuckel saugt. Der Mann blickt todernst, allerdings trägt er ein T-Shirt, auf dem Ernie aus der »Sesamstraße« mit weit aufgerissenem Mund lacht.

Ein junger Mann fragt mich, ob er Platz nehmen dürfe. Er ist schlank, seine dunkelblonden Haare sind kurz, Dreitagebart. Ob an dem Tisch vielleicht eine Steckdose sei? Nein, es gibt keine Steckdosen im Speisewagen. Er fragt mich, ob ich ein Handy hätte, er müsse unbedingt mit seinen Kinder sprechen, das habe er versprochen, jetzt sei aber sein Akku leer und die Kinder enttäuscht, wenn er sich nicht melde. Ich gebe ihm das Handy. Er steht auf, geht in den Gang und telefoniert. Immer in Sichtweite. Es ist ein kurzes

Gespräch. Als er zurückkommt, lädt er mich zum Bier ein. Er erzählt von sich. Ich frage. Er verschließt sich nicht. Bald weiß ich nicht mehr, ob ich es mit einem Aufschneider zu tun habe, ob er sich wichtig machen will? Andererseits ist er sympathisch und sieht mir geradewegs in die Augen. Er hat sich für fünfzehn Jahre bei der Bundeswehr verpflichtet. Das glaube ich ihm sofort, er hat etwas Soldatisches an sich. Ob er auch schon im Ausland war? Er sei in Bosnien-Herzegowina und dreimal in Afghanistan gewesen. Jetzt kommt der unglaubwürdige Teil seiner Geschichte. Er sei nicht mehr im aktiven Dienst, er werde aber noch als Soldat geführt.

»Was machen Sie denn?«

»Ich bin so ein kleiner Spion!«

»Was meinen Sie damit?«

»Ich arbeite in einem großen Altersheim, da arbeiten sechs Zivildienstleistende, die alle bei der Bundeswehr waren, aber erst nachträglich verweigert haben. Na ja und ich forsche die halt mal ein bisschen aus im Auftrag meiner Dienststelle, weil ihre Begründungen total unglaubwürdig waren. Der eine, der nicht mehr dienen wollte, ist Mitglied im Schützenverein, und ein anderer spielt wie verrückt Paintball, will aber nicht mit dem Gewehr schießen.«

Ein kleiner Junge kommt mit seiner Mutter vorbei, sie trägt einen schweren Koffer. Auf dem T-Shirt des Jungen sieht man die Erde, auf der ein schlafender Snoopy liegt, seine Schlappohren bedecken die Kontinente. »Save my Planet« steht auf dem Shirt.

Meine Skepsis gegenüber meinem Gesprächspartner wächst. Er trinkt. Diese Bespitzelungspraxis wäre doch ungesetzlich, verfassungswidrig. Oder bin ich naiv?

»Warum spioniert die Bundeswehr Zivildienstleistende aus?«

»Das waren alles Berufssoldaten, der Bund hat ja in die investiert, ihre Ausbildung war teuer und die haben über Jahre ein gutes Einkommen gehabt und plötzlich wollen sie keine Soldaten mehr sein.«

»Und Sie haben den Auftrag, die Zivildienstleistenden auszuspionieren? Wissen die denn gar nichts über Sie?«

»Die wissen nichts, für die bin ich nur der Küchenbulle, der sie jeden Tag anleitet.«

Ich will diese Denunzianten-Geschichte nicht glauben. Er ist mir immer noch sympathisch, wenngleich auch verdächtig. Er stellt mir zwei oder drei Fragen, aber ich weiche aus, bleibe einsilbig.

Ich frage ihn, wie er Afghanistan überstanden habe. Ist er wirklich so cool, wie er sich gibt? Oder schützt er sich bloß?

»Ich bin da ganz gut rausgekommen. Ich habe es mehrfach erlebt, dass wir beschossen wurden und auch ich habe zurückgeschossen. Ich nehme mal an, dass da auch jemand gestorben ist, ich weiß es aber nicht. Ich habe aber keine Alpträume deswegen, das, wovon jetzt alle reden. Es hat mich auch nicht sehr überrascht, dass meine Ehe in die Brüche gegangen ist, dass sich meine Frau mit einem anderen eingelassen hat. Hauptsache, ich kann meine Kinder sehen, wissen Sie, deshalb war es auch so wichtig, dass ich vorhin telefonieren konnte. Was mich in Afghanistan am meisten mitgenommen hat, waren die Dörfer, die von den Taliban überfallen worden waren. Die haben Frauen vergewaltigt und dann angezündet, die beschießen Schulen, jeden Tag sterben da kleine Kinder. Die entführen teilweise die Kinder und bilden sie dann zu Attentätern aus. – Die Kinder wissen gar nicht, wie gut sie es haben.«

Er zeigt auf den Großvater mit seinen beiden Enkeln, die sich immer noch streiten.

Ich frage ihn, ob man eine andere Strategie hätte wählen müssen oder ob der ganze Einsatz falsch sei?

»Afghanistan, so wie es gelaufen ist und wie es noch läuft, ist ein großer Fehler. Man hätte sofort massiver da reingehen müssen, durchmarschieren und alles sofort töten, was Widerstand leistet. Aber man hat nachgegeben, man hat aufgehört und jetzt bekommen wir es auf den Deckel. Alle ausräuchern.«

Er trinkt sein Bier aus. Er wischt sich den Mund.

»Ich zahle, keine Widerrede!«

Er steht auf und geht. Er macht einen Witz mit dem bosnischen Steward. Sie lachen beide. Er winkt. Und geht.

Ich sehe nach draußen. Holunderbeeren hängen schwarz an rosafarbenen Stängeln. Die Vogelbeeren leuchten rot. Karin Baal sieht mich an und ruft herüber: »Sie haben Ihren Stift fallen lassen!« Was für ein Stift? Ich habe keinen Stift bei mir.

»Bitte?« Sie zeigt auf den Boden.

»Na, der rote Stabilo-Point! Typischer Lehrerstift!«

Da liegt er. Sie hat ihn liegen lassen. Die Spick-mich-Lehrerin, die an meinem Tisch saß. Ich danke Karin. Sie hat die Stricknadeln beiseitegelegt.

»Darf ich Sie etwas fragen?«

»Fragen Sie ruhig!«, ermuntert sie mich.

»Hat Sie schon mal jemand mit Karin Baal verglichen? Ich meine mit der jungen Karin Baal?«

Sie lacht.

»Nein, aber mit Anna Magnani. Sie wissen, wer das ist?«

Ich weiß es. So oder so, sie ist eine schöne Frau.

Staub aufwirbeln

»Mein Speisewagen ist ganz klein. Mein Speisewagen passt in eine Hand. – Nein, es gibt keinen Speisewagen im Regional-Express. Da ist ein Automat, man bekommt Kaffee, er kostet einen Euro. Das mache ich aber ganz selten. Nur wenn mir kalt ist oder wenn ich ganz müde bin. Ich heiße Helena und komme aus Polen. Bitte entschuldigen Sie, ich spreche nicht gut Deutsch. Ich habe einmal einen Deutsch-Kurs gemacht, aber es waren immer andere Sachen in meinem Kopf. Die Kinder, mein Haus, was noch kommt. Ich spreche wenig Deutsch, denn ich bin die Putzfrau. Viele Frauen aus Polen fahren mit diesem Zug zur Arbeit nach Deutschland, aber ich setze mich immer weg von ihnen. Sitze immer allein. Die polnischen Frauen sprechen so laut, sie sprechen über ihre Arbeit, das Putzen und das schwarze Geld. Und schon gibt es eine Kontrolle. ›Zeigen Sie mal Ihre Papiere!‹ Ich sitze immer allein, mich hat noch nie jemand kontrolliert. Damals wurde man viel kontrolliert. Als Polen noch nicht zur Union gehörte. Da musste ich immer die Taschen aufmachen. Alle dachten, ich schmuggle Zigaretten.

Ich komme aus einer kleinen Stadt, die liegt weit im Osten, da ist der Wald ganz schwarz, so dicht stehen die Bäume. Es gibt so viele Pilze, man kann sie gar nicht tragen. Ich arbeite seit 1993 in Berlin. Zuerst bin ich nur drei oder vier Monate geblieben, aber dann starb mein Mann. Jetzt habe ich eine Wohnung in Berlin und ein Haus in Polen. Aber da bin ich nicht mehr gern. Mein Haus steht am Waldrand, es ist groß und im Winter ist es kalt. Es steht neben einer alten Molkerei. In den letzten Jahren wurde schon dreimal bei mir eingebrochen, wenn ich in Deutschland war. Einmal kamen sechs Männer. Nur mein Sohn war zu Hause. Sie kamen vielleicht aus der Ukraine. Sie kamen und sagten zu Janek, wenn du zur Polizei gehst, kommen wir morgen wieder und stecken dein Haus an und schneiden deinem Hund die Kehle durch.

Ich lasse nichts machen an meinem Haus, denn sonst denken die Nachbarn, ich habe Geld. Sie glauben, dass ich Geld habe, weil ich in Deutschland lebe und arbeite. Ich sage aber niemandem in Polen, dass ich putze. Ich bin keine Putzfrau. Ich bin nicht als Putzfrau geboren. Wenn mich jemand fragt, sage ich, ich arbeite in einer Bibliothek. Das geht doch niemanden was an, was ich mache. Manche tragen die Nase so hoch. Sie sagen, was machst du? Putzen? Das habe ich nicht nötig! Dabei sind die arm und leben im Dreck.

Meine Kinder leben schon seit acht Jahren in Deutschland. Janek hat studiert und arbeitet jetzt in einem großen Unternehmen. Er spricht Deutsch, Englisch, Französisch und Polnisch. Manchmal muss er nach New York, manchmal nach London. Die ganze Welt kennt der Junge schon, aber er hat keine Zeit für eine Frau. Meine Tochter hat auch in Berlin studiert. Sie hat ihren Freund geheiratet. Meine Kinder verbieten mir die Arbeit. Sie rufen abends an und fragen,

Mama, was hast du den ganzen Tag gemacht? Ich sage, ich habe eine Freundin besucht. Aber das stimmt nicht, ich habe drei Putzstellen am Dienstag. Meistens habe ich nur zwei Putzstellen, aber am Dienstag drei.

Was glauben Sie, wie alt ich bin? Ich bin 57 Jahre alt, hätten Sie das gedacht? Mein Gesicht ist noch jung wie ein Mädchen, nur meine Hände sind schon alt. Das kommt von den Putzmitteln. Handschuhe kann ich nicht tragen, die kleben, und die Hände riechen dann sehr schlimm. Lieber alte Hände als stinkende Hände. Früher, in Polen, habe ich in unserer Molkerei gearbeitet. Ich war die Chefin und alle Frauen mussten auf mich hören. Alles habe ich selbst gelernt, mir selbst beigebracht. Warum ich nach Deutschland gekommen bin? Unsere Molkerei wurde geschlossen. Die Molkerei hatten die Deutschen gebaut, vor dem Krieg. Altes Gebäude, aber sehr gut in Ordnung. Unser Haus, mein Haus hatten auch die Deutschen gebaut, es gehört zur Molkerei. Eines Tages stand ein Mann vor unserem Haus und machte Fotos. Er ging weg. Ein paar Tage später kam er wieder. Er schaute lange auf unser Haus. ›Was macht der da?‹, habe ich meinen Mann gefragt. Er hat mit den Achseln gezuckt, aber am nächsten Tag kam er wieder und da hat mein Mann gesagt: ›Helena, ich muss mit dem Mann sprechen, wir müssen wissen, was er will.‹ Mein Mann ist hinausgegangen. Der Mann hat auf unser Haus gezeigt und erzählt und erzählt. Es hat sehr lange gedauert, bis mein Mann wieder zurück war. Der Mann kam aus Deutschland und er sagte, dass er in unserem Haus gelebt hatte, bevor der Krieg gekommen war. Er war damals noch ein Kind gewesen. Sein Vater war der Direktor von der Molkerei und hatte in unserem Haus gewohnt. Ich habe zu meinem Mann gesagt: ›Was will er, will er das Haus zurückhaben?‹ ›Nein‹, hat mein Mann gesagt, er kann es nicht zurückbekommen. Ein paar Monate später ist der Mann wieder gekommen, er war schon alt und draußen war es kalt. Und dann haben wir ihn hereingebeten und ihm einen Kaffee gemacht. Der Mann hieß Oskar. So kam der Mann immer wieder, und auch als mein Mann gestorben war, ist er gekommen. Als mein Mann tot war und die Molkerei geschlossen, habe ich an den Mann geschrieben. ›Kannst du mir eine Arbeit in einer Molkerei in Deutschland besorgen? Ich kann alles machen, Butter, Sahne, Milch und Joghurt.‹ Dann hat er mir einen Brief geschrieben, auf Deutsch, den musste ich mir erst übersetzen lassen. ›Komm nach Berlin, ich habe eine Arbeit für dich.‹ So bin ich das erste Mal nach Berlin gefahren. Da gab es aber keine Arbeit in einer Molkerei. Ich musste auf das Kind von Oskars Freundin aufpassen, für das Kind kochen und die Wohnung sauber halten. Das Kind war aber nicht von Oskar, sondern von einem anderen Mann, der weggelaufen ist. Die Frau war auch Polin, und das war meine schlimmste Zeit in Berlin. Ich hatte nur ein kleines Bett in der Wohnung und sonst keinen Platz, um mich auszuruhen.

Oskar ist ein komischer Mann. Er hat immer Kontakt zu Russen oder Polen gesucht, mit den Deutschen wollte er nicht gerne zusammen sein. Dabei sprach er gar kein Polnisch oder Russisch. Er hat auch immer angegeben und gesagt: ›Ich habe hundert Frauen gehabt, fünfzig polnische Frauen und fünfzig russische Frauen.‹ Er hat zu mir immer gesagt: ›Helena, ich will dich heiraten.‹ Aber das wollte ich nicht, ich wollte Arbeit, keinen Mann.

Ich bin bei Oskar ausgezogen, aber wir haben immer noch Kontakt. Ich habe mir meine eigene Wohnung gesucht und geputzt. Immer mehr Leute haben gesagt: ›Helena, kannst du nicht bei uns putzen?‹ Bald musste ich Absagen machen, weil ich gar nicht so viel Zeit hatte. Meine Kinder sind dann nach Berlin gekommen und haben studiert. Natürlich habe ich ihnen Geld gegeben, aber sie haben auch gearbeitet. Jetzt arbeiten sie in der ganzen Welt, Edith muss viel telefonieren, auf Englisch, manchmal auch auf Polnisch.

Meine Arbeit ist auch in ganz Berlin verteilt. Ich putze in Spandau, ich putze in Schöneberg, ich putze im Wedding, in Kreuzberg, aber am meisten in Schöneberg. Ich glaube, die Leute, die kein Abitur haben, verstehen die Putzfrauen besser. Die Akademiker fragen nicht mal: ›Helena, möchtest du nicht ein Glas Wasser trinken?‹ Viele Jahre lang putze ich bei einer Frau, die liest immer Zeitung und viele Bücher, die ganze Wohnung ist voller Bücher. Wenn ich komme, sagt sie: ›Hallo‹, aber ganz leise. Sie schaut aber nicht hoch, sie liest. Ich habe einen Schlüssel zu ihrer Wohnung, ich habe zu den meisten Wohnungen einen Schlüssel, weil die Leute vertrauen mir. Einmal aber hat die Frau mit den vielen Büchern geweint. Da war ihre Katze gestorben, da hat sie geweint und mich umarmt. Als ich das nächste Mal kam, hat sie wieder in ihr Buch geschaut und gelesen. Um mich mache ich mir keine Sorgen, Sorgen habe ich nur um meine Kinder. Ob sie die Arbeit behalten? Findet mein Sohn eine Frau? Ich bin noch keine Großmutter, da werde ich noch warten müssen. Er sieht gut aus, mein Sohn, aber er sagt nur, Mama, für Frauen habe ich keine Zeit. Er muss Anzüge tragen bei der Arbeit, er sieht aus wie ein Gentleman, ich bin traurig, dass mein Mann ihn nicht mehr so gesehen hat. Mein Mann wäre stolz auf seinen Sohn gewesen. Mein Mann hat bestimmt zu viel getrunken, er hätte bestimmt länger gelebt ohne den Alkohol, aber bei uns in Polen musst du trinken, sonst hast du keine Freunde. Mein Sohn trinkt gar nicht. Er raucht nicht, er trinkt nicht, er isst kein Fleisch und er hat keine Frau, aber er fliegt nach New York. – Wo ich zu Hause bin? In Polen nicht mehr. Ich bin da zu Hause, wo meine Kinder sind, aber meine Kinder sind in der ganzen Welt und ich putze. Manchmal fahre ich aber auch weg, ich war auch schon in London, auf Mallorca und in Italien. Ich schaue mir alles an. Nächstes Jahr will mein Sohn, dass ich mit ihm nach New York fliege, aber das will ich gar nicht, das ist doch so teuer. Und ob meine Gesundheit das mitmacht? Mein Gesicht ist ganz jung, meine Hände sind alt. Der Arzt hat gesagt, ich habe ein bisschen Fett um das Herz, ich muss aufpassen mit dem Essen. Der Arzt sagt, ich soll Sport machen, aber ich sage ihm, ich arbeite, das ist mein Sport. Ich putze jeden Tag, ich wirble jeden Tag den Staub auf und ich weiß genau, wo er liegt und wie er liegt. Der Staub ist überall gleich, in Polen, in Deutschland oder sonst wo. Wird in New York auch so sein. Das ist mein Sport: Staub aufwirbeln.

Ich putze bei einer Frau, einer Jüdin, die sieht sehr gut aus und die hat ein Fahrrad im Zimmer, so ein Trainer-Fahrrad oder wie das heißt. Da setzt sie sich drauf und fährt, aber immer nur zehn Minuten, dann hat sie keine Luft mehr. Sie sagt dann, ›Helena, bring mir doch bitte mal ein Glas Wasser‹. Sie will angeben mit mir. Immer wenn ich komme, telefoniert sie ganz viel. Sie sagt dann zu ihrer Freundin, warte mal, ich muss meiner Putzfrau etwas sagen oder sie sagt: ›Ich habe Sie jetzt nicht verstanden, ich habe nämlich meine Putzfrau da.‹ Da merke ich, dass sie mit mir angibt. Sie hat aber gar kein Geld, ich musste manchmal viele Monate auf mein Geld warten. Dann habe ich zu ihr gesagt: ›Ich kann nicht länger für dich putzen, wenn du mir kein Geld gibst.‹ Ich bin ihr aber gar nicht böse, nicht jeder kann immer Geld haben. Wir treffen uns auch noch und trinken Kaffee zusammen. Manche Leute wollen nur sozialen Kontakt. Ich putze bei einer Frau, die sagt zu mir, Helena, setz dich hin, ich koche dir erst mal einen Tee. Da muss ich fast nur zuhören, ich räume dann ein bisschen auf, aber es gibt nicht viel zu tun, denn die Wohnung ist immer sauber und aufgeräumt. Der Mann von der Frau arbeitet den ganzen Tag und sie ist zu Hause und ist viel allein. Sie vertraut mir, alle vertrauen mir, deshalb habe ich ja so viele Schlüssel. Manchmal wollen mich die Leute prüfen. Die legen dann einen Fünf-Euro-Schein unter das Bett und schauen, ob ich den mitnehme, das finde ich sehr schlecht von den Leuten. Es gibt welche, die machen das immer wieder. Da habe ich schon mal gesagt: ›Ich putze nicht mehr bei Ihnen, dann brauchen Sie auch keine Geldscheine mehr unter das Bett zu legen.‹ Haben Sie das schon mal erlebt? Wer legt denn Geldscheine unters Bett? Ich bin nicht reich, aber ich habe genug Geld. Es reicht. Ich putze bei einem Mann, der hat ein großes Haus. Er arbeitet in Berlin, das Haus ist aber in Potsdam an einem schönen See. Wenn ich da putze, stehe ich manchmal und schaue auf das Wasser. Da sind Schwäne und Enten. Dann putze ich weiter. Auch für dieses Haus habe ich einen Schlüssel. Einmal habe ich den Mann zwei Jahre gar nicht gesehen, weil er so viel arbeitet. Wenn ich komme, ist er immer in seiner Firma. Er ist sehr nett und hat mich auch schon mal zum Kaffee eingeladen und zu Ostern und Weihnachten schenkt er mir auch was. Vor einem Jahr kam ich wieder zum Putzen zu ihm, morgens. Da war er zu Hause und ich habe schon einen richtigen Schreck bekommen. ›Was ist denn los, Chef?‹, habe ich ihn gefragt. ›Bist du krank, Chef?‹ ›Nein‹, hat er gesagt, ›nein, Helena, ich bin nicht krank. Aber weißt du was, Helena‹, hat er gefragt, ›ich weiß einfach nicht mehr, was ich noch kaufen soll und das ist schlimm.‹ Verstehen Sie? Er hat alles! Er weiß gar nicht mehr, was er sich noch kaufen soll! Es gibt ja welche, die kaufen sich sogar eine Frau, aber der Chef ist ein feiner Mann, der ist mit der Firma verheiratet. An dem Tag hat der Chef gelacht und mir einen großen Schein gegeben. Kauf dir was Schönes, hat er gesagt und gelacht. Kauf dir was, solange du noch weißt, was du willst. Jetzt hab ich ihn schon wieder ein Jahr lang nicht gesehen und Staub ist trotzdem in seinem Haus, obwohl wenig Leute zu ihm kommen.

Ich muss jetzt aussteigen. Ich steige immer am Bahnhof Zoo aus und dann fahre ich mit der U-Bahn zu meiner Wohnung. Ich wohne in Moabit. Haben Sie auch eine Putzfrau?«

Bitte verlassen Sie diesen Raum

An manchen Tagen ist man überempfindlich. Die militante Dienstfertigkeit der Schaffnerin strahlte gleichmäßig und unerschütterlich auf alle Fahrgäste ab, aber ich war an diesem Tag in einer schlechten Verfassung, so dass ich ihr das nicht nur nicht mit gleicher Münze heimzahlen konnte – ich lächle ansonsten mit eiserner Disziplin zurück –, sondern mich von ihren »Was-darf-ich-als-Nächstes-für-Sie-tun«-Gesten, -Blicken und -Phrasen unter Beschuss genommen fühlte wie von einem unfehlbaren Scharfschützen.

Für meine desolate Tagesform gab es Gründe: Zwei Tage zuvor war ich nach Bochum gefahren, um mir dort im guten, alten Ruhrstadion, das heute allerdings Rewirepowerstadion heißt, weil ein lokaler Energieversorger dem klammen Verein die Namensrechte für die in die Jahre gekommene Betonschüssel abgekauft hat, die Bundesliga-Partie zwischen VFL Bochum und dem SV Werder Bremen anzusehen. Weil die Stehplätze im Gästeblock ausverkauft waren (ich sollte vielleicht erwähnen, dass ich ein treuer Anhänger des SV Werder Bremen bin), musste ich mit einem überteuerten Sitzplatz im Gästeblock vorliebnehmen. Der freie Blick auf das Spielfeld wurde wesentlich durch die Ballfangnetze beeinträchtigt, die hinter dem Tor gespannt waren, so dass das ganze Spiel einen sehr geometrischen Charakter bekam, weil der Blick durch tausende, faustgroße Vierecke zerschnitten wurde. Es war einer der letzten, schon ungewöhnlich kalten Oktobertage, und die blaue Plastikschale, die vorgab, ein Sitzplatz zu sein, war kalt wie Eis, so dass ich mir alle inneren Organe unterhalb der Gürtellinie verkühlte. Ein schneidender Ostwind fegte in meinen Block und gab mir den Rest. Zwei Tage später litt ich nicht nur an einer Blasenentzündung (von der Männer eher selten heimgesucht werden, wie mir der Arzt frohgemut versicherte), sondern fröstelte und schwitzte gleichzeitig vor mich hin wie ein Fieberkranker, der zu dreißig Jahren Zwangsarbeit in einem sibirischen Bergwerk verurteilt war. Dennoch musste ich an diesem Tag nach München fahren, um im Auftrag einer Zeitung einen bekannten Schauspieler zu interviewen, der sich gerade von seiner in die Jahre gekommenen Frau getrennt hatte, um mit einer deutlich jüngeren Frau zusammenzuleben, von der man nur wusste, dass sie früher Stammgast in einer Münchner In-Disco war und sich bereits als achtzehnjährige Schülerin eine enorme Brustvergrößerung geleistet hatte, die ihr von einem privaten Fernsehsender finanziert worden war. Die Einschaltquoten dieser Brustvergrößerungs-Reportage waren übrigens sensationell gewesen. Der Termin mit dem Schauspieler, der als cholerisch und unzuverlässig galt, musste unbedingt wahrgenommen werden, und so hatte ich mich an diesem Morgen mühsam zum Bahnhof geschleppt. Vor diesem tückischen Hintergrund war meine Anpassungsbereitschaft an die makellos geschulte Servicementalität, die erwartet, dass man das große »Du-schwebst-im-Com-

266

fort-Himmel-Spiel« mitspielt, wenig ausgeprägt. Ich konnte mich selbst nicht ausstehen an diesem Tag, ein mürrischer, blasenkranker Mann, dessen Schwäche vermutlich mit abweisender Arroganz verwechselt wurde.

Kaum hatte ich Platz genommen, kam sie. Sie maß mindestens einen Meter und achtzig, sie war blond, aufrecht, weiße Zahnreihen blitzten und ihr Lächeln war problemlos stufenverstellbar.

»Darf es vielleicht etwas zum Naschen sein?«, zwitscherte sie und hielt mir ein Tablett vor die Brust, auf dem zahlreiche Schokoladenriegel lagen. Es kostete mich große Kraft, »nein danke!« zu sagen.

»Oder vielleicht ein Erfrischungstuch?«, setzte sie nach. Jetzt gelang mir nur noch ein schwaches Kopfschütteln. Sie lächelte, nein, sie begann zu strahlen, und hinter diesem Strahlen, das wusste ich, wartet schon eine neue Frage, die vorläufige Endstufe ihrer ersten Feel-Good-Attacke.

»Darf ich Ihnen vielleicht etwas aus dem Speisewagen servieren?« Ich wollte etwas erwidern, aber es schnürte mir die Kehle zu und gleichzeitig fuhr ein scharfes Messer in die basalen Regionen meiner Eingeweide. »Du musst jetzt sofort auf Toilette«, funkte es von oben. Keine Widerrede, kein Zögern, kein Aufschub, wenn dir eine trockene Hose lieb ist.

»Ich muss«, setzte ich an, aber sie, ganz und gar zuvorkommend und mich missverstehend, schüttelte den Kopf.

»In der 1. Klasse gibt es den Service am Platz. Bleiben Sie doch sitzen, ich bediene Sie gerne!« Ich stammelte »Ich muss austreten!«, und drängte mich an ihr vorbei. Es gelang. Die Toilette war frei, erleichtert zog ich die Tür hinter mir zu.

Auch die Toilette war in bedenklicher Verfassung. Papiertücher lagen auf dem Boden, schlammig-feuchte Trittspuren zeugten von meinen stehenden und sitzenden Vorgängern, und ein pubertärer Witzbold hatte mit schwarzem Filzstift einen erigierten Penis mit strahlendem Gesicht und geballter Faust auf die Wand gezeichnet und geschrieben: »Keine Isolationsfolter. Unterhosen abschaffen!«

Ich kehrte fürs Erste erleichtert an meinen Platz zurück. Neben mir hatte ein älteres Ehepaar Platz genommen, das jetzt den Dienstleistungsdialog mit der strahlenden Schaffnerin aufnahm. Ich steckte meinen Kopf unter meinen herabhängenden Mantel, um zu signalisieren, dass ich mich in einer Zone vollkommener Unerreichbarkeit befand.

»Was kann ich Schönes für Sie tun?«

»Wir müssen erst mal meckern«, sagte der Mann.

»Aber bitte!«

»Jetzt mussten wir in Leipzig umsteigen, obwohl wir doch gar nicht umsteigen mussten und jetzt haben wir auch noch Verspätung.«

»Wir bemühen uns. Darf ich Ihnen denn etwas bringen aus dem Speisewagen?«

Die Frau: »Ich nehme einen Kaffee! Und was willst du, Dicker?«

»Ick nehm 'n Bier und 'nen Kümmerling!«

»Wir führen leider keine Spirituosen mehr!«

»Und Bier?«

»Keine Spirituosen. Ein Bier kann ich Ihnen bringen.«

»Dann nehm ick ein großes Pils, wenn's Ihnen möglich ist.«

Der blonde Engel hochtouriger Behaglichkeit drehte ab. Ich konnte unter meinem Mantel hervorkommen.

»Lass doch mal!«

Der Mann stieß die Hand seiner Frau, die an seinem Pullover herumzupfte, weg.

Und noch mal lauter: »Nun lass det doch mal!«

»Ist ja schon gut, mein Dicker! Willste was essen?«

»Ja, ich will! Soll man sich nicht aufregen mit der Bahn!«

»Aber du siehst doch, was es nützt. Ich mach mir da gar keine Illusionen. Zu knapp bemessen alles. Nimm die Stulle.«

»Ick ess was!«

»Iss doch, Dicker. Iss!«

»Die sind ganz saftig!«

»Die haben keine schlechte Ware.«

»Ick hör nüscht. Du musst lauter reden!«

»Deswegen musst du doch nicht brüllen!«

»Ick brülle nich, ick esse!«

»Die Wurst ist gut, sagte ich.«

»Ja!«

Wieder stach es in meinem Unterbauch. Ich war bewaffnet mit einer Zwei-Liter-Flasche Wasser, entschlossen, so viel zu trinken wie möglich, denn das könne, so mein Arzt, »das Schlimmste verhindern, aber ich mache Ihnen wenig Hoffnung, ohne Medikamente auszukommen«, hatte er kopfschüttelnd gesagt und mir ein Antibiotikum verschrieben, obwohl ich ihn darauf hingewiesen hatte, dass ich diese schweren Geschütze kaum vertrage. Ich wankte zur Toilette. Wir fuhren an der Saale entlang, der Zug schaukelte heftig. Ich klappte den Toilettendeckel hoch, denn setzen mochte ich mich nicht. Der Appell, »Bitte verlassen Sie diesen Raum so, wie Sie ihn vorzufinden wünschen. Danke!«, verfehlte sein Ziel bei mir nicht, da ich anfällig war für moralischen Rigorismus. Ich urinierte bedachtsam wie ein Seiltänzer. Doch ehe ich zu einem befriedigenden Ende gekommen war, schlug der Zug heftig aus, die Klobrille fiel wie eine Guillotine herab, ich verlor die Standfestigkeit und schlug mit dem Kopf seitwärts gegen den hervorstehenden Garderobenhaken. Im gleichen Augenblick musste auch draußen etwas passiert sein, denn irgendetwas war gegen die Tür geknallt wie eine große, ungeduldige Faust. Ich rieb mir die Schläfe, brachte mich und die Toilette so gut es ging wieder in Ordnung und öffnete. Ich fuhr zurück. Vor der Tür stand sie. Der Comfort-Engel.

»Kann ich etwas für Sie tun? Der Herr dort«, sie wies auf den biertrinkenden Rentner und seine Frau, »meinte, es hätte so geknallt, es wäre vielleicht etwas …?« Ich sah zu ihm hin. Er hob grüßend das Glas. Ich murmelte »danke!«, und weil ich die wachsame Aufmerksamkeit des Rentners ebenso fürchtete wie die auf mich niederprasselnden Freundlichkeiten der Schaffnerin, ging ich in den Speisewagen. Wenn ich Glück hatte, wenn es voll genug dort war, kam ich vielleicht ungeschoren davon, niemand sprach mich an und auch die Wachsamkeit der Kellnerin war möglicherweise heruntergefahren. Sie schoss strahlend auf mich zu.

»Was darf's denn sein, der Herr?« Ich bestellte einen Tee.

»Darf's dazu vielleicht ein leckeres Stück Kuchen sein?« Ich verneinte.

Jetzt saß ich. Ich blickte hinaus. Kühe, die Saale, eine Burg mit zwei Türmen, gleich darunter ein Einfamilienhaus mit Wäsche auf der Leine. Der Tee hatte noch nicht einmal vier Minuten gezogen, da meldete sich schon wieder der Unruheherd im Untergeschoss. Wieder zur Toilette. Diesmal verlief der Besuch ohne weiteren Zwischenfall.

»Bitte verlassen Sie diesen Raum so, wie Sie ihn vorfinden möchten! Danke!« Das, dachte ich mir, ist der typische, unlösbare Widerspruch zwischen Wunsch und Wirklichkeit, zwischen Realität und Ideal. Woher soll ich denn die Putzkolonne nehmen, um der unverhohlenen Aufforderung gerecht zu werden? Wie gerne würde ich das bleierne Grau farbenfroh gestalten, wie gerne die klaustrophobische Enge der Zelle aufbrechen: Es stand nicht in meiner Macht.

Ich trat auf den Gang und sah wie sich der Kopf des Kümmerling-Rentners neugierig hinter der Wand hervorschraubte. Ich ignorierte ihn und kehrte in den Speisewagen zurück. Ich saß wieder vor meinem Tee. Vielleicht sollte ich das nächste Mal einfach eine andere Toilette besuchen? Dann entging ich meinem wachsamen Nachbarn, fand vielleicht eine sauberere Toilette und vielleicht sogar mehr? Vor drei Jahren, das stand gerade in allen Zeitungen zu lesen, hatte ein

Rentner auf der Toilette eines ICE eine Tasche mit vierhunderttausend Euro gefunden. Nach Ablauf der vorgeschriebenen Wartezeit bekam der Rentner fünfundzwanzigtausend Euro Finderlohn, der Rest jedoch fiel an die Bahn, worüber sich der Rentner bei Günther Jauch echauffierte.

»Würden Sie noch einmal so handeln? So aufrichtig sein?« Hätte er das Geld auf der Straße gefunden, hätte er nämlich alles behalten dürfen.

Mein Unterleibsfrieden war von kurzer Dauer. Es ging wieder los. Noch heftiger als zuvor. Diesmal nahm ich die andere Richtung. Besetzt. Ich wartete. Quälende Sekunden. Wie viel Zeit war vergangen? Würde ich es zur nächsten Toilette schaffen? Und war die dann frei? Warum musste ausgerechnet hier das Werbeplakat für ein Mittel gegen altersbedingte Blasenschwäche hängen? Ein grauhaariger Mittfünfziger lächelte so entspannt, als müsse er nur alle vierundzwanzig Stunden Wasser lassen. Das Plakat fragte: »Harndrang unter Kontrolle?« Und versprach: »Auch unterwegs weniger Müssen müssen. Nehmen Sie häufigen Harndrang nicht mit auf Reisen.« Was für ein höhnischer Ratschlag! War der Harndrang etwa eine Art Toilettenartikel, den man zu Hause ins Regal neben die Socken legen konnte? Ich musste diese satanischen Verse abschütteln, ich lief weiter. Es hat schon Züge gegeben, in denen nur eine einzige Toilette frei war und sich lange Schlangen gebildet hatten, ja, in einem Prozess war einem Fahrgast sogar ein Schmerzensgeld zugesprochen worden, weil er sich zwei Stunden nicht hatte erleichtern können. Da, wieder ein WC, die zwei Buchstaben glühten unheilvoll rot. Besetzt. Winzige Schweißperlen betraten triumphierend meine Stirn. Kein Laut von innen, kein schmatzendes WC-Gurgeln, kein Klodeckelklappen nichts. Gab es irgendetwas, woran ich mich ablenkend festhalten konnte? Das Werbeplakat eines IT-Unternehmens orakelte: »Wenn der Wurm drin ist, wird es Zeit, anderswo zu glänzen.« Ich wrang meine Hände wie ein klitschnasses Handtuch. Die Zeit kann ein sehr unangenehmer Gegner sein. Endlich, endlich öffnete sich die Tür. Ein Jugendlicher, der mich um einen Kopf überragte, trat grinsend heraus. Im Waschbecken lag eine ersäufte Kippe, die ganze graue Kabine stank nach Nikotin. Ein WC-Raucher. Ich versuchte, mich zu beeilen, aber der Drang, der nach außen wollte, stand in keinem Verhältnis zu der Fähigkeit, es nach außen kommen zu lassen. Es stockte, es blockierte, so sehr ich meinen Willen auch darauf konzentrierte, den Los-Lass- und Wasser-Marsch-Befehl klar und unmissverständlich zu formulieren. Ich versuchte zu tricksen. Ich lenkte mich ab. Ich dachte an den technischen Triumph, den so ein ICE-Klo doch darstellt. Früher sah man auf dem Klo direkt auf die Gleise und wenn man am dringendsten musste, stand man garantiert in einem Bahnhof, wo die Benutzung der Toilette verboten war. Jetzt hingegen konnte man, wenn man konnte, jederzeit und so oft man wollte. Und die Wasserersparnis! Eine normale Haushaltstoilette verbraucht pro Spülung vier bis sieben Liter Wasser, und wir, ja wir hier im ICE, kommen mit 0,4 Liter aus, ohne chemische Zusätze versteht sich, ein geschlossenes System, das mit Unterdruck funktioniert und das keine Fäkalien auf die Gleise speit.

Na bitte, es läuft doch. Ich ging federleicht zurück und stieß fast mit dem Rentner zusammen: »Na, auch auf Wanderschaft?« Ich nickte, ließ ihn passieren, er rief mir hinterher: »Sagen Se meiner Frau, falls Se se sehn, kann noch ein bisschen dauern.«

Im Speisewagen empfing mich die Kellnerin: »Ich dachte schon, Sie wären stiften gegangen, ohne zu zahlen!« Ich zahlte, ging zurück an meinen Platz. Ich hatte mich kaum eingerichtet, als mir wieder das freundliche Tablett vor die Brust schwebte: »Noch was zu knabbern?« Ich nahm so unauffällig wie möglich. »Nehmen Sie doch zwei, wir haben leider etwas Verspätung!« Ich wagte nicht zu widersprechen. Ich nahm eine von den Tabletten, die mir der Arzt verschrieben hatte, denn ich merkte, dass ich die Entzündung nicht mit Flüssigkeit allein würde wegschwemmen können. Ich fiel in einen kurzen fiebrig-unterminierten Schlaf.

Ein knöcherner Finger zog mich luftabschnürend am Kragen.

»Verlassen Sie den Raum, aber gefälligst so, dass ich mich auf die Brille auch setzen kann!« Der Rentner, größer und mächtiger denn je, blickte mich mit funkelnden Augen boshaft an. »Und tragen Sie gefälligst Sorge, dass mein Freund«, er zeigte mit dem Daumen hinter sich, wo der riesenhafte Jugendliche grinsend bereits eine neue Zigarette zwischen den Fingern hin und her drehte, »gefälligst einen sauberen Aschenbecher vorfindet.« Ein gravitätischer Bobby maßregelte mich: »Please leave this room in the state in which you would like to find it. Thank you!« Jetzt mischte sich auch noch die »Wie-kann-ich-Ihnen-helfen-Fee« mit geradezu terroristischer Flexibilität ein. »Alle notwendigen Reinigungsmittel kann ich Ihnen kostengünstig anbieten, zum Einkaufspreis sozusagen.«

»Reinigungsmittel, wozu?«

»Haben Sie denn unsre kleine Bitte nicht gelesen? Unser großes tagtägliches Miteinander, schwer und schlimm genug bisweilen, braucht doch Regeln? Oder? Verlassen Sie diesen Ort so, wie Sie ihn vorzufinden wünschen! Danke!« Ein schneidiger Gendarm höhnte: »Veuillez quitter cette pièce dans l'état dans lequel vous aimeriez la trouver. Merci!« Jetzt tauchte schemenhaft auch noch die Frau des Rentners auf und artikulierte mit präzisester Schärfe: »Handle nur nach derjenigen Maxime, durch die du zugleich wollen kannst, dass sie ein allgemeines Gesetz werde.« Und ihr Mann knurrte: »Zu Deutsch, junger Mann, pinkel nich daneben, dann wirste nich angepinkelt.« Und zuletzt trat ein glutäugiger Carabiniere an mich heran und sprach mit lässigem Ton: »Vogliate lasciare questo posto nello stato in cui eo vorreste trovare. Grazie!«

»Meine sehr verehrten Damen und Herren: Bitte besuchen Sie doch unser Bordrestaurant, wo viele leckere Mahlzeiten schon auf Sie warten. Wie wäre es mit einer Linsensuppe mit Frankfurter Würstchen oder zarten Schweinlendchen gefüllt mit Dörrobst und Petersilienwurzel-Püree. Auch die Curry-Wurst können wir Ihnen heute wieder besonders empfehlen. Wir freuen uns auf Ihren Besuch.«

Ich erwachte. Der taubenblaue Bezug meines Kissens war vollkommen nassgeschwitzt. Der Alptraum hatte mich Kraft gekostet.

»Er wollte Sie gerade wecken«, sagte die Frau des Rentners und zeigte auf ihren Mann, der sein drittes Bier zu sich nahm. »Sie ham ja gerufen, Sie ham ja richtig gerufen, junger Mann.« Ich wollte nicht wissen, was ich gerufen hatte. Mein Blick fiel auf den Werbeprospekt einer Bank, der in meinem Gesichtsfeld baumelte: »Jeder Mensch hat etwas, das ihn antreibt«, stand dort. »Wir machen den Weg frei.« Ich bedankte mich und floh wieder in den Speisewagen.

Meine Maxi-Wasserflasche hatte ich inzwischen fast geleert, ich bestellte ein Stück Butterkuchen und einen Kaffee. Eine verhängnisvolle Entscheidung. Der Kaffee wirkte wie ein Brandbeschleuniger. Ich hatte den Cup kaum ausgetrunken, da schrillten bereits alle Alarmglocken meiner Wasserverwaltung und forderten die sofortige Entleerung des überlasteten Reservoirs. Ich stürzte zum WC: Es war verschlossen. Ich hastete weiter, die Tür des Rollstuhlfahrer-WCs zischte zur Seite und gab den Blick frei auf einen stehpinkelnden Mann, der erschrak und kein Wort herausbrachte. Ich suchte weiter, kam zur nächsten Toilette, die wieder besetzt war und zudem noch von einer Hochschwangeren ungeduldig belagert wurde. Und da war auch schon der Triebkopf am Ende des Zuges, wo keine Toilette mehr zu erwarten war. Ich kehrte um, hoffte, dass irgendein WC, das auf dem Rückweg lag, inzwischen frei geworden war. Nichts! Die Situation hatte sich sogar noch verschlechtert, denn vor fast jeder Toilette standen jetzt ein oder zwei Reisende, die Erleichterung suchten. Ich musste zurück, ganz zurück, zurück zu meiner angestammten Toilette. Als ich den Speisewagen passierte, rief mir der Steward zu: »Junger Mann, können Sie bitte zahlen, wir haben gleich Schichtwechsel!« Was hätte ich sagen sollen? Wie meine Not auf den Punkt bringen? Ich zahlte mit zitternden Händen, so schnell es ging. Weiter, weiter zurück. Da, endlich, in meinem Wagen, endlich vor dieser Tür, wo – der Rentner schon wartete.

»Da lässt sich aber einer Zeit!«, sagte er und zwinkerte mir zu. »Warte schon fünf Minuten!« Er klopfte. »Hallo? Andere wollen auch noch!« Schnaufen, Zischen, Gurgeln, Klappen, Schnappen, die Tür öffnete sich, ein haarsprayumwölkter Teenager lächelte huldvoll.

»Is das hier 'ne Disco?«, murrte der Alte (er wuchs mir ans Herz) und drückte sich ungeduldig an der Blonden vorbei. Er verriegelte die Tür. Eine engelhaft schwebende Brezelverkäuferin kam vorbei.

»Darf's vielleicht eine Brezel sein, der Herr?« Sie strahlte mich an, als sei die Brezel an sich das omnipotente Heilmittel gegen Not und Depression. Wir waren in Bayern. Fuhren auf München zu. Ich lehnte dankend ab.

»Sie könnten auch eine der anderen Toiletten benutzen, mein Herr.«

Die Stimme kannte ich. Die Hochleistungs-Stressless-Living-Fee.

»War ich schon! Alles besetzt!«, stotterte ich. Der Rentner öffnete schneller als gedacht. Ich schlüpfte im fliegenden Wechsel an ihm vorbei. Die Klobrille war noch hochgeklappt. Er hatte sich nicht die Mühe gemacht, die Spuren seines Auftritts zu beseitigen. Ich stimmte dem jetzt ausdrücklich zu.

Meine Schläfe brannte, mein Magen grummelte von dem Antibiotikum, meine Stirn war patschnass. Der Zug schlingerte, wir fuhren auf Ingolstadt zu und ich stieß mit der Schulter gegen die Wand. Das Unterdrucksystem schlürfte so gewaltig das zischend in die Stahlschüssel eingeschossene Wasser weg, dass ich fürchtete, in den unterirdischen Fäkalienkasten hinabgezogen zu werden.

»Passagier im ICE-Klo verschwunden« würde morgen die Schlagzeile lauten. »Bitte verlassen Sie diesen Raum, wie Sie ihn vorfinden möchten. Danke!« Nein, ich blieb. Ich klappte Brille und Deckel herunter, breitete ein paar Papierhandtücher aus. Ich ignorierte alle Versuche der feindlichen Umwelt, in mein Refugium einzudringen, ich reagierte nicht auf Klopfen und Rufen. Die Zeit war auf meiner Seite, bald würden wir München erreichen. Von Zeit zu Zeit drückte ich den grün leuchtenden Spülknopf, um Leben vorzutäuschen. Einmal konnte ich die Stimme des Rentners heraushören. Er gab auf. Sie alle gaben auf. Ich blieb.

Als wir in München ankamen, hatte sich meine Verfassung stabilisiert. Die Zeitung meldete sich. Das Interview fand nicht statt. Der Schauspieler und seine neue Gefährtin hatten sich schon wieder getrennt.

Ich nahm den nächsten Zug zurück nach Berlin.

Fernweh

»Wissen Sie, was ich wirklich vermisse, wenn ich an Bord bin?«

Ich konnte mir einiges vorstellen, was man vermisst, wenn man mehrere Monate auf hoher See ist, woher sollte ich wissen, was er vermisst?

»Ich vermisse das Gras unter den Füßen. Warmes Sommergras. Das moosige Gras in unserem Schrebergarten, das immer dichte und gut gepflegte Gras im Garten meiner Eltern, das lange Gras, wenn ich mit meiner Freundin im Park Federball spiele und das feuchte, rutschige Gras auf unserem Fußballplatz, wenn wir freitags abends unter Flutlicht trainieren.«

Er war Erster Offizier und ging auf große Fahrt. Er fuhr auf riesigen Containerschiffen, die randvoll mit Containern beladen waren. Er erzählte von Delphinen, die ins Abendrot springen, vom Panama-Kanal, von fliegenden Fischen, moderner Piraterie und Bordellen in Bangkok. Er erklärte mir, was »Laschen« bedeutet, was ein »Moses an Bord« ist und was es heißt, ein Schiff auszuflaggen. Das meiste habe ich vergessen. Er sprach viel, aber was er über seine Freundin erzählte, habe ich mir fast ausnahmslos gemerkt. Gleich, als er in Hamburg ausgestiegen war, schrieb ich alles auf, was ich behalten habe.

Er war mir schon in Berlin auf dem Bahnsteig aufgefallen, weil er einen riesigen Seesack schulterte. Er quetschte ihn mühsam in die Garderobenecke des Speisewagens und steuerte ohne Zögern auf meinen Tisch zu. Er bestellte einen Sekt, es war früh am Morgen, er hatte die Stimme eines Mannes, der es gewohnt war, Gehör zu finden. Ein Junge mit schwarzer Piratenaugenklappe stromerte vorbei, seine Mutter folgte mit einigem Abstand, das Ohr am Handy. Ein Schaffner schlingerte mit vollem Tablett in Richtung 1. Klasse. Mein Seemann prostete mir zu, ich hob mein Teeglas und fragte mich, was es zu feiern gäbe. Er ließ mich nicht lange warten.

»Mein letztes Glas für die nächsten vier Monate!«

»Machen Sie Diät oder eine Entgiftung?«

»Nein, ich fahre zur See und wenn ich an Bord bin, trinke ich grundsätzlich keinen Alkohol. Jetzt geht es erst mal von Hamburg in die Karibik, wo die Container schon auf mich warten. Zucker, Obst, Baumwolle, Autoreifen. Jamaika, Dominikanische Republik, Venezuela, Aruba, Panama, Trinidad, Puerto Rico und wieder zurück. Und wie es dann weitergeht, weiß ich noch nicht. Wenn ich nach vier Monaten zurückkomme, habe ich zwölf Kilo weniger auf den Rippen. Ist harte Arbeit da draußen!«

Er mochte Ende zwanzig sein. Die breiten Schultern ließen ihn größer erscheinen, als er war. Er hatte seine langen blonden Haare zu einem Pferdeschwanz zusammengebunden, ein Kinnbart ließ ihn verwegen aussehen. Er war ohne jeden Zweifel attraktiv. Hatte er niemanden, der ihn zum Zug brachte?

»Haben Sie Familie? Klingt nicht sehr familienfreundlich, Ihr Beruf!«

»Meine Freundin und ich haben uns in den letzten Jahren nur ein einziges Mal auf dem Bahnsteig am Zug verabschiedet. Das erste und das letzte Mal. Das war so schrecklich, seitdem haben wir das nicht mehr gemacht. Es ist etwas ganz anderes, wenn man sich am Flughafen trennt. Da checkt man ein und dann ist man weg, obwohl es noch nicht losgeht. Aber im Bahnhof erleidet man den Abschied richtig. Man ist bis zum letzten Augenblick zusammen, man klebt aneinander. Am liebsten hätte ich zu ihr gesagt, komm, steig ein, fahr mit, das ist doch nur ein Klacks. Und genauso ging es ihr. Sie hatte das Gefühl, sie müsse nur einsteigen, um mitkommen zu können. Am Bahnhof kommt man nur ganz schwer voneinander los und wir haben beide geheult wie die Schlosshunde. Wenn Sie sich drei oder vier Monate nicht sehen, müssen Sie sich ja nach so langer Zeit erst mal wieder finden. Und wenn Sie sich dann richtig gefunden haben, wenn Sie wieder genau wissen, wer der andere ist und warum man zusammenlebt und warum das schön ist, genau dann muss man wieder losfahren. Aber – so tröste ich mich immer – wenn man nicht losfahren würde, würde man gar nicht wissen, ob man zueinander gehört. Wir haben uns schon gestern Nacht verabschiedet. Heute Morgen hab ich mich aus der Wohnung geschlichen. Jetzt ist sie wach und ich bin unterwegs.«

»Liegt das bei Ihnen in der Familie? Die Seefahrt?«

»Ja, mein Vater fuhr auch schon zur See. Er war Kapitän und fuhr große Frachtschiffe über alle Weltmeere. Als er Mitte dreißig war, hat meine Mutter ihm die Pistole auf die Brust gesetzt. Entweder das Meer oder ich. Da ist er dem Meer untreu geworden, zum Glück, denn sonst gäbe es mich nicht. Er ist Lotse im Hamburger Hafen geworden und hat mich als Kind mit auf die großen Containerschiffe genommen, wenn die die Elbe reinkamen. So hab ich dann wohl auch Blut geleckt. Einmal, ich erinnere mich sehr genau, bekam ich von einem Kapitän einen wunderbaren Teddy geschenkt, der trug eine blaue Kapitänsmütze, ein richtiger Seebär. Den habe ich heute noch. Auch ein kleines Fernglas und eine Muschel habe ich mal geschenkt bekommen, das hat bestimmt Fernweh ausgelöst.«

»Wie lange sind Sie denn jetzt mit Ihrer Freundin zusammen? Und wie hält man das aus? So lange ohne einander?«

Bevor er antworten konnte, wurde unsere Unterhaltung durch großes Geschrei unterbrochen. Der Junge mit der Totenkopf-Augenklappe, er mochte vier oder fünf Jahre alt sein, hatte an dem riesigen Seesack gezupft, der offenbar sein Interesse geweckt hatte. So hatte der Sack seine ohnehin fragwürdige Standfestigkeit verloren, war zur Seite gerutscht und hatte den Sohn halb unter sich begraben. Als der Junge vor Schreck zu schreien begann, sprang seine Mutter von ihrem Platz auf, um ihn zu trösten, wobei sie jedoch ein Glas mit Orangensaft umstieß, dessen Inhalt sich wie eine Flutwelle über die weiße Tischdecke ergoss und einem beisitzenden Fahrgast die Hose nässte. Der Sohn jammerte, die Mutter tröstete, der Fahrgast wischte, die Kellnerin eilte herbei, und auch mein Seemann war aufgesprungen und betrat die Szene. Er schaffte es binnen kürzester Zeit, alle glücklich zu machen. Er entschuldigte sich bei der Mutter für seinen Seesack, die entschuldigte sich bei ihm für ihren Sohn, doch von solchen Entschuldigungen wollte er gar nichts hören. »Kinder«, sagte er, »müssen forschen, buddeln und wühlen.« Der befeuchtete Fahrgast wurde zum Kaffee eingeladen, worüber der sich so sehr freute, dass er die Einladung gar nicht annehmen wollte, zumal die Mutter ebenfalls protestierte und darauf hinwies, dass sie ja das Glas umgestoßen habe und nicht mein Seemann, der ja weit weg vom Ort des Geschehens saß. So löste sich die anfängliche Spannung in ein joviales Kuddelmuddel auf, jeder war freundlich zu jedem und alle schienen die kleine Aufregung als willkommene Abwechslung zu genießen. Der Junge bekam einen Kakao, und zu allem Überfluss durfte er auch noch die Schirmmütze des Offiziers aufsetzen, die ihm jedoch sofort über die Augen rutschte, weil sie natürlich viel zu groß war. Er kehrte an unseren Tisch zurück, die Mutter sandte ihm leuchtende Blicke hinterher, der Junge winkte, der befeuchtete Fahrgast rief enthusiastisch, als habe er gerade eine Entdeckung gemacht: »Schon wieder trocken, schon wieder trocken!«

»Sie sind ja ein richtiger Krisenmanager!«

»Wenn Sie zur See fahren und Kapitän werden wollen, müssen Sie so was können oder Sie sind fehl am Platz. Sie kommen an Bord und da erwartet Sie eine Mannschaft, die aus fünf oder sechs Nationen zusammengewürfelt ist, die monatelang auf engstem Raum miteinander klarkommen muss und sich nicht aus dem Weg gehen kann. Als Erster nautischer Offizier bist du nach dem Kapitän der zweite Mann auf dem Schiff und da musst du moderieren, was das Zeug hält. Zwischen den total verschiedenen Leuten der Mannschaft und zwischen der Mannschaft und dem Kapitän. Man ist ständig beansprucht und vielleicht hilft das, die Trennung von seiner Frau oder seiner Familie zu vergessen.«

»Können Seefahrer eigentlich immer treu sein?«

»Es gibt einen blöden Witz: Fragt der Reporter den Matrosen: ›Wo sind Sie denn zu Hause?‹ – ›Wir Seeleute sind überall zu Hause!‹ – ›Und wo ist Ihre Frau?‹ – ›Na, zu Hause, natürlich!‹ Aber im Ernst! Fragen Sie mal umgekehrt, können die Frauen, die an Land bleiben, immer treu bleiben? Es heißt ja immer, der Seemann hat in jedem Hafen eine Braut, aber wir laufen ja wochenlang kein Land an und selbst wenn wir irgendwo vor Anker gehen, heißt das noch nicht automatisch, dass man an Land kann. Die Zeit, in der die Ladung gelöscht wird, ist die arbeitsintensivste Zeit überhaupt und durch den Einsatz von Maschinen sind die Hafenliegezeiten im Vergleich zu früher extrem kurz. Meine Freundin hätte zu Hause viel mehr Gelegenheiten, fremdzugehen, und ich frage mich jedes Mal, ob wir noch zusammen sind, wenn ich wieder nach Hause komme. Wir schreiben uns oft, manchmal kann man in einem Hafen telefonieren oder eine Mail schicken, aber es ist doch schwer, eine regelmäßige Verbindung zu halten. Ich glaube, es muss so etwas wie ein Seefahrer-Gen geben, das wird vererbt, entweder man ist Seemann oder nicht. Man wird es nicht. Das macht die Sache auch so schwer, denn wenn man auf See ist und wunderschöne Momente erlebt, die man teilen möchte, ist niemand da, mit dem man sie teilen kann. Auf dem Meer zu sein, ist ein bisschen so wie im All zu sein. Meine Freundin – ich will nicht angeben – ist schön. Und sie kommt mit vielen Leuten zusammen. Sie ist Fernsehjournalistin und interviewt hin und wieder auch berühmte Leute. Manchmal habe ich an Bord einen Alptraum: Ich komme wieder nach Hause und sie liegt in den Armen eines berühmten Schauspielers, der ein bisschen wie Brad Pitt aussieht. Ich öffne die Tür, Brad Pitt dreht sich um und fragt: ›Was will der? Kennst du den?‹ Und sie sieht ihn an, zuckt mit den Schultern und sagt: ›Ein arbeitsloser Seemann wird er sein. Was sonst?‹ Und selbst wenn sie nicht so einen blendend aussehenden Typen trifft, kann es doch sein, dass wir uns verlieren, weil wir uns einfach einander entfremden. Sie hat auch manchmal Alpträume. Sie träumt dann, dass eine total attraktive Offiziersanwärterin an Bord kommt und mich in allen Dingen besser versteht als sie. Die Offiziersanwärterin trägt eine schneeweiße Uniform, sie interessiert sich für Fußball, sie liebt asiatisches Essen, sie vergöttert Robbie Williams, sie steht auf Horrorfilme und Comics. All die Sachen, die ich liebe. Und dann wacht meine Freundin auf und schaut auf den Kalender, wann ich zurückkomme.«

»Gibt es denn überhaupt Frauen an Bord?«

»Es gibt nur eine Handvoll Frauen als Kapitäne, aber an den Seefahrtsschulen beginnen immer mehr Studentinnen, und ich bin schon das ein oder andere

Mal mit Praktikantinnen oder Offiziersanwärterinnen gefahren. Vor denen hat meine Freundin Angst, nicht vor Prostituierten. Diese Ängste werden besonders lebendig, kurz bevor wir uns wiedersehen. Empfinden wir noch was füreinander? Ich habe die Hosen voll, wenn sie mich am Flughafen oder am Bahnhof abholt. Ist sie noch genauso schön für mich, wie ich sie mir die ganze Zeit vorgestellt habe? Findet sie mich noch attraktiv oder habe ich mich, ohne es zu merken, in einen hässlichen Gartenzwerg verwandelt? Können wir uns noch riechen? Und vielleicht kommt sie gar nicht? Vielleicht hat sie im letzten Moment die Reißleine gezogen, den Schleudersitz genommen? Mittlerweile weinen wir auch nicht mehr miteinander, das ist nur das allererste Mal passiert, als ich während des Studiums mein Praktikum auf See machen musste. Wenn wir uns jetzt wiedersehen, weint immer sie, aber nur wenn ich wiederkomme. Wenn ich wegfahre, weint sie nicht mehr. Erst wenn wir uns wieder in den Armen liegen, lässt sie los und heult. Und ich? Ich weine auf hoher See, wenn es so schön ist, dass ich sie sofort herbeiwünsche und weiß, sie schläft jetzt gerade und ist ein paar tausend Kilometer von dir entfernt. Wissen Sie, wie ich Fernweh definiere? Wenn ich in der Ferne bin und das Meer nicht teilen kann, das ist mein Fernweh. Ich hab Fernweh nur in der Ferne und nicht zu Hause. Und wissen Sie, wie ich Heimweh definiere? Wenn ich zu Hause bin und mich mit meiner Liebsten wohlfühle, tut mir das weh, weil das Meer nicht dazugehört. Heimweh hab ich nur zu Hause. In gewisser Weise bist du als Seemann eben doch mit dem Meer verheiratet, deshalb heißt es ja auch ›Seemann‹. Wenn alles gut geht, bin ich im nächsten Jahr Kapitän. Dann bin ich achtundzwanzig und hänge noch ein paar Jahre dran. Dann heiraten wir und bekommen Kinder. Wenn alles gut geht. Ich bin mal mit einem Kapitän gefahren, das war der witzigste und traurigste Mensch, den ich in meinem Leben kennengelernt habe. Er hat heimlich getrunken, hatte seine Sucht aber ziemlich gut im Griff. Einmal bat er mich, etwas aus seiner Kajüte zu holen. Ich war vorher noch nie in seiner Kajüte gewesen und war deshalb gespannt, wie er es sich dort eingerichtet hatte. Das Einzige, was mir sofort auffiel, waren vier gerahmte Kinderbilder. Als wir ein paar Tage später auf der Brücke standen, fragte er mich, ob ich Familie habe. Ich verneinte. ›Noch nicht!‹ – ›Ich auch nicht‹, sagte er. ›Ich dachte, Sie hätten Kinder?‹ – ›Sie meinen die Kinderbilder? Zwei Kinder gehören meiner Schwester, ein Kind, das Kind eines Freundes, ist mein Patenkind und das vierte Rahmen-Kind hab ich mal aus dem ›Quelle‹-Katalog ausgeschnitten, weil drei so eine schreckliche Zahl ist und ich immer vier Kinder wollte.‹ – ›Sie haben keine eigenen Kinder?‹ – ›Nein, ich habe ja nicht mal eine Frau. Immer wenn ich eine Frau hatte, hatte ich kein Meer und wenn ich das Meer hatte, hatte ich keine Frau mehr. So einfach war das. Ich bin immer zu spät gekommen, zu lange unterwegs gewesen, ich hab den Absprung nicht geschafft.‹«

Der Seemann hatte die kleine Flasche Sekt längst ausgetrunken.

»Wenn ich zurückkomme, werde ich ihr einen Heiratsantrag machen. Vor zwei Jahren hätte ich es fast schon einmal getan. Ich war vier Monate unterwegs und verpasste die komplette Bundesligarückrunde. Sie hat mir jeden Samstag die ›Sportschau‹ aufgenommen, obwohl sie sich gar nicht für Fußball interessiert. Und wissen Sie, was sie noch gemacht hat? Ich bin zwar Berliner, aber seit ich in Bremen studiert habe, bin ich Werder-Bremen-Fan. Auf jede Fahrt begleitet mich mindestens ein Fan-Schal. Als Bremen in Berlin spielte, hat sie zwei Karten gekauft, einen meiner Bremen-Schals ins Olympia-Stadion mitgenommen und mit dem Schal, den sie auf meinen Sitz gelegt hat, zusammen das Spiel angeschaut. Ich war hin und weg.«

Ich fing an, ihn um diese Freundin zu beneiden und fühlte mich ertappt, als er sagte: »Viele Männer finden Seemannsbräute sehr anziehend. Die wecken anscheinend romantische Gefühle in ihnen. Meine Freundin lernt immer wieder Männer kennen, die sie unbedingt kennenlernen wollen, wenn sie erfahren, dass ich acht Monate im Jahr unterwegs bin.«

Wir fuhren über die Elbbrücken, in der Ferne sah man Kräne, gestapelte Container und zwei Fracht-schiffe.

»Ich habe Ihnen vorhin von dem Teddy erzählt, den mir mal ein Kapitän geschenkt hat. Jahre später hat mir mein Vater seine Geschichte erzählt. Dieser Kapi-tän war ein Freund meines Vaters. Er war verlobt und er wollte bald für immer abmustern. Aber er schob seine letzte Fahrt immer wieder hinaus, weil ihn der Reeder bat, nochmal und nochmal rauszufahren und ihn immer wieder mit einem guten Extrageld köderte.

So ist er wohl einmal zu viel rausgefahren. Da brauchte er den Teddy nicht mehr. Ich hoffe, uns bringt der Teddy Glück.«

Er drückte mir zum Abschied die Hand. Fest und entschlossen. Dann schulterte er seinen Seesack, zwinkerte dem Jungen zu und warf ihm ein Bonbon zu.

Heimspiel

Eigentlich wollte ich nach Amsterdam fahren, aber nach fünf Minuten ist entschieden, dass ich heute nur bis nach Bremen kommen werde. Ich setze mich zu ihm, weil er einen Werder-Bremen-Fan-Schal trägt. Es ist ein Samstag. Er fährt zum Heimspiel von Bremen gegen Schalke 04 und hat zwei Karten. Weil aber der Freund, mit dem er fahren wollte, die Schweinegrippe hat, sitzt er nun auf der anderen Karte. Ich will sie ihm abnehmen, abkaufen, ich merke, wie meine Finger vor Gier zu zucken anfangen. Traumspiel: Werder gegen Schalke und so unverhofft: Amsterdam kann warten! Er schenkt sie mir. Ich sage, ich revanchiere mich, ich gebe die Getränke aus. Er sagt, ich solle vorsichtig sein, das könne mich teuer zu stehen kommen, denn er sei zwar kein Alkoholiker, aber wenn er denn trinke, so wie heute, dann würde er Unmengen trinken können, ohne aus der Rolle zu fallen. Irgendwann würde er müde und dann würde er, komme was da wolle, unvermittelt einschlafen.

Er kann ohne Unterlass reden. Ich lehne mich zurück. Genieße sein Reden. Aber plötzlich überfällt er mich doch mit einer Frage.

»Glauben Sie eigentlich an Gesprächslöcher?«

Bevor ich antworten kann, gibt er sich selbst eine Antwort.

»Ich nicht! Alles, was sich wie ein Gesprächsloch

anfühlt, ist Botschaft ohne Text oder besser stiller oder verborgener Text. Wenn jemand ein Gesprächsloch fühlt, dann weiß er vielleicht nichts zu sagen, aber er denkt doch um so intensiver. Er denkt so intensiv, dass er keine Worte findet, weshalb der Faden reißt, aber doch nicht das Gespräch. Gesprächslöcher sind in Wahrheit Momente, in denen die Gespräche am lebhaftesten sind.«

Er schweigt und weil ich finde, dass er soeben ein Plädoyer fürs Schweigen gehalten hat, schweige auch ich. Es geht. Ich sehe nach draußen. Und hat er nicht recht? Alles, was ich sehe, fängt an zu sprechen.

Die Menschen da draußen stehen fragwürdig unter ihren Dezember-Schirmen, die Pappeln sind kahl wie Ausrufezeichen, Regentropfenrinnsale schwellen auf der Scheibe wie Zornesadern, die Äcker und ihre tiefen Sorgenfalten, der Asphalt funkelt, der Himmel grisselig wie ein gestörtes Fernsehbild, die Bäume bibbern wie nervenschwache Gespenster, verlassene Sportplätze, aufgehäufte Kohlköpfe, ein zerbellter Hundeauslaufplatz, ein Flaschensammler, der einen Anhänger hinter sich her zieht, gestapelte Europaletten, winterfeste Kleingärten mit Weihnachtsbeleuchtung, umgestürzte Leitpfähle, verklumptes Laub. Baumärkte, überall Baumärkte, die größer sind als Burgen jemals waren.

»Entschuldigung«, sagt er, »ich bin Dozent, Sozialwissenschaften, das merkt man manchmal. Haben Sie übrigens schon mal darüber nachgedacht, wie die Windräder die Landschaft verändern?« Er zeigt nach draußen. »Ich arbeite gerade an einem kleinen Buch über das Thema. Meine Studenten habe ich gebeten, immer, wenn sie so ein Windrad in der Landschaft sehen, ihre Wahrnehmungen aufzuschreiben. Als Spaziergänger, als Autofahrer oder als Bahnreisende. Die Windkraftanlagen sind merkwürdig. Ist Ihnen das noch nicht aufgefallen? Man kann sich das Land doch schon gar nicht mehr ohne ihren Anblick vorstellen. Sie wirken archaisch und doch ein bisschen wie Science-Fiction, modern und vor-modern. Wind wird in Strom verwandelt, schön und gut, aber der Aufwand scheint beträchtlich, und wenn man die Effizienz nicht steigert, wird das die Umwelt kaum nennenswert entlasten. Da stehen sie, die Windkraftanlagen, und fungieren, so würde ich es nennen, als Zeichen des Zweifels und der Beruhigung zugleich. Okay, wir tun was, aber tun wir genug? Sie signalisieren Fortschritt, aber zugleich sind sie Rückbesinnung. Manchmal sind sie schön wie schwebende Libellen, manchmal sind sie nur hässliche Rohre. – Genug davon, wollen wir ein Bier trinken?«

Ich bestelle. Die Toilette neben dem Speisewagen ist nicht verriegelt – die Tür zischt auf –, aber dennoch besetzt. Ein Mann steht gebückt vor dem Spiegel und schneidet sich die Nasenhaare mit einer Nagelschere. Er lässt sich durch mich nicht stören, nuschelt »gleich fertig« und schneidet weiter.

Als ich zurückkehre, steht das Bier bereits vor ihm.

»Während Sie auf Toilette waren, habe ich mal einen kleinen Gang durch die 1. Klasse gemacht. Ich stecke mir dann immer eine der ausliegenden Zeitungen ein und schaue, ob ich Prominente sehe.«

»Und haben Sie jemanden gesehen, den man kennt?«

»O ja. Roland Emmerich, der Weltuntergangsfilmer saß da und kratzte sich am Kopf, Benjamin von Stuckrad-Barre, der Popliterat saß da mit einer blonden, jungen Frau und kratzte sich am Kopf, und dann war da noch unser alter Mittelstürmer Fredi Bobic und …«

»Kratzte sich am Kopf?«

»Nein, er las die ›Bild‹-Zeitung, glaube ich!«

»Na ja, wahrscheinlich fährt er auch zum Spiel nach Bremen, um als Experte für Premiere …«

»Sky, Sky heißt das jetzt!«

»Okay, um als Experte für Sky aufzutreten! Und sind Sie beim Zeitungsklauen noch nie erwischt worden?«

»Nein, meine Devise ist ›Shoplifters of the world unite and take over‹. Kennen Sie das Lied? Ich bin mal beim Bücherklauen in einer Buchhandelskette erwischt worden, seitdem lasse ich das. Ich glaube, ich habe als Erwachsener immer nur aus sentimentalen Gründen gestohlen, nur um diese bestimmte Angst und Aufregung nochmal zu fühlen.«

In Hannover müssen wir umsteigen. Dort wartet bereits ein winterverschmutzter ICE. Wir steigen ein. Aber kaum sitzen wir, werden wir aufgefordert, wieder auszusteigen. Die beiden Zugteile, die eigentlich getrennt werden sollen, können nicht getrennt werden. Der nächste Zug nach Bremen fährt erst in einer Stunde. Wir drücken uns noch ein bisschen auf dem Bahnsteig herum, dann wird es uns zu kalt. Fredi Bobic steht irgendwie verloren in der Gegend herum.

»Ich heiße übrigens Daniel, Daniel Vogel, und wenn Sie mögen, können wir uns gerne duzen. Man kann ja nicht zusammen Bratwurst essen und sich dabei siezen.«

Er will Bratwurst essen. Unten in der Promenade. Morgen ist der dritte Advent und die Promenade ist bevölkert wie zu den besten Stoßzeiten. Um auf die Schlemmerseite zu kommen, da wo es zischt, brät und dünstet, da wo es kaut, beißt und verdaut, müssen wir die Ellenbogen einsetzen. Endlich am Ziel. Bier gibt es auch und eine Stunde kann schnell vergehen, wenn man Gesellschaft hat und sich unterhält. Er erzählt von seinen Bahnreisen. Er ist überhaupt ein rechter Abenteurer und Unternehmer. Er hat früher Mercedes Oldtimer restauriert und verkauft, hat eine Zeit lang eine Wäscherei geführt, im Gefängnis gearbeitet, ehe er auf dem zweiten Bildungsweg sein Abitur nachholte und studierte. Er ist nur ein Jahr älter als ich, hat aber so viel erlebt, als sei er zwanzig Jahre älter. Vielleicht hat er aber auch nur ein besseres Gedächtnis, er sagt, dass er kaum etwas vergessen kann.

»Wenn du willst, kann ich dir genau aufzählen, was ich in den letzten dreißig Jahren zu Silvester gemacht habe.«

Wir unterhalten uns über die Bahn.

»Früher«, sagt er, »war das ja auch mit den Kindern ganz anders. Ich kann mich erinnern, dass ich Anfang der siebziger Jahre mit der Bahn regelrecht verschickt wurde. Ich fuhr mit acht Jahren allein von Leer nach Freiburg, das sind mehr als 700 Kilometer. Meine Eltern waren schon im Schwarzwald und ich bin ihnen nachgefahren. Meine große Schwester hatte ein Schild aus Pappe gemalt, meinen Namen und den Zielort drauf geschrieben und mich dann in den Zug gesetzt. Dem Schaffner hat sie noch fünf Mark gegeben, damit der mich beim Umsteigen in den richtigen Zug setzt. Ich hatte nicht mal Geld dabei und im Speisewagen bekam ich einen Kakao umsonst. Ein Schaffner hat mir erklärt, was ›Abseits‹ bedeutet und ein anderer hat mir ein Mars zugesteckt. ›Mars macht mobil – bei Arbeit, Sport und Spiel.‹ Als ich in Freiburg ankam, hatte ich Bauchschmerzen von den ganzen Süßigkeiten, aber ansonsten war das eine meiner schönsten Zugfahrten überhaupt.«

Die Stunde ist rum. Der Regional-Express fährt pünktlich, ist jetzt aber wegen des Ausfalls des ICE hoffnungslos überfüllt. Daniel fühlt sich sichtlich wohl.

»Das sind mir die liebsten Züge. Knallvoll.« Er kommt schnell mit einer Runde von vier Weihnachtsfrauen ins Gespräch. Sie tragen alle eine rote Zipfelmütze mit integrierter Blondhaar-Perücke. Sie feiern Abschied vom Junggesellinnen-Leben, eine wird morgen heiraten. Die jungen Frauen lassen eine Flasche »Lady Power« kreisen, Sauerkirsche mit Wodka. Eine Großmutter häkelt, zwei Soldaten stoßen mit Bier an, jemand versucht, trotz der Enge zu lesen, es wird telefoniert, es ist laut und überheizt, an den Scheiben läuft das Kondenswasser hinunter.

Doch am Bremer Hauptbahnhof ist es noch enger, noch voller. In der Bahnhofshalle geht es kaum noch voran. Überall laufen Frauen mit pinkfarbenen Perücken oder Bändern herum, weil »Pink« heute ein Konzert in Bremen gibt. Vor dem Bahnhof findet ein Weihnachtsmarkt statt und die Fußballfans drängen zu den Straßenbahnen. Die Polizei hat den Ein- und Ausgang des Bahnhofs besetzt und versucht, die Menschenflut zu steuern. Es liegt Krawall in der Luft, aber schließlich erreichen wir doch ohne Zwischenfall den Ausgang. Da wir spät sind – das Spiel beginnt erst um 18.30 Uhr –, lässt es sich in der Straßenbahn aushalten. Trotzdem brüllt die Fahrerin immer wieder durchs Mikrophon: »Wenn du nicht gleich die Tür freigibst, dann kannst du das Spiel auf der Polizeiwache verbringen.«

Das Weser-Stadion wird gerade umgebaut. Unsere Plätze sind unter freiem Himmel, über uns ragen Betonarme in den Himmel. Der feine Sprühregen lässt allmählich nach, beim Anpfiff ist es trocken, aber bitterkalt. Das Spiel plätschert so dahin. Wir trinken drei Glühwein, flüchten uns in der Pause in die überdachten Gänge. Es fällt ein Tor, aber für uns auf der falschen Seite. Schalke gewinnt in Bremen, unsere gute Stimmung ist erst mal dahin.

»Komm, lass uns was trinken gehen! Ich kenne hier eine nette Kneipe im Viertel.« Er ruft eine alte Freundin an und fragt, ob sie Lust hat vorbeizukommen. Die Kneipe heißt »Bonanza« und hier sitzen Bremer Fans, die deutlich älter als dreißig Jahre sind. Es ist sehr gemütlich, das Bundesliga-Programm von Sky wird gezeigt, es wird geraucht, getrunken. Stefan Effenberg erklärt dem Reporter, warum Bremen verloren hat. »Mann Effe, halt's Maul!«, sagt einer, aber mehr zu sich selbst. Auf den Holztischen liegen Tannenzweige. Die Toilette ist eine Mischung aus Bedürfnisanstalt, Fußballtempel und Filmmuseum. In den Pissoirs liegen rasengrüne Plastiksiebe, auf deren Mitte ein schneeweißer Ball ruht, den man, wenn man gut zielt, mit seinem Strahl in ein weißes Plastiktor treiben kann. Der Ball kommt aber immer wieder zurück. Über den Pissoirs hängen gerahmte Schwarzweiß-Fotografien von berühmten Schauspielerinnen wie Judy Garland oder Marlene Dietrich.

Daniels Freundin kommt. Obwohl sie Raucherin ist, hat sie keine Lust hierzubleiben. »Außerdem hab ich hier schon als Kind meine Samstagnachmittage verbracht, die Kneipe gibt es schon seit mehr als dreißig Jahren und wenn ich mit meinem Vater ins Stadion gegangen bin, sind wir anschließend hier in die Kneipe.«

Wir gehen in einen Laden, dessen Namen ich gleich vergesse, weil er genauso aussieht wie die Läden, in denen ich in den achtziger Jahren herumhing. Daniels Freundin ruft ihre Cousine an und schon sind wir zu viert. Wir trinken und reden. Und weil längst kein Zug mehr nach Berlin zurückfährt, beschließe ich, bis zum frühen Morgen in Bremen zu bleiben.

Jeder soll jetzt sagen, welches der glücklichste Tag in seinem Leben gewesen ist. Alle überlegen, nur Daniels Freundin sagt spontan: »Das ist einfach, der glücklichste Tag meines Leben war der Tag, an dem Werder Bremen im Jahr 2004 Bayern München besiegte und damit vorzeitig Deutscher Meister wurde. Und ich war gerade frisch verliebt.« Inzwischen ist sie nicht mehr mit ihrem damaligen Freund zusammen. Mein schönster Tag war mein letzter Schultag. Nie mehr Mathematik. Nie mehr an die Tafel. Die Cousine sagt: »Ich weiß da gar nicht so richtig, welchen Tag ich nehmen soll. Ich hoffe, der kommt noch.« Und Daniel findet: »Heute ist doch ein schöner Tag!«

Wir wechseln in einen Club namens »Lila Eule«. Die Cousine berichtet, dass es die »Lila Eule« praktisch schon immer gegeben habe, »die Eule gibt es schon lange, lange bevor ich geboren wurde«. Sie ist achtundzwanzig. Daniel ergänzt, dass Rudi Dutschke hier einmal eine Rede gehalten habe, und in den sechziger Jahren sei der Club ein Jazzkeller gewesen. Tatsächlich hängt an einer Wand ein Plakat, das den gestikulierenden Dutschke zeigt. Die Musik trifft uns nicht ins Herz. Eine »Balkan Beats Party« wird gefeiert. Die coole DJane spielt Polka, Balkan Beats und »slawische Zigeunermelodien«. Nach dem dritten Bier in der »Lila Eule« ist Daniel am Ende seiner Kräfte. Seine Sätze werden immer erratischer: »Ich hasse Autobahnen, verkackte Individualität, verkackte Mobilität, Scheiß-Handy« oder »Vier-Schanzen-Tournee ist zum Kotzen«. Seine Freundin und ihre Cousine tanzen.

»Die Musik ist nicht so mein Fall«, sagt er noch, dann sinkt sein Kopf auf den Tresen. Als die Freundin zurückkommt, legt sie ihm einen Eiswürfel auf den Nacken, aber das stört ihn nicht.

Daniels Freundin und ich steigen die enge Treppe nach oben, um draußen auf der Straße zu rauchen. Ein junger Mann fegt die Straße mit einem Reisigbesen, das macht man hier so zum dreißigsten Geburtstag. Erst wenn ihn eine Jungfrau küsst, gilt er als erlöst. Die Stimme von Daniels Freundin ist angenehm.

Es ist kurz vor fünf, wir gehen wieder nach unten, Daniel schläft immer noch. Ich drücke ihm meine Karte in die Hand, verabschiede mich von den Frauen und gehe zum Bahnhof. Die Straßen sind fast leer. Ein paar Jugendliche grölen »Stille Nacht, Heilige Nacht«. Der Zug ist pünktlich. Es ist sechs Uhr. Auf der Rückfahrt erwache ich nur einmal kurz. Wir fahren wieder an dem großen Windkraftanlagen-Park vorbei. Ich schlafe gleich wieder ein. Ich würde mich freuen, wenn er anruft.

Kleine Speisen

Eins

Ich fahre im ICE von München nach Ingolstadt. Der Zug ist quetsch-quengel-voll. Freitag, später Nachmittag. Die Pendler fahren mit müden Augen dem Wochenende entgegen. In der 2. Klasse stehen die Reisenden in den Gängen oder hocken, zwischen den Waggons, auf dem Boden. Es wird schon novemberdunkel, auf viele Gesichter fällt das fahle Licht der Bildschirme und Displays. Blockbuster, Videospiele, Urlaubsbilder, Mailverkehr. Ruhelose Finger tippen Botschaften. Auch der Speisewagen ist nahezu bis auf den letzten Platz besetzt. An einem Vierertisch sitzen zwei junge Frauen, türkische Deutsche. Hübsch. Sie quasseln, sind munter wie die Vögel, eine Parfümwolke umhüllt sie. Modehaus-Einkaufstüten, textile Neuerwerbungen. Eine von ihnen weigert sich, etwas zu bestellen. Zunächst versucht es der Steward. Sie sagt: »Nein! Ich bestelle nichts!« Er geht achselzuckend und holt den Zugchef. Der Zugchef ist ein vierschrötiger Kerl, ein Bulle mit kurzgeschorenen Haaren, massiges Fleisch- und Muskelpaket im blauen Tuch.

»Stehen Sie bitte auf! Wenn Sie nichts verzehren wollen, machen Sie bitte den Platz frei!«

»Ich steh nicht auf und setz mich nicht auf den Boden.« Der massige Kerl wird dringlicher: »Machen Sie augenblicklich den Platz frei für Reisende, die hier ihr

300

Abendbrot einnehmen wollen!« Zwei andere Plätze sind noch frei. Die junge Frau nimmt es an Lautstärke mit dem Zugchef spielend auf.

»Zeigen Sie mir diese Leute! Bitte, wo sind sie? Ich stehe nicht auf. Ich habe meine Fahrkarte bezahlt und jetzt bleibe ich hier sitzen. Sie können die Polizei holen, das ist mir scheißegal!« Alle anderen Reisenden sehen einander betreten an, schweigen oder lächeln sich verstohlen zu. Der Chef geht. Aber er kommt wieder. Er steigert das Lautstärke-Volumen, es sieht so aus, als würde er sie gleich am Arm packen, hinauszerren, aber seine Kontrahentin gibt sich absolut furchtlos.

»Ist mir total egal, rufen Sie die Polizei! Oder zeigen Sie mir die Abendbrotleute!«

Der Konflikt lässt die anderen erstarren. Neugierig sind jetzt alle, aber keiner wagt Partei zu ergreifen, keiner mischt sich ein. Manche wenden sich betroffen ab, erschrocken, unangenehm berührt. Der Zugchef zieht ab, machtlos einstweilen, wie es scheint. Die Mädchen unterhalten sich weiter und es hat kaum den Anschein, als hätte ihnen der Vorfall die Laune verdorben.

»Ich bin doch nicht blöd, ist doch sauteuer hier!« Der ICE nähert sich Ingolstadt, die Ersten schlüpfen in ihre Jacken. Der Zug verlangsamt sein Tempo, fährt in den Bahnhof ein. Auch die beiden Mädchen machen sich bereit, ganz und gar versunken ins Gespräch, sorglos, heiter. Da stehen zwei Bundespolizisten am Bahnsteig und beobachten aufmerksam den einfahrenden Zug. Der Zug kommt zum Halten, die Polizisten stehen genau auf der Höhe des Speisewagens. Hat der Zugchef wirklich die Polizei gerufen? Die Reisenden wenden neugierig die Köpfe. Die Frauen sind ausgestiegen. Die Polizisten setzen sich in Bewegung, erreichen die zwei Frauen und gehen vorbei.

»Nein«, sagt der Steward auf meine Frage, »in so einem Fall rufen wir nicht die Bundespolizei. Das kostet zu viel, denn wir müssen die Einsätze ja bezahlen.«

Zwei

Am Frankfurter Hauptbahnhof auf Gleis acht steht, mitten im Gelb markierten Raucherbereich, ein … ein … ein … ja, was? Ein Obdachloser, Penner, Robin Hood, ein Freibeuter oder ein Irrer? Er ist ganz schwarz gekleidet, ein Umhang, Kutte aus grobem Cord, vollbärtig zugewuchert, er stinkt bestialisch, er trägt zwei holprig holzgeschnitzte Bögen auf dem Rücken wie ein Junge, der Indianer spielt. Eine Sehne aus Wäscheleine. Dieser Hauptbahnhof-Hotzenplotz ist so schwarz und dunkel, dass man nicht erkennen kann, ob es seine Pigmente sind oder die Jahre auf der Straße, ohne Wasser und Schaum. Er sieht aus wie ein verbrannter Toast. Wo sind seine Pfeile? Da steckt einer im selbstgefertigten Gürtel, ein Ast, stümperhaft zugespitzt. Verstohlen betrachtet ihn jeder, keiner blickt ihm ins Gesicht, die Angst, von dieser Menschenruine angesprochen, ihn nicht mehr loszuwerden, von seinem wuchernden Wahnsinn infiziert zu werden, ist groß. Aber er steht stinkend und siegesgewiss inmitten der rauchenden Manager, jungen Business-Fräuleins, der gut gekleideten Händler und Laptop-Ministranten

und behauptet seinen Platz, zieht einen Flachmann –
Pflaumenschnaps – und trinkt in kleinen Schlucken.
Er raucht und raucht, er zündet sich die nächste frische Zigarette mit dem letzten verglimmenden Rest
an. Da kommt plötzlich ein Soldat vorbei, den schweren olivfarbenen Sack auf der Schulter. Der Schrat
nimmt den Bogen von der Schulter, legt einen imagi-
nären Pfeil ein, spannt die Sehne bis aufs Äußerste
und ruft zwischen faulenden Zahnresten: »Fieden,
Fieden!«

Drei

Die junge Frau bestellt ein Fläschchen Sekt. Rotkäpp-
chen. Sie trägt eine sorgsam zerrissene, geflickte und
gebleichte Jeans, dazu einen gelben Kapuzenpullover.
An jedem Daumen einen Silberring. Noch bevor ihr
Sekt kommt, greift sie zum Handy.

»Hallo, Mama? Ich bin's. Stell dir vor, alles in Ordnung. Nein, nichts gefunden. Und ich sah mich schon
auf der Krebsstation. – Ja, ich dachte, ich bin so gut
wie tot. – Nein, absolut harmlos, der Arzt hat gleich
gesagt ›machen Sie sich keine Sorgen‹. Das erzähle ich
dir alles heute Abend. – Genau, Papa ist auch da,
schön. Ich freu mich. – Ja, ich trink jetzt erst mal einen Sekt. – Nein, die haben doch nur so kleine Fläschchen. – Ja, ich dachte … ich dachte wirklich, jetzt
kannst du dir deinen Sarg aussuchen. – Ja, Mama,
pass auf dich auf! Tschüss!«

Sie trinkt, sie setzt den Kopfhörer auf, wippt mit
dem Fuß und sieht zum Fenster hinaus.

Vier

Der ICE ist übervoll, als ich in Essen einsteige. Es ist Freitag und die Fahrt geht nach Berlin. Auch der Speisewagen ist bis auf den letzten Platz gefüllt. Es bedient ein kleingewachsener Steward türkischer Herkunft. Er ist liebenswürdig und zuvorkommend. Neben mir, auf der anderen Seite des Ganges, sitzt ein junger Mann, der leicht stottert. Er liest in einer Computerzeitschrift. Zu ihm setzt sich ein älterer Mann mit dichten weißen Haaren und kurzgeschnittenem weißen Bart. Er ist drahtig, sehnig wie ein Bergsteiger. Sie kommen sofort ins Gespräch. Sie besitzen beide ein starkes Interesse an Computern, Hard- und Software, das ganze Programm. Meine Teilnahme an ihrem Gespräch erlischt schlagartig. Eine Dreiviertelstunde später werde ich durch einen Satzfetzen aufmerksam. Der Mann hat den Studenten gefragt, wie alt er ihn denn wohl schätze. Der Ältere sagt: »Ich bin 65 Jahre alt!« Er sieht sehr viel jünger aus. Der Student sagt: »Sie sehen aber wirklich nicht so aus.« Der Mann erwidert: »Ja, man kann sich ziemlich täuschen und schwul bin ich auch!« Er grinst den jungen Mann an. Ich verliere wieder den Anschluss an ihr Gespräch. Ein wenig später höre ich noch einen Satz des älteren Mannes: »Nazis mag ich nicht, aber Juden auch nicht!« Der Student schluckt: »Bitte?« Der Weißbärtige wiederholt sich. Das Gespräch der beiden, das bis dahin so lebhaft und freundlich gewesen war, verläuft immer stockender. Als wir in Berlin einfahren, verabschieden sie sich. Der Student murmelt knapp »Wiedersehen!«.

Fünf

Vier Männer sitzen schweigend an einem Vierertisch im Speisewagen. Vor jedem steht ein Laptop, drei von ihnen trinken ein Hefeweizen, einer trinkt einen Weißwein. Sie arbeiten. Zwei füllen Tabellen aus, einer beantwortet E-Mails, einer mit Kopfhörer schaut ein Schulungsvideo an. Jeder ist ganz für sich, sie kennen sich nicht, Fremde, vereint nur durch ihr Tun und Trinken. Es fällt kein Wort. Sie sind Monaden. Drei tragen Hemd und Schlips, einer einen Pullover, an drei Fingern steckt ein Ehering. Ihre flachen Handys liegen gleich neben den Laptops. Manchmal summt oder vibriert eines, ein kurzes Gespräch: »Erledigt? – Schon raus? – Datenbank? – Welche Unterschrift fehlt? – Zustimmung einholen!« Auf der letzten Seite der Speisekarte findet sich folgender Hinweis: »Wir sind bestrebt, unseren Gästen eine entspannte Atmosphäre zu bieten. Aus diesem Grund sind wir Ihnen sehr dankbar, wenn Sie im Bordrestaurant auf die Benutzung Ihrer Handys und Laptops verzichten.« Der Steward kommt.

»Haben die Herren vielleicht noch einen Wunsch?« Einer schüttelt kaum merklich den Kopf, zwei scheinen ihn gar nicht wahrgenommen zu haben und der Vierte sagt: »Bitte noch ein Hefeweizen!«

Sechs

Ihr Kopf liegt schief auf der Schulter. Schief, als sei er abgeknickt. Von Zeit zu Zeit verzieht sie das Gesicht schmerzhaft und fasst sich an den Hals.

»Ich habe mich verlegen. Mein Kopf lag auf der

Schulter meiner Ex-Affäre. Ex-Affäre, weil es aus ist, weil er mich verlassen hat. Er war ja sehr lieb, aber letzte Nächte sind immer Scheiße. Warum gerate ich bloß immer an die Falschen? Die klugen Männer suchen sich doofe Frauen, die sie anhimmeln und Frauen wie ich bekommen immer doofe Männer, obwohl sie kluge Männer suchen. Die klugen Männer wollen keine wie mich, ich himmle die nicht an. Ich habe geheult wie ein Schlosshund und die ganze Nacht auf seiner Schulter gelegen. Jetzt hab ich mir den Hals verrenkt oder einen Nerv eingeklemmt.« Sie spielt mit einer Zigarette. »Eins ist schon mal klar: Beim nächsten Halt bin ich weg und rauche.«

Sie trägt ein rotes Halstuch. Sie ist Schauspielerin und kommt aus München, wo sie im Studio ihren Text noch einmal aufnehmen musste.

»Ich spiele meistens kleine Rollen, ich spiele oft Prostituierte. Doch dieses Mal sagte der Regisseur zu mir: ›Micha, wie wäre es, wenn du die Puffmutter übernimmst?‹ Ein Drehtag mehr, ich will mich nicht beklagen.« Sie seufzt. »Jetzt bin ich schon in der Puffmutter-Liga! Ist man denn mit Mitte dreißig schon eine Puffmutter?« Sie fasst sich wieder an den Hals. »Ich will rauchen.«

Sieben

Der eine ist klein, der andere ist groß. Ihre Anzüge sprechen von Geld, nicht von Geschmack. Sie halten sich an ihren Hefeweizen fest. Sie trinken und trinken. Zwei Weihnachtsfeiern stecken ihnen in den Knochen. Kaum eine Stunde Schlaf. Sie lachen wie Haifische, wenn die lachen könnten. Sie sind Berater. Ihre Firma ist sehr groß.

»Weltweit aufgestellt, Jahresumsatz beträgt zwei Milliarden, wir gehören schon zu den Großen. Nicht dass Sie denken, wir trinken immer so viel um diese Zeit. Kann man sich nicht erlauben. – Was wir wollen vom Leben?«

»Selbstverwirklichung«, sagt der Kleine.

»Befriedigung«, sagt der Große. »Ob wir Hamster sind? Klar, sind wir alle Hamster, die Frage stelle ich mir nicht mehr. Ich arbeite, lebe im Augenblick, ich mache und mache. Meine Frau und ich sind Gott sei Dank auf demselben Dampfer unterwegs. Sie ist Geschäftsführerin einer Modekette, vierhundert Filialen. Abends liegen wir im Bett, das Laptop auf der Decke und schreiben E-Mails. Wir trinken, weil wir uns freuen dürfen. Das Projekt hat sich gut entwickelt. Wissen Sie, was wir gerade machen? Die Bad Bank, genau, die Bad Bank. Wird von uns beraten, aufgestellt, strukturiert, aufs Gleis gesetzt. Ist gut gelaufen. Allen Grund zum Feiern. Zwei Weihnachtsfeiern in den Knochen, und dich«, sagt der Große zu dem Kleinen, »will ich so schnell nicht mehr sehen!« Der Kleine lacht wie ein Haifisch mit Mandelentzündung. Der Große lacht wie ein heiserer Hund. Sie ordern noch ein Bier, sie schlürfen den Schaum und lassen das Bier in sich hineinlaufen.

»Wir sind die Berater.« Sie lassen das Bier in sich hineinstürzen und fahren der nächsten Weihnachtsfeier entgegen. Und als sie gehen, als wir in Berlin ankommen, entweicht aus ihren bierumspülten Gedär-

men ein zweisamer Furz, der das ganze Bistro in eine
Wolke übler Luft hüllt. Sie gehen kichernd ab, wie ertappte Schüler.

Acht

Der IC fährt nach Norddeich. Der Mann ist achtundachtzig Jahre alt. Er bewegt sich wendig, er hat eine
gute Dynamik und sieht viel jünger aus. Sein schloh-
weißes Haar ist sehr dicht. Er mache, erzählt er, jeden
Tag eine Radtour und fahre dabei immer mindestens
zwanzig Kilometer. Früher, als er noch gearbeitet
habe, sei er lange Jahre Gendarm in Ostfriesland gewesen und immer mit dem Fahrrad übers Land gefahren.

»Was meinen Sie, was Sie in den fünfziger Jahren da
erleben konnten? Die Menschen waren arm und unbe-
darft.«

Später wurde er dann Assistent des Polizeipräsiden-
ten. Schreibtischdienst. Er erzählt aber vor allem von
seinen Kriegsjahren. Aufgewachsen ist er in Westpreu-
ßen. Seine Mutter war Schneidermeisterin, sein Vater
Beamter bei der Post. Man habe dem Vater nahege-
legt, in die NSDAP einzutreten, ansonsten sei an ein
Fortkommen im Dienst nicht zu denken. Und auch
weil die Mutter jüdische Kundinnen gehabt habe,
wurde sein Vater gegängelt. Die beste Kundin der
Mutter war die jüdische Gutsbesitzerin, die immer mit
einer Kutsche vorfuhr. Man habe zu seinem Vater
wortwörtlich gesagt: »Eine deutsche Frau kniet nicht
vor Juden!« Die Mutter habe zwar geflucht über die
Nazis, aber sich doch letztlich gefügt und ihre jüdi-

schen Kunden um Verständnis gebeten. Als er neunzehn war, wurde er zur Marine eingezogen, und weil er zeichnerische Fähigkeiten hatte – er sei Vermessungstechniker gewesen –, wurde er Maat, auf dessen Uniform zwei gekreuzte Federkiele seine Aufgabe als Schreiber angezeigt hätten. Er war in Holland und Belgien stationiert gewesen, dann sollte er bei einer großen Offensive namens »Seelöwe« gegen England eingesetzt werden, als die jedoch ausfiel, habe man sie in die Dünen geschickt, wo sie eine notdürftige Ausbildung als Infanteristen erhielten.

»Dann hat man uns nach Russland abkommandiert. Wir sind fast bis nach Reval, dem heutigen Tallinn gekommen.

… Ich habe etwas vergessen. Ich habe das vorhin nicht erzählt … ich hatte einen Zwillingsbruder, der ist ein paar Minuten nach mir zur Welt gekommen. Wir haben uns nie besonders gut verstanden, erst als wir unseren achtzehnten Geburtstag zusammen gefeiert haben, sind wir uns nähergekommen … aber dann kam der Krieg und hat uns auseinander gerissen. Mein Bruder war auch in Russland, aber an einem ganz anderen Frontabschnitt. Meine Eltern bekamen im Februar 1942 einen Brief, in dem stand, dass ihr Sohn gefallen sei. Außerdem bekamen sie ein Foto. Da war ein ganz schlichtes Kreuz aus Birkenholz drauf zu sehen. Das war sein Grab … Man hat ihn dann später umgebettet und auf einen großen Soldatenfriedhof überführt. Aber ich habe sein Grab nie besucht, ich mache mir nichts aus Gedenktagen und Denkmälern. Haben wir denn was daraus gelernt? Sind wir klüger geworden? Hat der Mensch etwas daraus gelernt? Nein, nein, nichts hat er gelernt, nichts! Ich bin heute achtundachtzig Jahre alt und mein Bruder?«

Seine Stimme war zuletzt ganz laut geworden, er klang bitter, aufgebracht. Wir sprachen noch über manches andere, aber seine gute Laune war dahin.

Neun

November. Das ganze Land spricht über Robert Enke. Überall. Auch im Zug. Der Tod Robert Enkes hat das Land stärker bewegt als das Ableben von Michael Jackson, der schon zu Lebzeiten entrückt war. Vor einigen Tagen saß ein Junge im Speisewagen, der ein Robert-Enke-Gedächtnis-T-Shirt trug. Heute komme ich mit einem Mann ins Gespräch, er ist Zahnarzt und fährt zu einem Kongress nach Nürnberg. Er kommt aus einem Dorf am Rande des Harzes.

»Nach meiner Einschätzung nimmt heute jede zweite Frau über vierzig Antidepressiva«, sagt er, »wir müssen ja in der Praxis immer die Anamnese machen und da steht dann in den Fragebögen, was die Frauen alles an Medikamenten nehmen. Aus meiner Sicht ist die Depression in den letzten Jahren eine Art Volkskrankheit geworden. Auch bei uns im Dorf hat sich kürzlich eine Frau vor einen Zug geworfen, es hieß, sie sei ganz voll Krebs gewesen. Und überall wächst der Druck, auch bei uns im Gesundheitssystem, immer geht es um Geschwindigkeit und Effizienz. Sie haben mich vorhin ja auch sofort gefragt, wie schnell ich gelaufen bin.«

Er war Marathonläufer und natürlich interessierte

ich mich, wie schnell er gelaufen war. Er war deutlich schneller als ich. Deshalb verschwieg ich ihm, dass ich auch Marathon laufe.

Zehn

Am Hauptbahnhof in Berlin betritt eine Frau mein Abteil, die einen Sauerstoffschlauch trägt. Durch zwei kleine Stutzen atmet sie durch die Nase. Sie ist ganz außer Atem, erst nach und nach verringert sich ihre Atemfrequenz. Sie leidet an einem Lungenemphysem, ihre Lungenfunktion ist irreparabel eingeschränkt. Sie wartet auf ein Spenderorgan, steht aber auf der Warteliste noch nicht so weit vorne. »Bei meinem Status«, sagt sie, »kann es drei bis fünf Jahre dauern, bevor ich eine Tauschlunge bekomme.«

Sie ist um die fünfzig und ist in zweiter Ehe verheiratet. Zusammen mit ihrem Mann, der früher auf dem Bau gearbeitet hat, betreibt sie jetzt einen Onlinehandel. Auf dem Bau gab es zuletzt nur noch Stundenlöhne von acht Euro, da habe es sich für ihren Mann kaum noch gelohnt zu arbeiten. Die Frau ist zu hundert Prozent erwerbsunfähig. Früher hat sie bei der »Neuen Heimat« gearbeitet. Ich frage sie, ob die Erkrankung die schlimmste Phase ihres Lebens gewesen sei, aber sie verneint das entschieden. Am schlimmsten sei die Ehe mit ihrem ersten Mann gewesen, »Ein Mensch«, sagt sie, »der noch immer ein Menschenbetrüger und Verführer ist«, der möglichst wenig arbeiten will und sie in der Zeit ihrer Ehe immer hat arbeiten lassen.

»Am liebsten wäre es ihm gewesen, wenn ich auf

311

den Strich gegangen wäre.« Aber sie sei ihm irgendwie hörig gewesen, habe sich ihm kaum entziehen können. »Er hat mich immer wieder aufgespürt, wenn ich fortgegangen bin, hat er mich gefunden«. Deshalb sei sie schließlich auch nach Berlin gegangen, ihren kleinen Sohn habe sie in der Obhut ihrer Mutter zurückgelassen. »Aber auch da hat er mich gefunden. Zum Glück lebte ich schon in einer neuen Beziehung, obwohl ich das wegen der schlechten Erfahrung gar nicht wollte. Mein neuer Partner hat nicht aufgegeben, obwohl ich ihn mehrfach abgewiesen hatte.«

Inzwischen ist sie wieder zu Luft gekommen und hat den Schlauch abgenommen. Sie trägt ein »blaues Auge« zur Abwehr des bösen Blickes um den Hals, aber sie sagt, dass sie nicht abergläubisch sei. Nur einmal habe sie in ihrem Leben an so etwas wie das Schicksal geglaubt. Mit ihrem zweiten Mann sei sie nach Tunesien gereist und dort hätten sie einen Ausflug in die Sahara gemacht. Sie seien ein Stück in der Wüste gewandert und dabei sei sie mit dem Fuß auf den Unterkieferknochen eines Kamels gestoßen. Ihrem Mann, der einige hundert Meter von ihr entfernt gegangen sei, sei genau das Gleiche passiert, auch er stolperte buchstäblich über den Unterkiefer eines Kamels und es stellte sich heraus, dass die beiden Teile zusammengehörten. Sie haben die beiden Teile des Kiefers behalten und mit nach Deutschland genommen.

Sie ist ein optimistischer Typ, obwohl sie harte Zeiten durchgemacht hat. Infolge ihrer Lungenkrankheit hat man ihr starke Kortisondosen verabreicht, die als

Nebenwirkung bei ihr zu Osteoporose und letztlich zu mehreren Wirbelbrüchen geführt hätten. Die Wirbel hätten wieder aufgefüllt und versteift werden müssen, damit sie überhaupt wieder laufen konnte. Als sie nach der Operation auf der Intensivstation lag, bekam sie den Anruf, dass eine Spenderlunge für sie gefunden worden sei, aber weil ihr Gesamtzustand nach der Operation angegriffen war, konnte sie nicht transplantiert werden. Seitdem sie auf der Liste stehe, dürfe sie nicht mehr ins Ausland reisen, denn sie müsse ja jederzeit verfügbar sein. Die Sauerstoffflasche ist ihr ständiger Begleiter und wenn sie, wie jetzt, in den Urlaub fahre, dann müsse sie vorher immer organisieren, dass ihre Flasche dort wieder gefüllt werden könne.

»Jetzt könnte ich einen Kaffee vertragen«, sagt sie. Wir gehen in das Bistro, trinken etwas und sehen hinaus. Es hat Mut gemacht, sich mit ihr zu unterhalten. Ihre Kraft steckt an. Sie freut sich auf den Urlaub.

Gas geben, reicht nicht

»Hallo! Ich bin's!

Wie ist der Stand?

Ist das sicher?

Fritz soll mal nicht so die Backen aufblasen …

Okay …

Und Giga?

Ich muss das jetzt vom Tisch haben …

Ich muss meinen Fokus woanders setzen …

Das müssen wir deblockieren …

Ich setz mir eine Deadline von zwei Tagen …

Das ist mein letzter Stand …

Ich muss das jetzt ein bisschen pushen …

Das ist eine Schlafmützenvollversammlung …

Exakt … grauenhaft …

Ich muss das beschleunigen …

Wir haben von allen grünes Licht …

Man fasst sich an den Kopf …

Was hast du noch vorbereitet?

Bestens …

Wie weit bist du denn?

Das wäre also alles geklärt …

Von wem ist denn der Plan gekommen?

Mehr hab ich jetzt nicht …

Es ist noch nicht offiziell …

Das werde ich kommunizieren …

Wenn ich die Unterschrift habe …

Den Ball flach halten …

Ich rate ab davon …

Geht's denn voran, Ulf?

Ist das akzeptiert?

Mit wie viel?

Wir müssen das konkreter angehen …

Es sind zu viele Projekte am Laufen …

Ich kann das nicht mehr auf Zuruf verfolgen …

Ich merke das nicht, wo etwas problematisch wird …

Da werde ich jetzt ein bisschen mehr Augenmerk drauf legen …

Die besprechen Angebote und wissen nicht, worum es geht …

Das sind mir Deppen …

Ich leite sie dir weiter …

Reicht dir morgen mittag …?

Besser morgen früh …

Ich versuch's, du kennst mich …

Wenn wir Berger auf Trab bringen …

Ich kann Helmland auch nicht länger hinhalten …

Die sitzen mir doch schon lange im …

Exakt …

Gas geben, reicht nicht …

Nicht mehr …

Die müssen doch mal in die Puschen kommen …

Übrigens, Bachhuber hat morgen Geburtstag …

Ja, besorgt doch noch was …

Sollte nicht billig aussehen …

Das reicht … genau … kein Wohlfahrtsverein

Exakt …
Okay, ich glaube, ich schaffe es bis morgen früh …
Und Frau und Kinder …?
Bestens!
Bis Morgen!
Ach, die Files sind ein bisschen kompliziert …
Wirst schon sehen …
Und lass dich nicht …
Überall sitzen Bremser …
Ja, Volkssport
Okay, hau rein …
Ja …
Ja …
Ja!«

Verstehen Sie mich?

»Darf ich mich setzen?

Ist dieser Platz noch frei?

Nein? Doch?

Ach so, ich hatte Sie falsch verstanden. Vielen Dank!

Nein, das stört mich nicht, es geht schon, auf jeden Fall, das passt.

Ja, ich hatte gedacht, Sie meinen es anders.

Sie haben ja gar nicht mit dem Kopf geschüttelt. Nein.

Wissen Sie, ich kann mich nicht verständlich machen, Ihnen nicht, mir selbst nicht und auch keinem anderen. Manchmal, wenn ich allein bin, kann ich bestimmte Gefühle wie Ängste oder Hoffnungen artikulieren, ich skizziere, was ich dem oder der sagen könnte, um mich zu erleichtern, zu erklären, wenn ich aber dann jemanden treffe, mit dem ich eben noch in Gedanken gesprochen habe und für den diese Überlegungen von Bedeutung sein könnten, dann ist die Aussicht auf Verständigung verflogen. Entweder ich schweige oder ich sage etwas ganz anderes. Entweder kann ich mich an das, was ich sagen wollte, nicht mehr erinnern oder es klingt im Rückblick betrachtet vollkommen unglaubwürdig und falsch, weil die Situation, in der ich mich gerade befinde, nichts mehr mit dem Augenblick zu tun hat, in dem ich die halbwegs richtigen Worte fand. Außerdem klingt alles, was ich im Kopf schon einmal durchgespielt habe, wie erfunden und ich käme mir, wenn ich es wiederholte, wie ein Schauspieler vor, der seinen Text aufsagt.

Verstehen Sie mich?

Als Kind hat es mir in der Schule immer am meisten gefallen, die Tafel mit dem nassen Schwamm auszuwischen.

Ich spreche ganz oft mit mir selbst, aber dabei sprechen nicht zwei oder drei Stimmen, die Ichs sind miteinander, sondern ich spiele Menschen, die ich kenne und deren Sätze ich fingiere. Ich spreche in Gedanken zu ihnen und stelle mir vor, wie sie reagieren. Meistens jedoch lasse ich sie gar nicht viel sagen, sie umgeben mich als Zuhörer, aber weil ich ihr Zuhören spiele, weiß ich, dass sie mir auf die richtige Weise zuhören. Sie stimulieren mein Reden, sie helfen mir, durch ihr Schweigen, die richtigen Worte zu finden, ihnen gegenüber kann ich mich ganz aussprechen. Ich denke, wenn ich mich selbst genug ins Reine gebracht und gesprochen habe, wenn ich verstehe, wer ich bin und was ich will, wenn ich also das wüsste, dann könnte ich es auch denen sagen, die mich kennen sollen, die mein Leben mit mir teilen. Aber das, was dann tatsächlich zwischen uns gesprochen wird, zwischen mir und meinem Mann oder zwischen mir und einer Freundin, hat nicht die geringste Ähnlichkeit mit meinen imaginierten Round-Table-Gesprächen. Und wenn diese Kluft aufreißt, dann weiß ich, dass selbst in dem Moment, in dem ich an mich glaubte, weil ich glaubte, mich angemessen ausgedrückt zu haben, weil ich glaubte, mein Innen ohne Verlust und Fälschung nach außen gebracht zu haben, dass selbst dann, als die Tür einen Moment lang offen stand, keine Übereinstimmung zwischen mir und der Welt geherrscht hatte.

Verstehen Sie mich?

Sie schauen mich so fragend an? Wenn ich Ihnen das jetzt erzähle, dann ist das bereits Übersetzungsarbeit, weil ich aus einem ganz anderen Bedeutungsraum komme, in dem ganz andere Stimmen zu Hause waren, als in unserem Gespräch.

Ich meine, Sie sagen ja auch nicht besonders viel, was mich einerseits freut, denn das heißt doch, Sie hören mir zu, aber andererseits verunsichert es mich auch. Sind Sie nun ein guter Zuhörer oder rede ich nur so viel, weil man mich nicht verstehen würde, wenn ich weniger spräche? Halten Sie mich für eine Spinnerin oder können Sie zumindest teilweise nachvollziehen, was ich meine? Das ist ja nicht besonders aufregend, was ich Ihnen hier erzähle, aber ich habe wirklich große Angst davor, mich nicht einmal in meinem Leben richtig zur Sprache gebracht zu haben, bevor ich gehe. Ich schiebe fast alles auf die lange Bank. Ich habe wirklich das Bedürfnis, meinem Mann einmal zu sagen, dass ich ihn liebe, aber die Wörter passen nie zu den Gelegenheiten und die Gelegenheiten wollen immer auf andere Wörter hinaus. Aber es stimmt ja einfach nicht – und das muss man sich mal klarmachen –, dass uns die Zeit den richtigen Augenblick schenkt, in dem wir endlich einmal alles sagen können.

Manchmal treffe ich Menschen, die mir sagen, ich hätte vor Jahren diesen oder jenen Satz zu ihnen gesagt, dieses oder jenes Urteil geäußert und sie hätten das nicht nur nicht vergessen, sondern dieser Satz habe ihr Verhalten in einem gewissen Punkt regiert oder das Bild von mir in ihren Köpfen bestimmt. Kürzlich traf ich eine Frau, die ich viele Jahre nicht gesehen hatte, mit der ich aber einmal sehr gut befreundet war. Warum sie sich denn so lange nicht gemeldet hätte, fragte ich sie. Sie sagte, sie sei schon seit vielen Jahren mit Olaf zusammen und über den hätte ich ihr gegenüber einmal sehr entschieden erklärt, er sei eines der schlimmsten Großmäuler, das ich kenne. Deshalb habe sie den Kontakt zu mir ein wenig einschlafen lassen, weil sie fürchtete, dass ich etwas Unangenehmes über ihre Partnerwahl sagen würde. Und wissen Sie was? Ich kann mich überhaupt nicht daran erinnern, jemals so etwas über Olaf gesagt zu haben, ganz im Gegenteil, aus der Ferne fand ich ihn immer ganz sympathisch und vernünftig, ein Typ, so mein Eindruck, der nicht viele Worte machte, kein Aufschneider. Wie kommt so etwas? Warum behalten die Menschen Sätze in Erinnerung, die unmöglich von mir sein können, weil darin nichts zum Ausdruck kommt, so scheint es mir zumindest, was ich gewesen sein könnte, was ich war oder hätte sein wollen. Und wenn ich dann meine Urheberschaft bestreite, sehen mich die Leute erstaunt an. Komisch, sagen sie, dabei hast du das damals so ernsthaft gesagt, so als ob es dir wirklich wichtig wäre und du daran glauben würdest. Ich habe mir, sagen sie, deinen Satz damals so sehr eingeprägt, weil ich dachte, so habe ich sie noch nie sprechen hören, da zeigt sich wirklich, was sie denkt.

Wissen Sie, was ich sagen will?

Ich fahre übrigens sehr gerne Bahn, man kann sich unterhalten, muss es aber nicht. Wenn man mal raus- sieht, sieht man ganz viel, aber man weiß meistens nicht, wo man ist und wie man das dann bezeichnet. Ein Haus ist ein Haus, ja gut, aber wie das Dach nun heißt, ob es ein Sattel- oder Walmdach ist oder was es da alles gibt, das weiß man nicht. Macht aber nichts, denn man huscht ja schnell vorbei und schon kommt das nächste Dach oder irgendwas anderes, was man zwar kennt, aber nicht beschreiben kann, weil einem die Worte dafür fehlen.

Ich habe mal einen Film gesehen, da spielte diese be- rühmte Schauspielerin mit, mir fällt der Name jetzt nicht ein, auf jeden Fall sah sie immer so aus, als ob sie schon ganz viel erlebt und gelitten hätte, tatsächlich war sie aber immer sehr viel jünger als die Figuren, die sie spielte, deshalb war sie auch so beliebt, weil sie schön war, aber auch schon irgendwie am Boden, und in diesem Film hat sie eine Katze, mit der sie immer gesprochen hat und wenn die Katze schnurrte, dann seufzte die Frau und sagte: ›Wenigstens du verstehst mich! Oder?‹ Und eines Tages ist die Frau so verzwei- felt, dass sie sogar die Katze fortstößt, was ihr aber gleich wieder leidtut und dann nimmt sie die Katze, drückt sie an die Brust und sagt: ›Du glaubst mir doch, oder?‹ Da klang die Schauspielerin so echt, wie man nur klingen kann, ich vermute, sie hat das gar nicht gespielt, das war ihr ernst mit der Katze. Ich würde einmal gerne so wie die Frau klingen, als sie zu ihrer Katze gesprochen hat, aber ich drehe ja alles immer hin und her in der Hoffnung, dass ich durch das Hin- und Herdrehen den richtigen Ton treffe.

Ich kenne jemanden, der spricht mit Pflanzen, allerdings spricht er nicht mit allen Pflanzen, der spricht ausschließlich mit Kakteen. Kakteen, hat er einmal zu mir gesagt, sind die einzigen Pflanzen, die wirklich zuhören können. Alle anderen machen mich stumm. Er hat gesagt, er hätte es schon mit allen anderen Pflanzen versucht, aber keine, außer Kakteen eben, hätten ihm das Gefühl gegeben, wirklich für ihn da und ganz Ohr zu sein. Seitdem mein Nachbar mir das erzählt hat, grüßt er mich nur noch flüchtig und ich bin mir nicht sicher, ob das ein Zeichen von Vertrautheit ist oder ob er sich ein wenig schämt für seine Offenherzigkeit. Dabei ist er ein ganz ernsthafter Mann, Filialleiter einer Bank, durch und durch respektabel, ein Zahlenmann, sehr nüchtern, förmlich. Als seine Frau vor ein paar Jahren gestorben ist, hat er mich zur Beerdigung eingeladen, er war völlig gefasst. Die Sache mit den Kakteen aber, sagte er, hätte er schon herausgefunden, bevor seine Frau gestorben sei.

Jetzt fang ich auch noch an zu tratschen, Sie müssen mich bitte entschuldigen.

Mein größter Fehler ist, dass ich allen anderen die gleichen Verständigungsschwierigkeiten mit sich selbst unterstelle. Weil ich denke, dass ich das, was ich meine, immer verfehle, nehme ich an, dass ich eigentlich immer auf etwas anderes hinauswill, wenn Sie so wollen, bin ich ein total uneigentlicher Mensch. Um das in Ordnung zu bringen, für mich und die anderen in Ordnung zu bringen, setze ich voraus, dass die anderen auch uneigentlich sind und dass wir alle immer auf etwas anderes, auf etwas Eigentliches hinauswollen. Das anzunehmen ist aber ein großer Fehler, oft genug, denn viele Menschen meinen genau das, was sie sagen und sagen genau das, was sie meinen. Ich glaube, mein Mann hat ein Faible für meine Undeutlichkeit, die ja nichts anderes ist, als der Wunsch, besonders deutlich zu sein, ansonsten kann ich mir nicht erklären, dass wir bereits seit über zwanzig Jahren zusammen sind. Ich nehme nicht einmal an, dass mein Mann mich besonders gut kennt oder mich immer versteht, aber ich habe schon lange aufgehört zu glauben, dass ich mich an der Seite eines anderen Menschen verständlicher machen könnte, denn meine Unfähigkeit, mich auf den Punkt zu bringen, hat ja nichts mit anderen, sondern nur mit meiner selbst erworbenen Ausdrucksschwäche zu tun, von der ich zudem noch annehme – und jetzt verallgemeinere ich wieder, Entschuldigung! –, dass jeder von ihr betroffen ist, dass jeder zwischen Wörtern und Wünschen hin und her irrt und niemals das eine mit dem anderen in Einklang bringt. Nun macht das aber jeder auf seine ganz besondere Art und Weise, jeder hat seine eigene Ich-versteh-mich-nicht-Geschichte, jeder betrügt sich, so gut er kann, um glauben zu können, man bliebe sich treu.

Mein Mann und ich verstehen uns vermutlich deshalb so gut, weil wir uns nicht verstehen, das aber immer noch als gewissen Reiz und Anreiz betrachten und nicht nur als Belastung. Solange wir uns nicht verstehen, haben wir uns auf jeden Fall was zu sagen, zumindest nehmen wir immer wieder einen neuen Anlauf, auch wenn wir wissen, dass wir aneinander vorbeirennen.

Es hat Spaß gemacht, sich mit Ihnen zu unterhalten, wobei – das muss ich wohl zugeben – Sie kaum zu Wort gekommen sind. Ich rede sonst eigentlich nicht viel, meistens halte ich mich eher bedeckt, aber wenn ich dann mal anfange zu reden, dann findet ein Wort das andere. Na ja, ich merke gerade selber, wie lächerlich es ist, mich Ihnen als große Einsilbige zu verkaufen. Entschuldigung! Aber stellen Sie sich mal vor, wenn Sie jetzt auch noch gesprochen hätten, dann hätten wir uns vielleicht noch weniger verstanden. Wahrscheinlich ist das reine Prophylaxe, bevor die anderen mich falsch verstehen, verstehe ich mich lieber gleich selbst falsch, dann weiß ich wenigstens, woran es hapert und dass es hapert.

In der Schule habe ich mich einmal in einem Fach, in dem ich sehr gut war, ein halbes Jahr lang nicht am Unterricht beteiligt. Ich mochte meinen Lehrer und ich mochte das Fach, aber gerade deshalb wollte ich nichts sagen. Ich habe ständig darüber nachgedacht, wie ich das, was ich sagen wollte, besser sagen könnte und ich dachte immer, der Lehrer würde das auch verstehen, aber natürlich konnte er mir für mein Schweigen keine gute Note geben. Was hatte ich erwartet?

Verzeihen Sie bitte, ich bin ja ein bisschen älter als Sie, ich will Sie nicht belehren, aber darf ich Ihnen so etwas wie einen Ratschlag geben? Dolmetschen Sie sich selbst, warten Sie nicht darauf, dass es ein anderer für Sie tut, denn selbst, wenn Sie sich schlecht kennen, alle anderen kennen Sie nur noch schlechter. Sagen Sie, wer Sie sind und was Sie wollen, dann kommen Sie schon ans Ziel.«

Große Jungs

Die Männer, die mit mir an diesem Morgen in den Zug steigen, sehen aus wie die Jungs, mit denen ich vor vierzig Jahren in den Kindergarten ging. Es fällt mir übrigens leichter, in ihren Gesichtern die Jungen als in den gleichaltrigen Frauengesichtern die Mädchen von damals zu sehen. Die großen Jungs kommen mir verkleidet vor, sie spielen Bin-schon-groß, sie spielen das Großer-Mann-trifft-Entscheidungen-und-bekleidet-verantwortungsvolle-Position-Spiel.

Mir ist unwohl bei dem Gedanken, dass sie es sind, die die Welt regieren. Die Welt muss doch von Menschen zusammengehalten werden, die älter sind als ich? Die Bärte, die dünnen Haare, die Furchen auf der Stirn, die Anzüge und Krawatten – nichts täuscht darüber hinweg, dass ihnen der Junge im Gesicht sitzt, und wenn er sich dort schon breitmacht, wenn er so unübersehbar seinen Platz einnimmt und jede Verkleidung und Verwandlung überlebt, dann muss er in ihnen selbst doch auch am Werk sein und in alles, was sie tun, seine Hand und sein Los werfen. Ein Wunder fast, dass überhaupt etwas klappt, etwas vorwärts geht.

Warum habe ich kein Zutrauen zu diesen Jungs? Wenn sie immer noch die Kinder sind, die sie einst waren, wie können sie dann komplexe Konstellationen beurteilen? Vielleicht haben sie sich ein Spezialwissen erobert, erarbeitet, mit dem sie in einem bestimmten Sektor tatsächlich Entscheidungen ruhigen Gewissens verantworten können, aber wie werden sie mit den Aufgaben fertig, die ihnen das Leben stellt? Mit welchen Worten drücken sie ihre Liebe zu einem Menschen aus? Wie schaffen sie es, Kinder zu erziehen? Was für Werte bestimmen ihr Handeln und woher nehmen sie die Gewissheit, dass das, woran sie glauben, nichts anderes ist als ein nächtliches Spinnennetz über den Gleisen?

Der, der neben mir sitzt, hat jetzt die Augen geschlossen. »Assessment Center für Führungskräfte« heißt das Buch, das er liest. Ist er bereits eine Führungskraft oder beurteilt er Führungskräfte, die welche werden wollen? Wir sitzen ja bereits in der Führungskraft-Klasse, um mich herum wimmelt es von führungswilligen Männern und Frauen (die aber bei Weitem in der Minderzahl sind). Es wird geführt, die Stimmen am Handy haben eindeutig Führungsprofile, diesen Ton, der dem anderen zu verstehen gibt, dass seine Kraft der Führungskraft zu Diensten zu stehen hat. Aber, denke ich mir, wo Führungskraft drauf steht, ist auch nur ein Junge drin. Wie kann man sich überhaupt für eine Führungskraft halten beziehungsweise einer Führungskraft seine Kraft andienen? Und worauf beruht dieses Kraftfundament?

Die Jungs, die damals führten, konnten besser Fußball spielen, sie waren größer, sie hatten Geld für eine Currywurst in der Tasche, sie rechneten schneller, sie hatten das schmackhaftere Pausenbrot oder einen Comic, den man selbst gern gelesen hätte. Aber sie blieben Jungs, denen die Mutter das Haar gekämmt hatte, die vom Vater ermahnt worden waren, sie blieben Jungs mit feuchten Händen, die Angst im Dunkeln hatten, die den Edgar-Wallace-Film nicht sehen durften, sich aber doch vor den Fernseher schlichen, sie blieben Jungs, die in einem kleinen Karton ihre Süßigkeiten sammelten, furchtsam ihre Wackelzähne befummelten und die den Schorf von ihren Knien kratzten. Und die großen Jungs, die heute führen wollen, bleiben lebenslang die Kinder jener Ängste, die damals Gestalt annahmen.

Der Junge mit dem Führungskraft-Buch ist erwacht. Sein Handy schlägt Alarm. Er trägt ein Headset und spricht in flüssigem Englisch.

»Every time you call me, I'm in the train. I'm travelling as usual. Are you travelling today to Munich? I have a workshop in Hannover tomorrow. We can work together, I think that will be perfect. I'm not really sure which companies we'll meet!« Er kratzt sich an der Nase, fährt sich durchs Haar, schiebt sich ein Hustenbonbon in den Mund. Er lacht: »You have more experience in that – of course.« Er feuchtet seinen Daumen mit Spucke an und reibt über einen Fleck auf seiner Hose.

Hinter ihm sitzt ein anderer schnurrbärtiger Mann, dessen Handy klingelt. Auch er, ein Deutscher, spricht jetzt Englisch, aber er spricht stockender, spricht in seinen Winkel hinein. »I'm on the train!« Beide Männer machen sich Notizen auf der Broschüre »Ihr Reiseplan«, die sie in kürzester Zeit mit geschäftlichen Hieroglyphen füllen. Einer, dessen kurzgeschnittene, dichte Haare schon vollkommen grau sind, packt jetzt sein Brot aus, sein Pausenbrot, wie damals auf dem Schulhof. Er trägt eine Krawatte mit Krawattennadel, er schiebt seinen Zeigefinger zwischen Hemdkragen und Hals und kratzt sich, die Haut ist gereizt. Wir erreichen ein Zwischenziel.

Der Zugführer verabschiedet die aussteigenden Fahrgäste. Wir steigen um. Messestadt Hannover. Mit eben der Schnelligkeit, mit der die Jungs in den Wagen gestiegen sind, springen sie auf den Bahnsteig. Viele tragen schwarze, schwere Mäntel, die sehr ernste Gesichter machen, Mäntel wie hochdekorierte Ausrufezeichen, Mäntel, die ihrem Träger ein Zeugnis ausstellen: Der Träger dieses Mantels nimmt in verantwortungsvoller Position am Leben teil und besitzt die Kraft und die Ernsthaftigkeit, andere Kräfte zu führen. Der Träger dieses Mantels ist kein Junge mehr. Im ICE Richtung Hamburg, in den ich steige, sieht es nicht anders aus. Männer zwischen vierzig und Mitte fünfzig in der Gesellschaft ihrer Handys, Laptops und Krawatten.

Neben mir sitzt ein Mann, der mir fremd ist, den ich aber wiedererkenne. Gestern Abend, es war Sonntag, war er zu Gast in einer Talkshow, in der über den Bundeswehreinsatz in Afghanistan gestritten wurde. Er ist ein Anwalt aus Bremen, ein gebürtiger Afghane mit weichem Gesicht, gelichtetem Oberhaar. Ist der Einsatz ein Erfolg oder ein Misserfolg? Sollen wir die Truppen abziehen oder sie verstärken? Der Anwalt vertritt die Familien, die bei der Bombardierung zweier

Tanklaster in Kundus ihre Angehörigen verloren haben. Hätte man den Mann in der Talkshow ernst genommen, wenn er statt seines dunklen Anzuges eine Jeans und einen Kapuzenpullover getragen hätte?

Diese Businesskleidung, die grauen und schwarzen Anzüge, die schweren Mäntel, die steifen Hemden und dezenten Krawatten dienen nur dem einen Zweck, ihrem Träger ein Aussehen zu verleihen, das so wenig wie möglich an den Rotzlöffel erinnert, der einen Pimmel aufs Schulklo gekritzelt und mit seinen Freunden den Wer-pisst-am-höchsten?-Wettbewerb veranstaltet hat? Die akkurat gebügelten Hemden, die fleckenlose Wolle der Anzüge soll ablenken von dem Gesicht, aus dem der Junge spricht, der Junge, dessen Fingernägel immer schwarz oder eingerissen waren, dessen T-Shirts stets einen Tintenfleck nach Hause trugen, dessen Hosen immer in die Fahrradkette gerieten und schon bald Fäden zogen und ausfransten. Aber schneidert uns nicht das Leben ein Gesicht aus Erfahrung und Empfindung, gegen das wir nie ankommen, selbst wenn wir durch unsere Kleidung etwas ganz anderes behaupten?

Erst wenn ich die Männer um mich herum anschaue, merke ich, wie alt ich bereits geworden bin. Sie sind zum Teil jünger als ich, aber sie haben ein Amt zu führen, ein Geschäft zu erledigen und Entscheidungen zu fällen. Dadurch stecken sie in einer Altersuniform, in einem habituellen Alter, einem symbolischen Alter, das mit dem Jungen kämpft, der sie noch immer sind. Physisches, empfundenes und symbolisches Alter liegen immer miteinander im Streit, was man besonders gut an einem öffentlichen Mann wie unserem Verteidigungsminister beobachten kann, der Pop-Konzerte von AC/DC besucht und Entscheidungen über Leben und Tod zu fällen hat.

Plötzlich, als seien sie vom Himmel gefallen, sitzen zwei Jugendliche neben mir, ein Mädchen und ein Junge, sie sind vielleicht sechzehn oder siebzehn Jahre alt. Sie blicken beide auf ihre Handys, lesen einander die Botschaften vor, die sie hinausschicken.

»Fick die alte Fotze!«, sagt der Junge. »Was schreibt der Schwanzlutscher da? Kannst du das lesen, die Scheiß-Deutschrussen können nicht mal richtig deutsch.«

Sie schweigt. Sie trägt eine Basecap.

»Ich geh jetzt mal pissen«, sagt der Junge, er drängt sich an dem Mädchen vorbei, er bleibt, da sie keine Anstalten macht, ihre Beine einzuziehen, kurz vor ihr stehen und fragt: »Willst du meinen Schwanz halten oder was?«

Er ist ganz in Schwarz gekleidet, schwarze Jeans, schwarze Lederjacke, die Haare kurz, nur in der Mitte ein daumenhoher Irokesenkamm. Betont gelangweilte Miene. Will möglichst kalt und abgebrüht wirken. Er ist schnell zurück.

»Mann, pisst du immer so schnell?«, fragt sie, ohne von ihrem Handy abzulassen.

»Ich piss immer so schnell, wenn ich auf der Flucht bin!« Er bleibt im Gang stehen. Dicht neben mir. Er riecht stark nach Nikotin. Sagt: »Sind doch gleich da, lohnt sich nicht«.

»Wollen wir was essen?«

»Willst du kochen oder sollen wir Pizza?«

»Ich kann was kochen, dann zermanschen, essen.«

»Wie das klingt, ›zermanschen‹!«

»Na, wieso? Is doch so.«

»Wollen wir was saufen?«

»Wieso?«

»Weil ich was da hab und weil es ein schöner Tag war!«

»Ach so! Mal sehen. Muss nicht.« Sie steht auf, sie schreibt immer noch SMS.

»Mann, hoffentlich holt uns die alte Fotze nicht vom Bahnhof ab«, sagt er und schaut auf sein Handy. »Die alte Pissnelke ist sogar schon da. Ich schenk ihr voll den Dildo zu Weihnachten, voll das fette Teil.«

»Mann, bist du krass, der Mutter einen Dildo schenken, das ist doch so was von bescheuert. Schenk ihr lieber ein Buch, die liest doch gerne.«

Wir kommen in Bremen an. Sie steigen aus. Ich bin dicht hinter ihnen. Ich will sehen, ob sie tatsächlich abgeholt werden. Ich muss ihnen nicht lange folgen, noch bevor sie die Treppe zur Haupthalle erreicht haben, geht ihnen eine gut aussehende Frau entgegen. Sie trägt eine blaue Barbour-Jacke, ihr mittellanges, blondes Haar ist zu einem straffen Pferdeschwanz nach hinten gebunden, ihre Jeans steckt in hohen Reiterstiefeln.

»Hi, Mama!«, sagt der Junge. Sie wirft die Arme in die Luft und umarmt ihn mit großer Geste. Seine Freundin hebt die Hand zu einem flüchtigen Gruß.

Ich lasse mich zurückfallen.

Am Abend fahre ich zurück nach Berlin. Im Zug sitzen jetzt die großen Jungs und ein paar große Mädchen, die geführt haben, die verkauft haben, sich, ihre Produkte, Business-Pakete, ihre Entscheidungen. Jetzt beginnen die Heimkehr- und Bilanz-Anrufe. Zuerst werden die Kollegen im Büro informiert, dann die Familien benachrichtigt.

»Hallöchen. Ich bin jetzt im Zug. Ich denk, wir haben das rausgeholt, was rauszuholen ging, gell? Bin um halb elf zu Hause.«

Ein anderer Große-Jungen-Satz: »Jetzt wartet viel Arbeit auf uns, aber es könnte sich wirklich lohnen.«

Oder: »Wir waren optimal vorbereitet, optimal, wir hatten unsere Hausaufgaben gemacht und selbst Demand hat kein Haar in der Suppe gefunden. Bestens. Diese Flexibilität würde ich mir von allen wünschen. Das hat Demand anerkannt. Das nehmen wir jetzt alles mit, da kommen noch eine ganze Menge Ausschreibungen.«

Und: »Bist du jetzt sauer auf mich, Schnecke?«

»Möchten Sie Macadamia-Nüsse?«, fragt die Schaffnerin und hält mir ein Tablett entgegen. Ich nehme ein Tütchen. Der Geschmack der Nüsse erinnert mich an ein Eis, das ich als Kind immer gern gegessen habe.

Ich gehe in den Speisewagen. Es ist jetzt wieder dunkel draußen, so wie es heute Morgen dunkel war, als ich losfuhr. Der Speisewagen ist gut gefüllt, links von mir sitzt eine südamerikanisch aussehende Frau, die liest; sie ist sehr schön. Vor mir sitzt ein Mann mit rotem

Gesicht, weißer Kinnbart, wenige weiße Haare. Er schreibt auf einem großen Mac, dessen Apfel perlmutt-farben leuchtet. Er isst eine Soljanka, trinkt Weißwein, durchblättert einen voluminösen Kunstkatalog und schreibt hin und wieder einen Satz. Er nimmt mit sei-nem Zubehör fast den ganzen Tisch ein, hat es zum Büro verwandelt, niemand kommt auf die Idee, sich zu ihm zu setzen. Sein Handy meldet sich. Es ist ein Blues-Akkord. »Well, well, well, well!« Er spricht mit dröhnender Stimme. Er trägt einen Sommeranzug, trägt ein lachsfarbenes Hemd über seiner lachsfarbe-nen Haut. Die Soljanka, die er isst, hat Dirk Schröer kreiert, ein Spitzenkoch aus Sachsen.

»Leading chef from Saxony«, ist dreißig Jahre alt und hat schwarze, sehr dichte und buschige Augen-brauen wie einst Theo Waigel. Er bleckt die Zähne, lacht den Fotografen an. Hat er es geschafft? Den Jun-gen abgeworfen? Er kann einen Stern vorweisen und »gehört zum Kreis der jüngsten deutschen Sternekö-che«. Die kulinarische Landeskunde Sachsens liest sich in der Speisekarte wie ein Märchen der Gebrüder Grimm: »Mehr als nur Leipziger Allerlei und Eier-schecke – die sächsische Küche ist so vielfältig und ab-wechslungsreich wie ihre schöne Landschaft. Vom verwunschenen Erzgebirge über das Vogtland und die weite Oberlausitz bis in die regionalen Zentren um Dresden und Leipzig – überall sind lokale Spezialitä-ten entstanden. Allein zu Weihnachten hat jede Re-gion ihre eigenen kulinarischen Bräuche. Während sich in Dresden alles um den Christstollen dreht, steht bei Familien aus dem Vogtland das sogenannte Neunerlei auf dem Tisch, eine Kombination aus neun Zutaten – etwa Bratwurst, Sauerkraut und Klöße, aber auch Nüsse, Rote Beete und Gans, die in sehr unterschiedlichen Varianten gegessen wird. Dabei ist die Küche auf dem sächsischen Land in der Regel recht deftig. In der wohlhabenderen Messestadt Leipzig entstand hingegen eine deutlich urbanere Küche mit feinen Süßspeisen, wie den Leipziger Lerchen und den Leipziger Räbchen.« Was um aller Welt sind Leipziger Räbchen? Ich schaue die schöne Frau an. Soll ich sie fragen? Dunkler Teint, lange wellige Haare, große, grüne Augen, eine marmorne Stirn, groß und schlank. Sie liest.

»Entschuldigung, wissen Sie, was ›Leipziger Räbchen‹ sind?«

Sie rührt sich nicht, offenbar hat es meine Frage nicht bis an ihr Ohr geschafft. Sie sitzt auf der anderen Seite des Ganges. Gerade, als ich meine Frage noch einmal wiederholen will, kommen ein später Vater und sein etwa dreijähriger Sohn in den Speisewagen und setzen sich an meinen Tisch. Der Vater hat einen kahlen Kopf, eine runde Brille, ein gemütlicher Intellektueller. Er schürzt seine Lippe wie ein Kind. Die beiden werden niemals einen Vaterschaftstest machen müssen, ihre physiognomische Verwandtschaft ist unübersehbar. Zwischen ihnen arbeitet die Zeitmaschine auf Hochtouren: Früher, Heute, Damals, Jetzt, Gestern und Morgen. Der eine ist der Junge, der der andere mal war und der andere ist der Mann, der der andere mal werden wird. Sie tauschen Eskimo-Küsse, sie schmusen, schauen in die Speisekarte.

»Ich möchte eine Schokolade!«

»Die nennen das hier ›Trinkschokolade‹, mein Sohn!«

»Warum denn Trinkschokolade?«

»Das sind verschiedene Wörter für ein und dasselbe Getränk. Hast du Hunger, Sohn?«

»Wo ist mein Kakao?«

»Den müssen wir zuerst noch bestellen.«

Der Junge hat ein rotes Ampelmännchen auf den rechten und ein grünes Ampelmännchen auf den linken Handrücken gestempelt. Er trägt einen Kapuzenpullover. Warum tragen große Jungs so oft Kapuzenpullover? Ist die nach hinten geworfene Kapuze ein Netz, mit dem sie in der Vergangenheit fischen?

Im Speisewagen sitzen jetzt elf Männer, ein dreijähriger Junge und eine schöne dunkelhäutige Frau, die aussieht, als ob sie aus Argentinien kommt. Sie liest ein Buch mit dem Titel: »Die sieben Wege zur Effektivität.« Am schönsten sind ihre Hände, sie sind so schön, sie müssten von Homer besungen werden, vielleicht würde er sagen, ihre Hände seien »rosenfingrig«. Sie hat grüne Augen. Vor ihr auf dem Tisch liegen ein grünes Feuerzeug und eine selbstgedrehte, etwas krumpelige Zigarette. Sie freut sich ganz offensichtlich auf die Ankunft in Berlin. In ihrer Tasche unter dem Tisch steckt eine große Tafel Schokolade, von der sie sich, hinunterbeugend, immer mal wieder ein Stück abbricht.

Der kleine Junge an meinem Tisch sieht seinen Vater an. Und beginnt zu singen.

»Wir werden immer größer! Jeden Tag ein Stück,

336

wir werden immer größer, das ist ein Glück! Papa, warum schrumpelt ihr ein?«

»Noch schrumpeln wir nit, aber Omma und Oppa schon, aber irgendwann mal schrumpeln wir möglicherweise ein.«

»Warum schrumpelt ihr ein?«

»Ja, warum ist das so?« Er kratzt sich am Kopf. »Auf jeden Fall ist es sehr wahrscheinlich, mein Sohn!«

Links hinter mir hat ein Mann Platz genommen, der sofort zu telefonieren anfängt. Er will jemanden in Berlin-Mitte treffen, ich verstehe nur, dass es um Karten für ein Konzert des Skandal-Rappers Bushido geht.

Inzwischen hat der Steward dem Jungen seine Schokolade gebracht, sein Vater hat einen Latte macchiato bestellt. Der Junge trinkt seine Schokolade in kleinen Schlucken. Manchmal singt er auch: »Ich geh mit meiner Laterne und meine Laterne mit mir, da oben stehen die Sterne und unten stehen wir!«

»Nicht so laut, mein Sohn.«

Der Junge wird ungeduldig, zappelig, Bewegungsdrang. Er verschwindet unter dem Tisch, gluckst, kichert. Sein Vater ermuntert ihn: »Krabbel mal zu dem Mann und sag ihm, dass wir bezahlen wollen.«

Der Junge krabbelt los. Er hat fast die Bordküche erreicht, als der Mann mit den Bushido-Karten sein Bein wie einen Schlagbaum über den Gang herabsenkt und den Jungen am Weiterkrabbeln hindert. Der Kleine schaut ihn erstaunt an.

Der Mann hat eine Boxernase. Er ist Mitte vierzig. Er spricht jetzt mit betont amtlicher Stimme.

»Halt, Kontrolle! Wollen Sie nach Österreich? Haben Sie einen Pass? Bitte zeigen Sie mal Ihren Pass!«
Der Junge staunt und schweigt, der Vater lächelt, die Grünäugige dreht sich um.

»Du musst sagen: ›Österreich‹. Hier, nimm meinen Pass und jetzt frag nochmal!« Der Mann reicht dem Jungen seinen grünen Reisepass.

»Will nach Österreich!«

»Da muss ich einmal meinen österreichischen Kollegen holen. – Grüß Gott! Haben Sie eine Pistole dabei? Haben Sie Zigaretten dabei? Oder haben Sie eine Bombe dabei? Nein, na, dann dürfen Sie einreisen!« Der Junge will weiterkrabbeln, aber da lässt der Mann das andere Bein herunter.

»Wo wollen Sie hin? Wollen Sie vielleicht in die Schweiz? Warten Sie einmal, muss rasch meinen Schweizer Kollegen holen. – Grüezi! Händ Si än Pass? Händ Si öppis z'verzollä? Händ Si Zigarettä debi, händ Si ä Pischtole debi oder äs Bömbli? Händ Si nöd debi? Händ Si Schii debi, wänd Si gogä Schifahrä? Nöd? Si wänd nöd gogä Schifahrä? Erschtuunli! Aso güät, Si chönd iireisä.«

Der Junge will gar nicht mehr weiterkrabbeln. Er will nur noch spielen. Die Boxernase spielt die Szene noch mal auf Englisch durch.

»Hello, do you want do go to England. Maybe you show me your passport, please. Do you have bombs? Or pistols? Drugs?«

Der Junge darf jetzt einreisen. Er kräht: »Wir wollen zahlen!« Dann krabbelt er wieder zurück. Wieder lässt der Mann den Schlagbaum herunter.

»Sie wollen also nach Deutschland einreisen? Warten Sie einen Augenblick, ich hole meinen deutschen Kollegen. – Da bin ich schon. Haben Sie etwas zu verzollen? Haben Sie einen schönen Urlaub in der Schweiz verbracht? Führen Sie Bomben, Pistolen oder Drogen mit sich? Ein Messer? Nein, na, dann wünsche ich Ihnen eine gute Reise!«

Die Grünäugige lächelt die Boxernase an, der Vater dankt dem Grenzbeamten, der Steward, der bis dahin mit kühler Grandezza bedient hat, lächelt ein erstes Mal. Er heißt Pressbaumer. Er trägt einen grauen Dreitagebart. Ich frage ihn, woher er diesen interessanten Namen habe. Er lächelt ein zweites Mal: »Das ist alter österreichischer Adel!«

»Und wo haben Sie das Von gelassen?«

Er lacht und verwandelt sich in einen Lausbuben: »Verarmt, verarmt! Verarmter Adel! Können uns nicht mal mehr ein ›Von‹ leisten.« Er sieht jetzt aus, als habe er jemandem einen Kirschkern in den Nacken geschnippt.

Wir erreichen Berlin-Spandau. Der Mond ist aufgegangen, die leeren Äste und Zweige malen gespenstische Graffiti in die Nacht. Sitzt da nicht einer im Baum und wirft seine Angel aus? Was ist das für ein Schatten? Ein Sprayer auf der Flucht, ein Greis im Nachthemd, geflohen aus seinem feuchten Bett? Die Grünäugige lässt ihr Buch in die Tasche gleiten, isst ein letztes Stück Schokolade und steckt sich schon die kalte Zigarette zwischen die Lippen. Der Mann mit der Boxernase zieht seinen Wollmantel an. Ich frage

ihn, ob er heute zu Bushido geht. Er sieht mich be-
fremdet an:

»Ich? Bushido? Nie, das ist ja jugendgefährdend,
das sollte man verbieten, ein ganz schlimmer Typ,
ganz schlimm.«

Ich habe immer gedacht, die Welt würde von Erwachsenen regiert und nicht von großen Jungs und großen
Mädchen. Meistens ist man älter und jünger als man
gerade denkt. Ich sehe vom Bahnsteig noch einmal in
den Speisewagen. Herr Pressbaumer zieht die Tischde-
cken ab, ich sehe einen Mann, er ist vielleicht vierzig,
der ins Leere zu starren scheint. Er sieht aus, als hätte
jemand vergessen, ihn abzuholen. Nein, er trägt kein
Schild um den Hals, auf dem sein Name steht und
sein Ziel. Das bin ja ich!

Ich werfe meine Kapuze über, die Grünäugige zündet ihre Zigarette an und vor mir – schon in einiger
Ferne – hopsen Vater und Sohn über den Bahnsteig.

Hürdenläufer

Ich sah zuerst nur sie, seine Begleiterin. Ihn sah ich nicht. Er schafft es nie in den Speisewagen, dort ist es zu eng für ihn und seinen Rollstuhl. Seine Begleiterin setzte sich mit vielen Taschen und Tüten in den Speisewagen und von Weitem sah sie wie eine Autonome aus. Eine ältere Frau, die vermutlich viel jünger war, als man dachte. Sie trug ein Kopftuch, auf dem ein Totenkopf grinste. Sie blickte müde, war in sich zusammengesunken. Sie bestellte nichts, in einer knappen halben Stunde würden wir Berlin erreichen. Ich stand auf, um mir die Beine zu vertreten, aber auch aus Neugier. Ich wollte sie aus der Nähe betrachten. Wer war sie? Ich ging an ihr vorbei, sie blickte nicht auf. Vor der Toilette stand ein Rollstuhlfahrer. Ich sah ihn an und fragte: »Ist besetzt?«

»Ja, ist besetzt!«

Ich blieb stehen. Wartete.

Er hatte weder Arme noch Beine. Ich erinnerte mich, ihn schon einmal vor einigen Jahren in Berlin gesehen zu haben. Es ist leicht, einen Menschen ohne Arme und Beine nicht zu vergessen. Er saß damals vor einem Feinkostgeschäft in Berlin-Steglitz und mir fiel wieder ein, was ich gedacht hatte. Ist er allein? Wie schafft man es durchs Leben ohne Arme und Beine? Warum steht er dort? Bettelt er? Warum – ertappte ich mich selbst beim stigmatisierenden Denken – nimmst

341

du an, dass er bettelt? Weil er ein Mensch ohne Arme und Beine ist? Es gibt keinen zwangsläufigen Zusammenhang zwischen körperlicher Behinderung und Bettelei. Er wird warten, so wie andere Menschen auch auf jemanden warten, weil sie keine Lust hatten, mit ins Geschäft zu gehen. Ich hatte damals überlegt, ihn anzusprechen. Vielleicht brauchte er Hilfe? Andererseits zeigte seine Miene keinen Ausdruck gesteigerter Bedürftigkeit. Er sah vor sich hin, hin und wieder folgte sein Blick einem Passanten, aber er sendete keine Signale aus, dass er nicht zurechtkäme. Aber vielleicht, dachte ich, kann er auch nicht sprechen? Du diskriminierst ihn schon wieder, nur weil er keine Arme und Beine hat, muss er doch nicht stumm sein oder keine Zunge haben. Und – um dem nächsten aufmarschierenden Vorurteil zu begegnen – eine körperliche Behinderung bedeutet doch nicht, dass er geistig behindert ist.

In diesem Augenblick wurde mir klar, dass ich damals lange über ihn nachgedacht hatte. Jetzt saß er hier und diesmal würde ich ihn fragen, wer er ist, wie er lebt und ob ich ihm helfen kann.

»Kann ich Ihnen helfen? Oder hilft Ihnen schon jemand?«

»Meine Begleiterin hilft mir, sie sitzt dort drüben.« Er wies mit dem Kopf zu der Frau mit dem Piratenkopftuch. »Aber Sie können uns trotzdem beim Aussteigen helfen. Die vielen Taschen! Einen Lift haben wir schon bestellt.«

»Es dauert aber noch eine Viertelstunde, bis wir in Berlin sind.«

»Ja, aber das Gedränge. Lieber bin ich schon früher am Ausstieg. Unser Platz war sowieso besetzt.«

Inzwischen war seine Begleiterin herangetreten.

»Ihr Platz war besetzt?«

Sie sagte: »Ja, wir hatten die Plätze schon vor ein paar Tagen gebucht – das machen wir immer so –, aber als wir kamen, stand ein anderer Rolli auf unserem Platz.« Sie war seit einigen Jahren seine Begleiterin, sie zog ihn an und aus, sie gab ihm Essen und Trinken, sie wusch ihn und hob ihn nachts ins Bett, es musste eine sehr anstrengende Arbeit sein.

Ich machte ein paar einfältige Bemerkungen über rechtzeitiges Reservieren. Im Gespräch mit ihm fühlte *ich* mich behindert. Hast du etwas Falsches gesagt? Hast du ihn unbewusst beleidigt? Bist du ihm zu nahe getreten? Versuch doch selbst so normal wie möglich zu sein, du musst doch keine Schonsprache sprechen!

»Sind Sie ohne Arme und Beine geboren worden?«

»Ja. Ich war so von Geburt an.« Und er fuhr fort, als ob er meine nächsten Fragen schon kennen würde. »Ich bin in einem Heim in der DDR aufgewachsen. Aber über meine Eltern möchte ich nicht sprechen.«

Er erzählte, dass er am 9. November, als die Mauer gefallen war, mit einem Bekannten zum Brandenburger Tor gefahren sei. Er lebte damals in einem Alten- und Pflegeheim in Potsdam und wollte in dieser Nacht unbedingt zur Mauer.

Er sprach sehr selbstbewusst. Wenn ihm eine Frage nicht passte, sagte er das, ansonsten gab er freimütig Auskunft. Sie kamen gerade von einem Konzert zurück. Ja, er habe eine Weile in Berlin gelebt, aber nun sei er wieder in seine Heimat nach Thüringen – oder war es Sachsen-Anhalt? – zurückgekehrt.

»Ich bin viel unterwegs. Ich besuche Freunde, gehe auf Konzerte oder besuche eine Stadt, die ich noch nicht kenne.«

Er war 37 Jahre alt. Er hatte dichtes, kurzes Haar. Ich glaube, das weiß ich nicht mehr mit Sicherheit, er trug einen Schnurrbart.

Er erzählte, er sei früher sehr viel in ganz Europa herumgekommen, aber jetzt sei er im Ruhestand. Was er denn gearbeitet hätte, wollte ich wissen.

»Ach, das ist doch nicht wichtig!«, sagte er, aber ich merkte, dass er auf meine Nachfrage wartete. Ich konnte mir kaum eine Tätigkeit vorstellen, die ihn durch ganz Europa geführt haben könnte, aber das lag wohl wieder daran, dass ich ihn unterschätzte.

Dann erzählte er, dass er jahrelang mit der Kelly-Family auf Tournee durch Europa gewesen sei. Aber nach dem Tod des Patriarchen Dan Kelly sei die Kelly-Family auseinander gegangen.

»Sie kennen doch die Kelly-Family?«

Wer in meinem Alter kennt die Kelly-Family nicht?

»Die Kelly-Kinder haben es immer schwer gehabt!«, sagte er. »Immer nur arbeiten, ins Studio, Platten aufnehmen.«

»War Vater Kelly ein Familientyrann?«

Er antwortet nicht. Falsche Frage? Wir erreichten Berlin. Am Bahnsteig wartete schon ein Rollstuhllift. Der Zug kam fast exakt an der Stelle zum Stehen, wo der Lift stand. Ich hatte, außer dem Laptop, kein Gepäck dabei. Ich nahm zwei große Taschen, wobei sich in einer Tasche ein großes Waffeleisen befand, das er günstig gekauft hatte. Er fuhr ohne weitere Komplikationen auf die metallene Hebebühne und landete sicher auf dem Bahnsteig. Sie wollten zum Bahnhof Zoo, wo sich ihr Hotel befand, und da ich die gleiche Richtung hatte, gingen wir zusammen. Er fuhr vorneweg. Seinen Rollstuhl steuerte er mit der Schulter. Wenn ihm jemand im Weg stand, rief er »Achtung!«. Man merkte, dass er es gewohnt war, sich seinen Weg zu bahnen. Da ich in seinem Schlepptau lief, spürte ich all die verstohlenen und offenen Blicke, die ihm galten. Wir mussten lange vor dem Aufzug warten. Als wir endlich einsteigen konnten, fuhr er den Stuhl rasch hinein und wendete ihn auf engstem Platz, so dass er wieder mit dem Gesicht nach vorn zum Fahrstuhlausgang stand. So fuhren wir ein Stück hinab, um die Ebene zu wechseln und fuhren dann mit dem nächsten Fahrstuhl auf den S-Bahnsteig. Er steuerte zielstrebig auf das Ende des Bahnsteigs zu, dort, wo die Spitze des Zuges hält. Ich fragte, warum er in den ersten Wagen einsteigen wollte?

»Dann sieht uns der Fahrer auf jeden Fall, manchmal dauert es ja ein bisschen länger, bis wir eingestiegen sind.«

Als wir in den ersten Wagen eingestiegen waren – ich kippte seinen Stuhl dabei leicht an –, trafen wir auf einen anderen Rollstuhlfahrer. Er war tadellos gekleidet, eine etwas zu große Jack-Wolfskin-Jacke hing um seine Schultern. Die Hände des Mannes waren spastisch gelähmt und sein Körper lag schief in dem Stuhl.

Mein Begleiter sah ihn an und sagte: »Hey, wir kennen uns doch? Du bist doch der Rolf. Wir waren zusammen in Potsdam im Heim. Oder?«

Der andere versuchte zu sprechen. Ich konnte aus keinem seiner Laute ein Wort erkennen, aber mein Begleiter – wir hatten einander nicht mit Namen vorgestellt – schien ihn ansatzweise verstehen zu können.

»Wo bist du denn, immer noch in Potsdam?«

Der Mund des anderen zuckte wieder unkontrolliert und diesmal bildete ich mir ein, zumindest einen Wortfetzen verstanden zu haben.

Er war nicht allein, aber die Frau, die ihn begleitete, machte einen merkwürdig abwesenden und zugleich auch gehetzten Eindruck. Sie sah aus, als hätte sie selbst jemanden gebraucht, der ihr hilft. Wir passierten die Stationen Bellevue und Tiergarten.

»Du, wir müssen gleich aussteigen, ich geb dir mal meine Telefonnummer, dann kannst du mich mal anrufen und wir unterhalten uns mal ein bisschen.« Er wandte sich an mich: »Haben Sie einen Stift und Papier?«

Ich zog einen Filzstift und eine Visitenkarte aus meiner Tasche. Seine Begleiterin notierte die Nummer auf meine Karte und steckte sie dem anderen in seine verkrampfte Hand. Dort wollte sie nicht bleiben, rutschte heraus, sie steckte die Karte in eine seiner Jackentaschen. Die Begleiterin des anderen – war sie überhaupt seine Begleiterin – schaute uns fast feindselig an, so als hätten wir ihr Arbeit verursacht.

»Also dann, mach's mal gut!«

Der andere reagierte wieder, ob zustimmend, grüßend, fragend oder bejahend konnte ich nicht ausmachen. Wie wollten die beiden miteinander am Telefon reden?

Als wir am Bahnhof Zoo ausstiegen, sagte mein Begleiter: »Armer Kerl, und was war denn das für eine Begleiterin?«

Weil der Fahrstuhl am Bahnhof Zoo so winzig war, fuhr ich mit der Rolltreppe nach unten, während die beiden sich mühsam in den Aufzug quetschten.

»Wir treffen uns dann unten!«

Unten in der Ladenzeile trennten sich unsere Wege. Ich gab ihr die Taschen. Sie hängte eine an den Rollstuhl, schulterte die andere. Sie würden auch das schaffen. Sie hatten einen langen Weg hinter sich. Und noch so manchen vor sich. Ich winkte ihnen zu: »Also dann…!«

»Und vielen Dank!«, sagte er und steuerte den Rollstuhl sicher durch die halboffen stehende Tür.

Pechsträhne

»So ein beschissenes Jahr. Das war das beschissenste Jahr meines Lebens. Ich habe noch nie so viele Scheiße erlebt. So viele Scheiße kann man gar nicht fassen. Es fing zuerst harmlos an. Im Januar gab meine Waschmaschine den Geist auf, total verkalkt. Gut, die hatte ich zehn Jahre, die kann schon mal kaputtgehen. Hab ich halt 'ne neue gekauft, aber natürlich nur 'ne gebrauchte, weil ich grad auch nicht so viel Geld hab.

Dann war das Schlüsselbein dran, im Februar war es arschkalt und eisig. Und was mach ich Trottel? Ich trinke was, gar nicht viel, aber immerhin ein paar Bier werden es schon gewesen sein und fahr mit dem Fahrrad den Bürgersteig hoch, fall auf die Schnauze und breche mir das Schlüsselbein. Haste dir schon mal das Schlüsselbein gebrochen? Tut höllisch weh.

Im März hatte ich die Filzläuse, weißt du, was das ist? Ich bin, sag ich ganz klar, der offene Typ, sexuell ziemlich aktiv, und da hab ich mir die Viecher irgendwo geholt. Meine Fresse, das juckt, sag ich dir.

Im April ist eigentlich nichts Schlimmes passiert, abgesehen davon, dass meine Katze zur Dialyse musste, jetzt geht es ihr wieder besser, auch weil ich sie homöopathisch behandle. Der Frühling ging gut los, nach langer Zeit hab ich mich mal wieder richtig verliebt, aber als wir dann zusammen im Juni in den

348

Urlaub fuhren, hat sie mir den Laufpass gegeben und das hat mich ziemlich fertig gemacht, weil ich echt große Hoffnungen gehabt hatte. Ich hab dann mein altes Herumstreunen wieder aufgenommen, im Netz findet man ja schnell jemanden, mit dem man unkompliziert zur Sache kommen kann. Schließlich bin ich bei einer Frau gelandet, die wirklich supernett war, aber nur mit mir vögeln wollte, wenn sie dabei Boxkämpfe oder Wrestling-Schlägereien anschauen konnte. Und weil das ja nicht immer im Fernsehen kommt, hatte die ein regelrechtes Archiv, und immer wenn wir ins Bett gehüpft sind, hat die erst mal eine DVD eingelegt. Auf die Dauer turnt das doch ganz schön ab, obwohl ich in dem Bereich ja schon das ein oder andere erlebt habe.

Schließlich ist noch mein Auto mit Totalschaden liegen geblieben, und wovon ich mir ein neues kaufen soll, weiß ich noch nicht. Vielleicht schenkt mir mein Bruder sein altes.

Ich habe gerade das Gefühl, dass ich alles an die Wand gefahren hab, mein Job ist unbefriedigend, seitdem ich nicht mehr rauche, nehme ich zu und meine Haare werden auch immer weniger. Und wo ich Weihnachten feiern soll, weiß ich auch noch nicht. Meine Eltern sind nach Teneriffa geflogen, die Freundin meines besten Freundes ist sauer auf mich, das geht also auch nicht, und mein Bruder hat drei Kinder und macht auf heile Welt. Ich bin wohl in einer Midlife-Krise. Kann nur noch besser werden.«

»Meine Damen und Herren, wegen eines Schadens an der Oberleitung verzögert sich unsere Weiterfahrt leider auf unbestimmte Zeit. Wir informieren Sie, sobald der Schaden behoben ist. Über ihre Anschlusszüge werden wir Sie selbstverständlich rechtzeitig informieren. Wir bitten um Ihr Verständnis.«

Nachtschicht

Es ist kurz nach Mitternacht. Der ICE verlässt die Stadt von Gleis dreizehn. Er fährt von München Hauptbahnhof nach Leipzig Hauptbahnhof. Er fährt durch die Nacht und soll sein Ziel am frühen Morgen erreichen. Der Zug führt einen Speisewagen mit sich, der durchgehend geöffnet ist.

Ich warte auf die Nachtgestalten. Das Gleis ist noch leer, noch kein Zug in Sicht. Der dichte Trubel des Tages ist vorbei, es sind nur noch wenige Reisende unterwegs. Ein Mann putzt die Scheiben eines Ladens mit einem Fensterwischer, ein letztes Geschäft im Bahnhof hat noch geöffnet. Hier stapeln sich bereits die Weihnachtsmänner, die Engel, Lebkuchen und Oblaten, Spekulatius und Pfeffernüsse. Der Mann an der Kasse plaudert mit einem Wachschutzmann. Einer der letzten ankommenden Züge spuckt ein paar Reisende aus, sie fliehen regelrecht aus der weiten Öde der Halle.

Drei Polizisten dagegen patrouillieren betont langsam durch den Bahnhof, sehen sich nach allen Seiten um. Pfandflaschensammler ziehen über die Bahnsteige, ihr Blick ist tausendfach justiert, man sieht es daran, wie sie über den Abfalleimern stehen, wie Raubvögel, sie neigen den Kopf, finden sofort den richtigen Blickwinkel und schauen so zielgerade bis auf den dunklen, übelriechenden Boden des Abfalleimers.

Eine Wischmaschine fährt schnurrend auf und ab und zieht feuchte Streifen hinter sich her, drei junge Männer stehen mit einem Kasten »Spatenbräu« herum, schlagen sich auf die Schultern und verschwinden. Zwei Japanerinnen stehen vor einem französischen Train à grand Vitesse, der wie ein aufgelaufenes Schiff verlassen am Bahnsteig liegt und fotografieren sich davor. Ich gehe den TGV entlang, er kommt vom Gare de l'Est. Das Innenlicht ist im Sparmodus, kein Mensch mehr zu sehen, auch kein Personal. Der Speisewagen des TGV leuchtet neonfarbengrün, violett und blau und sieht aus wie eine coole Bar aus einem Film von Jean-Jacques Beineix. Ein Kind, ein schönes Mädchen, steht allein am Gleis und zieht sich frierend die Kapuze ihres Anoraks über den Kopf. Wo sind die Eltern? Ich gehe ganz nah an ihr vorbei. Sie hat große, dunkle Augen, auf ihrer Wange blüht ein Ekzem, sie ist kein Kind mehr, sie ist bloß sehr klein, eine junge Frau, kaum größer als ein zehnjähriges Mädchen. Auf einer Bank sitzt ein kräftiger Mann im schwarzen Ledermantel, er trägt eine Sonnenbrille, hat lange, schwarze, filzige Haare, ein gutes Dutzend Ringe durchbohren Ohren, Nase und Mund. Die langen Beine hat er ausgestreckt, er hört Musik, die Hände trommeln einen hektischen Takt. Plötzlich springt er auf, läuft davon. Wir sehen ihm nach.

Der Zug ist überfällig. Es ist jetzt zwanzig Minuten nach Mitternacht. Es gibt keine Durchsage, nichts wird angezeigt. Die Wartenden werden langsam unruhig, es mögen sechzig oder siebzig Reisende sein. Ich gehe weiter zum Ende des Bahnsteigs. Dort stehen drei Schaffner. Sie telefonieren. Sie wollen wissen, wo ihr Zug bleibt.

»Dann machen wir das jetzt!«, sagt einer in sein Handy und beendet das Gespräch. Die Schaffner setzen sich in Bewegung. Ihr Anführer ruft: »Der Zug fährt von Gleis sechzehn ab, bitte gehen Sie zu Gleis sechzehn! Bitte gehen Sie zu Gleis sechzehn!« Die Nachricht pflanzt sich wie ein Schneeball, der talwärts rollt, fort und alle wechseln jetzt den Bahnsteig. Kaum jemand sagt etwas, es ist ein stummes Eilen und Hasten.

Jetzt ist es halb eins und wir fahren ab.

Niemand sitzt im Speisewagen. Niemand kommt. Ich sitze allein. Der Steward braucht einige Zeit, bis er alles eingerichtet, geöffnet und die Kasse übernommen hat. Ich bestelle einen schwarzen Tee, wach bleiben jetzt, keinen Alkohol, der müde macht. Ich kann hören, wie einige Gäste an den Bistrotresen herantreten und etwas bestellen, ein Bier, einen Kaffee, etwas Schokolade. Der Steward serviert meinen Tee. Wir haben noch die ganze Nacht vor uns. Er geht, ich warte, niemand kommt. Ich versuche, mir die Zeit zu vertreiben, indem ich die Lichtquellen im Speisewagen betrachte. Es gibt weißes, kaltes Deckenlicht, es gibt kleine Halogenspots, es gibt zwei Lichtleisten, die links und rechts entlang des Wagens laufen, und auf den Tischen steht eine Lampe, die milchiges Licht spendet. Es ist alles in allem ein sachliches, nüchternes Licht, kein französisches Licht. Zum Mond fällt mir auch nichts mehr ein, er macht Dienst nach Vorschrift, hängt lustlos und beamtenhaft herum. Ich werde plötzlich auf eine Stimme aufmerksam. Ein Fahrgast zetert im Bistro: »Scheiß-Bio, alles Bio, ich will kein Bio, Scheiß-Bio-Frikassee, Scheiß-Bio-Suppe, alles Bio-Scheiße, überall Bio, Bio Bio!« Dann herrscht unvermittelt wieder Stille. Draußen ist nichts zu erkennen, hin und wieder ein verwischtes Licht. Nichts fügt sich, alles zerfällt in Augenblicke, kein Gast, keine Geschichte. Der Steward geht im Speisewagen noch einmal auf und ab und richtet die Speisekarten aus, zupft hier und da an einem Tischtuch und wischt mit der Hand ein paar Krümel weg. Ein halbe Stunde später macht er genau den gleichen Gang nochmal und streicht wieder mit der Hand über ein Tischtuch, auf dem schon längst keine Krümel mehr liegen. Der Zug hält auf offener Strecke.

»Meine Damen und Herren, wir sind nochmal zum Halten gekommen, wir fahren in Kürze weiter.« Es ist vierzehn Minuten nach zwei. Der Zug ruckt wieder an. Ich bestelle einen zweiten Tee. Der Steward tritt an meinen Tisch und fragt: »Darf ich mal?« Er nimmt sich einen Aldi-Werbeprospekt, der meiner Zeitung beilag.

»Der Kleine«, sagt er, »wünscht sich zu Weihnachten einen Computer!« Mehr sagt er nicht. Meine Fragen beantwortet er einsilbig. Er will sich nicht unterhalten. Ich kann mir sein Gesicht nicht merken, kaum hat er mich verlassen, fehlen mir die richtigen Worte, um es zu beschreiben.

In Nürnberg steigt eine Frau zu, die lebhaft telefoniert. Es ist mittlerweile halb drei. Ein spindeldürrer, schwarz gekleideter Mann steigt zu, er hat keine Jacke, kein Gepäck, hält aber in jeder Hand eine Bierflasche. Seine Arme hängen schlaff herunter. Er schaut einmal in den leeren Speisewagen, biegt ab und setzt sich in den Großraumwagen. Er trägt einen schwarzen Pullover, darunter steht ein weißer Hemdkragen hervor, er sieht aus wie ein versoffener Kommunionsschüler. Ich vertiefe mich wieder in meine Zeitung und lese jede Meldung aufmerksam und ohne, wie sonst üblich, Absätze zu überspringen. Die Nacht dehnt sich endlos.

Um die Müdigkeit abzuschütteln, vertrete ich mir die Beine und wandere durch den Zug. Der Kommunionsschüler ist eingeschlafen, eine leere Flasche Bier liegt neben ihm. Ganz vorne, in der 1. Klasse, wacht ein einziger Mann. Er arbeitet an seinem Laptop. Es ist halb vier. Alle anderen schlafen. Sie haben Kapuzen oder Pullover über das Gesicht gezogen, sich mit Mänteln zugedeckt, sie liegen gekrümmt und gequetscht auf den Sitzen, einer hat seinen Kopf auf den Tisch vor sich gelegt. Münder stehen offen, einer schnarcht, ein Kopf lehnt an einer Schulter, ein Kopf liegt in einem Schoß. Die kleinwüchsige junge Frau liegt auf den Sitzen wie in einem bequemen Bett. Einige liegen in Embryonalhaltung, andere versuchen, mit ihren Füßen die gegenüberliegenden Sitze zu erreichen. Ich habe das Gefühl, einen Film zu betreten, der mich einlässt wie einen fremden Gast, der alles heimlich beobachten darf, aber nicht mitspielt. Ich will niemandem zu nahe treten und schaue nur flüchtig in die Gesichter. Sie würden sicher erwachen, wenn sie die Last meines

Blickes spüren würden, es ist ein leichter, unruhiger Schlaf. Der Zug legt sich in eine Kurve, ich komme aus dem Tritt, stütze mich ab und lande mit dem Gesicht fast im Gesicht einer schlafenden Frau. Sie lächelt im Schlaf, als spiele sie ein heimliches Wissen aus, das sie über jeden Zweifel erhaben macht. Ihre gelassene Ruhe zieht mich mächtig an, sie sitzt allein, in dem großen Wagen ist sie beinahe der einzige Gast. Ich setze mich ihr gegenüber auf die andere Seite des Ganges, sie zeigt keine Regung, sie hat mich nicht bemerkt. Eine Hand liegt entspannt auf dem Bauch, die andere ist zur Seite gefallen. Ich möchte diese Hand berühren, schiebe meine Hand ein Stück vor, bin immer noch weit entfernt, beuge mich vor, was, wenn mich jetzt jemand sieht, sie ist noch zu weit weg, um ihr Haar riechen zu können. Der Zug fliegt jetzt dahin, die Nacht leistet keinen Widerstand. Ihre Fingernägel schimmern matt. Eine Durchsage. Ich erschrecke, denke, sie erwacht, ich schließe die Augen, sie rührt sich nicht, ich warte, nichts. Der Zug wird langsamer und langsamer und kommt zum Halten. Sie schläft, ich gehe.

Ich habe mich längst damit abgefunden, dass ich der einzige Gast heute Nacht im Speisewagen bleiben werde. Der Steward sitzt noch immer am Tresen, studiert Prospekte und sieht nicht auf, als ich an ihm vorbeigehe. Vielleicht schläft auch er hinter den gesenkten Lidern. Das Morgengrauen ist jetzt – mitten im Winter – noch weit entfernt. Ich setze mich wieder an meinen Platz. Mein Kopf sinkt zur Seite, ein kurzer blauer Traum. Die Bar des TGV weckt alte Kinobilder: »Betty Blue – 37,2 Grad am Morgen«. Betty, die küsst, liebt, trinkt, raucht und um sich schlägt, Betty, die sich ein Auge ausreißt, Betty im Krankenhausbett, Betty und das Kissen, mit dem ihr Freund, der Schriftsteller, sie erstickt. Er hat sie so sehr geliebt, dass er sie tötet, weil er weiß, dass sie es so gewollt hätte. Und dann sitzt er am Tisch, schreibt und eine Katze, die ihm eine Nachricht von Bettys Seele gibt, streift um seine Beine.

Es ist kurz nach fünf. Der erste Gast kommt. Ein junger Mann mit verquollenen Augen und dickem Schal um den Hals. Er setzt sich an das entgegengesetzte Ende des Speisewagens und bestellt ein Frühstück. Da draußen gehen jetzt nach und nach die Lichter an. Es ist nicht mehr weit bis nach Leipzig.

In dieser Stunde wälzen sich die Vertreter in den Hotels mittlerer Preisklassen aus ihren Betten, das Büfett erwartet sie schon, Kaffee wird auf Vorrat gebrüht, die Putzkolonnen ziehen durch die Büros, der Hausmeister der Schule raucht seine erste Zigarette und löst ein Kreuzworträtsel, der Zeitungszusteller zieht den jetzt leeren Wagen hinter sich her, in den Krankenhäusern sitzen die Nacht- und die Frühschicht zusammen und besprechen die Übergabe, in den Obdachlosenasylen werden die Gäste der Nacht geweckt, der Taxifahrer gibt seine Schlüssel in der Zentrale ab, der Briefträger füllt seine Taschen, die ersten Jogger schnüren die Schuhe, die Mülllaster brechen zu ihren Touren auf, der Straßenkehrer befestigt seinen MP-3-

Player am Gürtel, unruhige Hunde werden von der Leine gelassen, die ersten Laptops werden hochgefahren, die Flugzeuge schlucken Kerosin, der Patient wird für die Operation gewaschen und rasiert, die Bäckereien öffnen ihre Türen, der Säugling verlangt nach der Brust, die Schwarzarbeiter fahren über die Grenze, die Marktstände werden aufgebaut, in den Gefängnissen knallen die Schlüssel ins Schloss, in den Supermärkten werden die Regale aufgefüllt, die Schlachthöfe putzen sich heraus, die Moderatoren des Frühstücksfernsehens gehen zum zweiten Mal in die Maske, in den Altersheimen wird Hagebutten-Tee über die Flure geschoben, die Schulmädchen setzen die ersten SMS ab, die Handy-Displays treten ihren Dienst als Orakel an, der Bestatter zählt seine Leichen, den Träumen geht die Luft aus, erste Schatten schälen sich aus der Schwärze der Nacht.

Das ist die Stunde, in der der Zug in den Bahnhof einfährt.

Stille Nacht

Die meisten haben sich längst in Sicherheit gebracht. Es ist Heiligabend. Wenig Verkehr auf den Straßen, die Stunde der Bescherung ist lange vorbei. Feiner Nieselregen sprüht auf die Stadt. Der Bus ist nahezu leer, als ich einsteige, wünscht mir der Fahrer »Frohe Weihnachten«. Im Kanzleramt brennt Licht, aber Menschen sind nicht mehr zu sehen. An der Fassade des Hauptbahnhofs hängen Weihnachtssterne, die violett schimmern. Die endlosen Ebenen dieser architektonischen Wunderkiste sind fast menschenleer. Ich stehe oberhalb eines großen Tannenbaums, den ich, wenn ich sprunggewaltig wäre, mit einem kühnen Satz erreichen könnte. Ein Plastikbaum? Steht man auf den obersten Ebenen des Bahnhofs, ergreift einen beim Blick auf die untersten Gleise ein betäubender Schwindel. Der Zug nach Köln hat Verspätung.

»Der ICE an Gleis 13 wird wegen einer Störung des Triebfahrzeugs 15 Minuten später eintreffen. Wir bitten um Ihr Verständnis.«

Ein schwer bepackter Mann fotografiert sich mit seiner Digitalkamera selbst. Er hat sie auf ein kleines Stativ gestellt, drückt den Selbstauslöser und tritt vier Schritte zurück. Ein Mann rennt mit wild rudernden Armen vorbei. Er schreit: »Wir hassen diese Familien, wir hassen sie. Familien! Familien!«

Oben auf dem Bahnsteig stehen höchstens vierzig

oder fünfzig Menschen, ich habe Zeit, die gesamte Länge des Bahnsteigs abzugehen und die Reisenden zu zählen. Bei dreißig höre ich auf. Es ist Heiligabend. Ein Polizist steht da. Ein älterer Türke geht herum und fragt mehrfach Wartende: »Fährt Zug nach Köln?« Ein junger Mann hetzt von Reisendem zu Reisendem. Er will Geld. Ich höre von Weitem nur Fetzen, »Zweifffünfzich« und »Brandenburg«. Jetzt hat er mich entdeckt, er taxiert mich kurz, er hält mich offenbar für einen aussichtsreichen Kandidaten. Ich kenne solche wie ihn. Vor zwanzig Jahren gab ich einem jungen Mann fünf Mark, der durch den Zug rannte und behauptete, seine Börse sei gestohlen worden und weil er nicht schwarzfahren wolle, brauche er Geld. Nur leihen, nur leihen! Er wollte meine Adresse. Er meldete sich nie. Er hatte genau diese flackernden Augen wie der junge Mann, der jetzt vor mir steht. Er ist süchtig. Bevor ich ihm etwas gebe, will ich wissen, wer er ist. Er kommt aus Spandau, sagt er zumindest, er sei gelernter Schlosser und siebenundzwanzig Jahre alt. Nein, er wolle jetzt zu Kollegen nach Brandenburg, aber ihm fehlen noch zwei Euro und fünfzig Cent zum Ticket. Ich glaube ihm kein Wort. Er tritt ruhelos von einem Bein auf das andere. Ich gebe ihm einen Euro, er rennt davon. Endlich kommt der Zug. Ich setze mich sofort in den Speisewagen. Vor mir sitzt ein Vater mit seiner Tochter. Sie ist vielleicht fünfzehn oder sechzehn und liest »Diabolus« von Dan Brown. Ihr Vater, der das dichte Haar schulterlang trägt und wie ein erfolgreicher Boulevardjournalist aussieht, liest die »Bild«-Zeitung. Irgendwann im Laufe der Fahrt schmiegt sie lesend ihren Kopf an seine Schulter. Hinter mir sitzt eine sehr dicke Frau in Gesellschaft eines mageren Mannes mit struppigem Schnauzbart und bierfeuchten Bartspitzen.

Ein junger Mann betritt den Speisewagen und bestellt ein Bier. Er schaut rüber und wünscht »Frohe Weihnachten!«. Er ist ganz erhitzt. Als sein Bier kommt, prosten wir uns zu. Er will sprechen, er hat gute Laune, ich setze mich an seinen Tisch.

»Sie sitzen jetzt mit dem Weihnachtsmann an einem Tisch!«

»Bist du Student?«

»Ja, ich habe elf Familien beschert!«

»War das dein erster Einsatz als Weihnachtsmann?«

Er nickt.

Ich erinnerte mich an meine Einsätze als Weihnachtsmann, Anfang der neunziger Jahre. Es war ein sehr guter und einträglicher Job für einen Studenten, man konnte damals 500 bis 600 Mark in ein paar Stunden verdienen. Man kaufte sich ein Kostüm, wurde von den Heinzelmännchen, der Arbeitsvermittlung des Studentenwerks, ein bisschen geschult (»Kein Alkohol, unter dem Kostüm bitte eine dunkle Hose tragen und pünktlich sein!«) und erhielt dann zehn bis vierzehn Familien in einem Viertel zugeteilt, das man sich meistens aussuchen konnte. Das beste Trinkgeld, das ich einmal zugesteckt bekam, waren 100 Mark und der Typ, der es mir gab, sah aus wie das Klischee eines Zuhälters. Blond gefärbtes Haar, dicke Ringe und Ketten, Ballonseiden-Hose, eine fette Rolex am Handgelenk.

»Ich bin ein Veteran«, sage ich. »Ich war sechsmal unterwegs und habe es immer gern gemacht, obwohl es auch sehr anstrengend war.«

Er erzählt ein bisschen von seinen Erlebnissen. Es gab eine ganze Reihe von Patchwork-Familien, die sich einen Weihnachtsmann leisteten, er hat auch ein lesbisches Pärchen beschert und eine junge türkische Familie, die jedoch nur aus Frauen bestand, Männer waren gar nicht zugegen. Zwei junge Frauen, ein Kind, ein kleiner Baum.

»Ich glaube, ich hab mich ein bisschen verliebt!«

Ich verstehe ihn nicht: »In wen?«

»In die junge Türkin, sie war etwa so alt wie ich und sie studiert. Hat sie jedenfalls gesagt. Ihre Schwester lebt allein mit dem Kind.«

»Hat sie dir Hoffnung gemacht?«

»Wenn ich sie wiedersehen will, soll ich Silvester ins ›Maria am Ostbahnhof‹ kommen, das ist ein Club.«

»Kenne ich!« Allerdings ist es über fünfzehn Jahre her, dass ich in dem Laden war.

»Und wirst du hinfahren?«

»Na, klar, die ist irgendwie ganz schön drin in meinem Kopf.«

»Liebe auf den ersten Blick?«

»Weiß nicht, vielleicht eher Verwandtschaft, Seelenverwandtschaft auf den ersten Blick.«

»Und jetzt fährst du zu deinen Eltern?«

»Zu meiner Mutter, meine Eltern haben sich vor ein paar Jahren getrennt. Und seitdem feiere ich mit meiner Mutter und meiner Schwester. Meinen Vater sehe ich dann immer am ersten Weihnachtsfeiertag.«

Ich drücke ihm die Daumen, dass sie kommt.

In Hannover nehme ich den nächsten Zug zurück nach Berlin. Ich will jetzt nach Hause. Der angekündigte ICE fällt aus, stattdessen fährt ein älterer IC ein, der keinen Speisewagen mit sich führt. »Meine sehr verehrten Damen und Herren, wir haben für Sie in diesem Ersatzzug einen Notverkauf organisiert, der sich in Wagen 27 befindet. Wir würden uns sehr freuen, wenn Sie uns dort besuchen würden!«

Der Notverkauf befindet sich in einem plüschig-staubigen Abteil der 1. Klasse. Vier Kisten Beck's Bier sind in die Gepäckablage geschoben worden, zwei weitere stehen auf den Sitzen. Es gibt noch Kaffee und Tee. Das Bier ist nicht gekühlt, dennoch nehme ich eine Flasche und setze mich in ein Abteil, in dem bereits eine junge Frau sitzt. Ich wünsche ihr frohe Weihnachten, sie dankt, lächelt, erwidert den Wunsch aber nicht. Eine leere Flasche Bier steht vor ihr.

»Darf ich Sie zu einem Bier einladen?« Sie schüttelt den Kopf: »Danke, ich bin bedient!«

»Mit Alkohol oder von Weihnachten?«

»Ich nehm doch noch ein Bier!«

Der Notverkäufer sitzt noch immer in seinem Abteil. Er liest Zeitung. Das Bier ist auch nicht kühler geworden.

Wir prosten uns zu. Sie stellt sich als Britta vor. Aus ihrem Rucksack schaut ein kleiner Tiger hervor. Sie trägt ein Unterlippenpiercing, sie kommt aus Bremen.

»Mein Freund hat gleich gesagt, bleib in Berlin, aber ich war Weihnachten bei meiner Mutter.«

»Ist Ihr Freund vielleicht Weihnachtsmann?«

»Nein, wie kommen Sie denn da drauf?

Ich erzählte ihr von meiner Begegnung auf der Hinfahrt.

»Nein, mein Freund ist Berliner und er hat gleich gesagt, dass es Streit gibt und dass ich lieber mit seiner Familie feiern solle.«

»Und es hat Streit gegeben?«

»Nicht direkt, na ja, ein bisschen, aber eigentlich nicht wirklich. Meine Mutter hat einen neuen Lebensgefährten und ich find den einfach total blöd. Der wählt FDP, der trinkt und raucht nicht und ist Vegetarier. Ich hab noch nie so einen langweiligen Typen kennengelernt. Bei uns hat es immer Gänsebraten zu Weihnachten gegeben und der hat meine Mutter dazu gebracht, einen Pilzbraten mit ihr zu essen. Und als ich den dann nicht mochte, hat meine Mutter so ein bisschen genervt. Der Typ tat zwar ganz verständnisvoll, aber in Wirklichkeit war er schwer beleidigt, weil er sich mit dem Braten und der Sauce so eine Mühe gemacht hat.«

»Wie alt ist er?«

»Wer?«

»Der Pilzbraten-Typ!«

»Vierundvierzig!«

Ich verstummte. Der Typ war mein Jahrgang. Die Studentin könnte meine Tochter sein. Warum vergesse ich im Gespräch mit wirklich jungen Leuten, wie alt ich schon bin? Warum denke ich, wenn ich mich mit Studenten unterhalte, dass ich erst gestern mein Studium beendet habe?

Sie fragt, was ich denn so mache. Ich erzähle ihr,

dass ich die Piraten-Partei gewählt hätte und dass sich zu Weihnachten mein Tisch unter der Last der Braten biege. Ich hoffe, sie will es nicht genauer wissen.

Ich trinke mein lauwarmes Bier und lehne die Stirn gegen die Scheibe, sie drückt sich die Knöpfe eines iPods ins Ohr.

Kurz vor Berlin bekommt sie eine SMS. Ihr Freund wird am Bahnhof sein.

Wir fahren ein. Da steht er. Lacht.

Ich gehe vom Hauptbahnhof nach Hause. Im stockdunklen Tiergarten kommt mir ein Weihnachtsmann auf einem Fahrrad entgegen. Er schlingert auffällig. Als er mich sieht, ruft er »Ho Ho Ho! Frohe Weihnachten! Und Liebe auf Erden.« Weg ist er. Am Potsdamer Platz ist auch nichts los. Die Staatsbibliothek liegt wie eine ausgeglühte Kathedrale am Weg. Auf der Hauptstraße sind die Döner-Imbisse geöffnet. Ein Türke bedient mit einer roten Zipfelmütze. Unter meinen Füßen knirscht der Splitt. An der zugigen Kurfürstenstraße stehen ein paar Prostituierte, junge Mädchen, blass, mit kleinen Handtäschchen.

Ich denke an meinen ersten Einsatz als Weihnachtsmann in Schöneberg zurück. Es war Heiligabend 1990. Bei meinem letzten Besuch bescherte ich in einer Familie, deren Familienverhältnisse für mich schwer zu durchschauen waren. Um zwei schmale, spuckblasse Kinder gruppierte sich eine Gruppe von Erwachsenen, Frauen und Männern, die allesamt – sagen wir mal – sehr beleibt waren. Ich kam verspätet, weil ich noch unerfahren war und jeder Termin länger gedauert hatte als geplant. Trotzdem war diese Familie nicht ungeduldig, ich hörte kein böses Wort. Ich bescherte die beiden Kinder, die mit müden, jedoch glänzenden Augen alles brav über sich ergehen ließen. Durch meine beschlagene Brille warf ich einen Blick auf den Wohnzimmertisch, der von Bier- und Sektflaschen überquoll. Im Schutz eines mächtigen weißen Bartes und unter meiner roten Kapuze konnte ich mir solche Studien leicht erlauben. Als die Bescherung vorbei war und ich mein goldenes Buch zugeklappt hatte, bot mir die Mutter der beiden Kinder einen Schnaps an und da es mein letzter Termin war, stimmte ich zu. Alle hoben das Glas und tranken auf mich und auf den Frieden. Der sogenannte Zweite Golfkrieg gegen den Irak stand kurz bevor und es hatte in Berlin eine Reihe von Friedensdemonstrationen gegeben. Ein zweites Glas lehnte ich ab, ebenso die Einladung mitzufeiern. Die ebenfalls sehr üppige Mutter begleitete mich ins Treppenhaus, wo sie mir das Geld zustecken wollte. Wir gingen zusammen eine Treppe hinab, denn die Familie bewohnte offenbar zwei Wohnungen in dem Haus. Sie bat mich in die andere Wohnung. Dann ging sie ins Schlafzimmer, ich folgte und lüftete, weil mir so heiß war, meinen Bart und streifte die Kapuze ab. Sie gab mir großzügig sechzig Mark. Dann griff sie meine rechte Hand, legte sie auf eine ihrer beträchtlichen und angenehm warmen Brüste und hauchte mir »Frieden« hinters Ohr.

Ehe ich eine grundsätzliche Einstellung zu der Situation, die mich völlig überforderte, finden konnte, schob sie mich zur Tür und ließ mich hinaus. Sie schloss die Tür ab und ging nach oben. Sie blieb noch einmal stehen und drehte sich zu mir um. Die Zeitschaltuhr tickte laut, dann seufzte sie einen weiteren Kuss in die Luft und ließ noch einmal das Wort Frieden wie eine weiße Taube aufsteigen. Ich blieb am Fuß der Treppe einen Moment stehen. Ich hörte, wie sich oben die Tür schloss, das Licht ging aus. Ich zog meinen Bart wieder zurecht, stülpte die Kapuze über und fuhr mit dem Rad heim.

Rettet den Speisewagen!

Es war ein merkwürdiges Jahr im Speisewagen. Anders als die anderen Reisenden, die ich unterwegs traf, lag mein Ziel nicht außerhalb des Speisewagens, sondern in ihm, im Bordrestaurant. Das Unterwegssein selbst war meine Aufgabe, mein Ziel. Aber nicht um die Bewegung abzuzeichnen, um die Bewegung selbst zu protokollieren, sondern um die Menschen und ihre bewegenden Geschichten an diesem bewegten Ort zu treffen. Und: Ich war nicht als Restauranttester unterwegs, sondern als Geschichtensammler, als Ethnologe des Alltags, als einer, der in den Ort Speisewagen verliebt ist und deshalb Lust hatte, mit diesem Ort eine dauerhafte Beziehung einzugehen.

Merkwürdig war dieses Jahr für mich also deshalb, weil ich beruflich aus den üblichen Zeitumlaufbahnen heraustrat, weil ich nicht möglichst schnell von A nach B kommen wollte, sondern zwischen A und B möglichst viel bewegtes Leben einfangen wollte. Dabei traf ich oft auf Menschen, die die Zeit zwischen A und B als Qual empfanden, die die Zeit zwischen A und B möglichst schnell hinter sich bringen wollten oder die die Zeit zwischen A und B möglichst sinnvoll ausfüllen wollten, was im Regelfall bedeutete, dass sie ihre Haus- und Büroarbeit im Zug erledigten. Sofern sie diese pragmatischen Tätigkeiten in den Speisewagen verlagerten, degradierten sie ihn zur Kantine oder

368

zum Büro mit Lebensmittelversorgung. Ich selbst gehörte zeitweilig zu dieser emsigen Klasse, weil ich ja auch im Speisewagen arbeitete, aber andererseits war ich um vieles von ihnen entfernt, weil ich in zahlreichen Gesprächen meine Ich-Festung verließ, weil ich die Geschichten hinter den Alltagsgesichtern und den aktuellen Zeitzumutungen einsammelte und weil ich ein Lob auf das Innehalten und das dialogische Fremdgehen singen wollte. Je länger ich den Speisewagen studierte, desto klarer wurde, dass die aktenfressenden Autisten die Substanz des Speisewagens bedrohen. Sie können von ihrer Arbeit nicht lassen, sie wollen nicht abgelenkt werden, sie schätzen keine fachfremden Gespräche, sie hassen es, wenn die Zeit ihre eigenwilligen Wege geht. Kurzum – sie sind für die Poesie des Speisewagens und seine transzendierende Kraft verloren.

Mein Jahr im Speisewagen verging wie im Flug oder besser wie im Zuge. Es fing im Januar 2009 am Berliner Hauptbahnhof an, es lag Schnee, und es endet jetzt im Januar 2010 und es liegt wieder fleckiger Schnee, der an den Enden der Bahnsteige zusammengeschoben wird. Gerade noch steht unser Weihnachtsbaum und ich habe das Gefühl, noch nie so sehr von der Zeit übers Ohr gehauen worden zu sein. Wo sind die Tage? Andererseits gab es Stunden und Augenblicke in diesem Jahr, wo ich am glücklichsten war, wenn ich im Zug, am Bahnhof oder im Speisewagen die völlige Loslösung vom Alltag und seinen Zeitzwängen spürte oder mir zumindest einbildete, die Zeit übertölpelt zu haben. Aber natürlich kann man die Zeit nicht überlisten, man kann – im besten Fall – ihr Vergehen wie einen leichten Rausch erleben, man kann vollkommen unempfindlich für sie werden oder man kann die Kostbarkeit eines Augenblicks ausschöpfen, während ringsum alle anderen die verstreichende Zeit nur als Last ansehen. Schon jetzt spüre ich, dass mir dieses Jahr fehlen wird, dass ich nie wieder derart selbstbestimmt und fremdgestimmt durch das Land und mein Leben fahren werde. Die längsten Gespräche in diesem Jahr habe ich im Speisewagen geführt. Und wo werden überhaupt noch lange Gespräche geführt? Im Speisewagen entfällt vieles, was uns im Alltag am Sprechen und Zuhören hindert, und wenn man ein anregendes Gespräch führt, empfindet man die Fahrtdauer geradezu als Geschenk. Ja, im Speisewagen kann man sogar aus Verspätungen noch Kapital schlagen, weil man sie nie allein erleidet, sondern weil man sie teilen kann, weil man – im Gegensatz zum Stau auf der Autobahn – das Warten miteinander erleben und es in einen größeren Zusammenhang einordnen kann, weil man bereit ist, die Konventionen über Bord zu werfen.

Der Speisewagen ist übrigens in Gefahr. Ich meine hier nicht die betriebswirtschaftliche Basis seiner Existenz, die trotz leicht wachsender Umsätze im letzten Jahr stets brüchig bleiben wird. Nur etwa zwölf Prozent aller Fernreisenden leisten sich etwas aus dem Speisewagen, zumeist Snacks oder ein Getränk aus dem Bordbistro, und tatsächlich nur ein Prozent aller Reisenden nimmt im Bordrestaurant ein sogenanntes

Hauptgericht zu sich. Doch es ist nicht der fehlende Umsatz, sondern unser Verhalten, das den Speisewagen gefährdet. Der Speisewagen eröffnet uns, wenn wir dazu bereit sind, eine großartige Chance, denn wir können in ihm nicht nur Gast, sondern auch Gastgeber sein. Wer allein an einem Vierertisch sitzt, hat noch drei Plätze zu vergeben. Er oder sie kann jemanden, der platzsuchend durch den Speisewagen geht, einladen, sich zu setzen. Das setzt eine gewisse Aktivität und Aufmerksamkeit auf beiden Seiten voraus. Das ist nicht nur eine Frage der Etikette, der Höflichkeit oder des Stils, das zielt mittenmang auf die Frage, wie wir leben wollen. Wollen wir, können wir etwas miteinander teilen, etwas zusammen schaffen, was ohne dieses Miteinander nicht entstünde, oder wollen wir uns monadisch und rücksichtslos durchs Leben bringen und dabei stets auf den besten Platz und den eigenen Vorteil bedacht sein? Der Speisewagen lebt eigentlich nur da, wo eine gastliche Atmosphäre durch geselliges Miteinander entsteht. Und Geselligkeit entsteht nur dort, wo sich Menschen aufeinander zu bewegen, anstatt sich voneinander abzuschotten. Es gibt Reisende, die es schaffen, einen Vierertisch im Speisewagen durch abweisende Gesten, eingelagertes Gepäck und verstreute Utensilien in einen Einzelplatz zu verwandeln, der vor Feindseligkeit oder Gleichgültigkeit starrt.

Vielleicht sind die Bahnstrecken, die man in Deutschland miteinander teilt, zu kurz, um es ins Bewusstsein zu heben, aber tatsächlich teilen wir ein Stück unseres Lebensweges mit den Mitreisenden, ob

371

wir wollen oder nicht. Der Komfort, von dem die Dienstleistungsgesellschaft immer so gerne schwätzt und schwafelt, entsteht nicht dort, wo sich alle Bedürfnisse und Wünsche in Konsum verwandeln, wo man alles gegen Geld an seinen Platz ordern kann, sondern Komfort hat etwas mit Empathie zu tun, mit der Fähigkeit, sich in die Lage des anderen zu versetzen. Komfort ist das Gefühl, willkommen zu sein, Komfort ist die Empfindung, nicht als Last begriffen und empfangen zu werden, Komfort ist eine aggressionsfreie Atmosphäre, Komfort ist ein barrierefreies Füreinander und eine wache Großzügigkeit des Herzens. Wenn man in die Herkunfts- und Bedeutungsgeschichte des Wortes Komfort hinabsteigt, dann entdeckt man, dass es in älteren englischen und lateinischen Schichten auch »Trost« und »Stärkung« bedeutete. Der Komfort des Speisewagens ist also der Trost, den er spenden, das tröstliche Miteinander, das man in ihm finden kann. Es kann ungemein trostreich sein, jemand Fremden sein Leid zu klagen, manchmal hilft ein Glas Wein, ein Lächeln, manchmal die vibrierende Bewegung des Zuges, die den Reisenden in einen meditativen Zustand versetzt, manchmal tröstet es auch, wenn wir im Speisewagen noch einen Platz finden.

Aber die Ungeduld, dieses widerlich vielköpfige Ungeheuer, ist gewachsen und gefräßig. Der Kunde, der ein teures Ticket gekauft hat, erwartet eine schnelle und freundliche Bedienung, das Selbstbewusstsein des Kunden überhaupt ist gestiegen, manchmal bis zur kalten herrischen Art. Der Kunde ist König, aber dort, wo jeder König sein will, tyrannisieren sich die Untertanen. Andererseits bleibt den Stewards durch die Veränderung der Arbeitsabläufe und die rigorose Reduzierung des Personals immer weniger Zeit, sich dem Gast freundlich zuzuwenden. Da hilft es nicht, wenn man den Mitarbeitern eine Servicementalität anerzieht, Sprechweisen der Gastfreundschaft und Dienstfertigkeit einführt und den Kunden zum Genuss ermuntert. In einer Gesellschaft, die zu permanenter innerer und äußerer Mobilität aufruft, findet kaum noch jemand Zeit, sich und uns Zeit zu schenken. Das wäre mal ein Luxus! Doch wir haben das Warten verlernt. Nicht nur weil wir wissen, dass das Essen im Speisewagen nur erwärmt, keineswegs jedoch gekocht wird, sondern weil wir das Warten an sich als Betrug an unserer Lebensgestaltung verstehen. Daher rührt auch die Hysterie mancher Reisender, wenn eine Verspätung ausgerufen wird, womit ich keineswegs sagen will, dass Verspätungen nicht sehr ärgerlich sein können. Aber die Klage über die angeblich permanente Unpünktlichkeit der Bahn hat auch etwas mit der Beschleunigung unserer Gesellschaft und unseres Lebens zu tun. Es geht nicht nur um Pünktlichkeit im engeren Sinne, sondern um das Gefühl, vom Leben abgehängt zu werden. Doch wer zu schnell lebt, zahlt mit Lebendigkeit. Dass andere Verkehrsmittel auch ständig Verspätungen produzieren, dass etwa das Auto jedes Jahr ein paar tausend Tote verantwortet, scheint dagegen kaum jemanden aufzuregen. Geschwindigkeit zählt. Die Autobahnopfer jedoch werden individuell gebracht, betrauert und verarbeitet, aber kollektiv kaum beklagt.

Im Speisewagen ist die Atemnot unseres Lebens, der kollektive Druck im Nacken zum Teil mit den Händen zu greifen. Der Kellner, begrifflich zum Restaurant-Steward aufgemotzt, wird durch die Ökonomisierung zum Laufburschen, der hin und her eilt, während der Kunde, der in seiner Arbeitswelt ebenfalls zum Laufburschen mutiert ist, im Speisewagen Behaglichkeit sucht, aber oft nur Hetze findet und fördert. Die Momente der Entspannung schrumpfen, obwohl der Speisewagen ja gerade ein Entspannungsraum sein soll. Dort sieht Entspannung aber oft so aus, dass ein Mann (selten eine Frau) mit einem Hefeweizen vor einem Laptop sitzt und in Gesellschaft einer Schaumkrone Businesspläne schreibt oder Kalkulationen aufstellt. Das Knistern des Bierschaums und das Klappern der Tastatur scheinen das einzige Gespräch, das die Laufburschen des Laptops noch führen. Einmal saß ich neben so einem Mann, der sich wie ein Aktenwolf durch einen Stapel von Korrespondenz fraß, jedes Blatt säuberlich zweimal horizontal und vertikal zerriss und es dann auf einen Stapel von Schnipseln legte. Nebenbei beantwortete er Mails und telefonierte. Endlich, als alles erledigt war, rief er den Steward und ließ den Abfall wegtragen.

Eines Tages, ich kam von einer Fahrt nach Frankfurt zurück, traf ich meine Kinder zu Hause vor dem Fernseher. Sie sahen im »KiKa« eine Verfilmung von Michael Endes Jugendbuch »Momo«. Die Geschichte ist bekannt. Ein kleines, schwarzstrubbeliges Mädchen namens Momo, die über das Talent verfügt, gut zuhören und trösten zu können, nimmt den Kampf mit den grauen Herren auf, Zeitdieben, die die Menschen um ihre Lebenszeit betrügen, die den Menschen den kostbaren, den satten Augenblick stehlen und ihnen eine Zukunft versprechen, die nie kommt. Diese grauen Herren, die im Gesicht wirklich grau sind, graue Anzüge tragen und stets Zigarren aus getrockneter Zeit rauchen, habe ich unterwegs oft angetroffen. Die Geschichte, dachte ich, ist aktueller denn je. Aber die grauen Herren sind heute nicht mehr so leicht zu erkennen, sie sind nicht einfach die anderen, wir selbst tragen alle einen grauen Herren oder eine graue Dame in uns.

Ist Grau eigentlich eine Farbe? Warum ist der ICE grau? Warum sind die meisten neuen Bahnhöfe grau? Ist es eigentlich Zufall, dass die Brieftauben, die frühen Telegraphen der Lüfte, grau sind? Warum herrscht das Graue zumeist dort, wo man uns Effizienz, Geschwindigkeit, Modernität und höchste Produktivität verspricht? Mein eigener Laptop ist grau und ich habe manchen Reisenden gesehen, der hinter seinem aufgeklappten digitalen Freund genauso grau aussah wie ich. Im Speisewagen jedoch findet man noch Menschen, die es sich erlauben, die Zeit zu vertrödeln, die die Landschaft trinken, Menschen, die sich auf fremde Menschen einlassen, die Lust auf ein Schwätzchen haben oder ein langes, bohrendes Gespräch, Menschen, die dickleibige Bücher lesen oder zur Mittagszeit ein Glas Wein trinken und dabei vor sich hin summen. Es gab kaum ein Thema, über das ich mich bei meinen Fahrten nicht unterhalten hätte. Ist David Foster

Wallace wirklich ein so bedeutender Autor, ist sein Roman »Unendlicher Spaß« wirklich ein so epochemachendes Buch? Ist Gott nicht unser größtes Unglück? Warum müssen wir uns mit Hämorrhoiden auseinandersetzen? Warum laufen wir Marathon? Ist Sex im Freien überschätzt? Was können wir von Kindern lernen? Ist Werder Bremen in der Lage, die Meisterschaft zu gewinnen? Wie kocht man eine gute Kartoffelsuppe? Wird die DDR zu Unrecht verteufelt? Kann Präsident Barack Obama sein Land aus der Isolation herausführen? Ist der Krieg in Afghanistan legitim? Taugt die Verfilmung der »Wilden Kerle« etwas? Sind Pferde die schönsten Tiere der Welt? Dürfen wir Tiere töten? Hängt die Dauer einer Ehe vom Vorhandensein zweier Bäder und getrennter Schlafräume ab?

Ich habe meinen Gesprächspartnern in der Regel nicht gesagt, dass ich ein Buch über die Begegnungen im Speisewagen schreibe, dass ich ihre Geschichten erzählen möchte. Am Anfang meiner Fahrten habe ich es das ein oder andere Mal gemacht, aber es veränderte zuverlässig die Situation und die Gesprächsatmosphäre. Dabei war es keineswegs so, dass mein Gegenüber dann sofort einsilbiger oder verschlossener geworden wäre. Bei nicht wenigen Reisenden löste meine Offenbarung sogar das Gegenteil aus: Sie präsentierten sich, sie spreizten sich, sie veränderten ihr Wesen, sie wollten gesehen werden, und ich kam mir plötzlich wie ein Medium vor, das ihr Bild in die Welt hinausträgt. Man merkt, dass es viele Menschen mittlerweile gewohnt sind, sich im Internet zu präsentieren, dass viele sich ein Image zurechtbasteln, mit dem sie sowohl im Freundeskreis als auch in einer Öffentlichkeit wahrgenommen werden wollen. Heute ist die eigene Selbstwahrnehmung sehr davon geprägt, wie man Aufmerksamkeit erzielen, wie man sich selbst in den Augen der anderen kreieren kann, und dabei verschwimmen Kategorien wie privat und öffentlich. Ich wollte möglichst ungeschminkt, in möglichst wenig durch Selbstinszenierungen geprägter Weise mit meinen Mitreisenden sprechen und daher verzichtete ich darauf, mich als professionellen Geschichtensammler vorzustellen.

Um die Intimsphäre meiner Gesprächspartner nicht zu verletzten, um sie nicht da in die Öffentlichkeit zu zerren, wo sie glaubten, ganz privat zu sein, habe ich jede Biographie verändert, jede Geschichte bearbeitet, jedes Schicksal absichtsvoll entstellt. Aus Männern wurden Frauen und umgekehrt, Städte wurden zu Dörfern, ein junger Mann alterte rapide oder eine alte Frau verjüngte sich unversehens. Ich schreckte vor kaum einer Veränderung zurück, ohne jedoch hoffentlich die Integrität, die Idee, den Kern einer Geschichte zu verletzen. Ich habe nichts erfunden, sondern Erfahrungen und Erlebnisse miteinander ins Gespräch gebracht. Die Menschen, die ich traf, sollen sich noch erkennen können, aber von anderen sollen sie nicht erkannt werden. Ich habe mir die Freiheit genommen, die Zeit zu dehnen oder zu stauchen, ich habe entlegene Ereignisse zusammengeführt, und wenn ich an einem Tag zweimal zwischen Hamburg und Berlin oder Leipzig und Berlin hin- und herfuhr, dann legte ich diese Fahrten übereinander wie Klarsichtfolien. Ich zog dramaturgische Linien und Bögen, um den Erlebnissen eine Form und Spannung zu geben, denn das Leben ist zwar immer dramatischer als die Kunst, aber eben auch formloser, weshalb auch die ungeheuerlichsten Geschichten Gestalt und Gestaltung brauchen, um beim Leser anzukommen.

Mit zunehmender Dauer meines Projekts verzichtete ich darauf, meinen Laptop mit in den Speisewagen zu nehmen. Ein kleines Notizbuch tat es fürs Erste auch, Beobachtungen, Details, Impressionen und kurze Sätze notierte ich sofort. Lange Gespräche und Begegnungen schrieb ich anschließend gleich an meinem Platz in meinen Laptop, um möglichst nah und frisch das Erlebte zu verarbeiten. Manchmal ließ ich eine Geschichte auch liegen, machte keine Notizen und vertraute darauf, dass das, was wichtig sei, in meinem Kopf bliebe oder von mir unbewusst so umgestaltet würde, dass ich es selbst nicht merkte. Es fiel mir nicht immer leicht, jemanden anzusprechen: Manchmal musste ich meine Schüchternheit niederkämpfen, manchmal meine Antipathien besiegen, manchmal war es schwer, einen Schlüsselsatz zu finden, der das Gespräch öffnete. Die erstaunlichsten Momente waren solche, wenn ich unvermittelt mit Menschen ins Gespräch kam, die ich sonst nie angesprochen hätte, weil ich sie in die Kategorie *Wenig vielversprechend* oder *langweilig* gesteckt hätte. Wie borniert man oft durchs Leben rennt, wie sehr man sich oft selbst beraubt, weil einem die Phantasie fehlt, dem Gegenüber ein reiches Leben zuzutrauen, hat mich der Speisewagen gelehrt.

Am Anfang war ich, glaube ich, zu hastig, ich fürchtete, nicht genügend Geschichten zu finden und forcierte daher Gespräche, wo es besser gewesen wäre, zu warten. Ich musste lernen, Pausen zu setzen, bestimmte, dem Gespräch günstige Momente abzuwarten, ich musste lernen, auch einmal die anderen kommen zu lassen, ich musste meinen Auftrag vergessen, mich entspannen und einfach wach bleiben. Wenn ich selbst gelöst war, beschwingt und zufrieden, kamen die Geschichten mehr oder weniger von selbst auf mich zu. Ich lernte das Warten, und manchmal war ich verrückt genug, mich für den glücklichsten Menschen auf der Welt zu halten, weil ich kein festes Ziel hatte, weil ich mich gemächlich durch Raum und Zeit bewegen konnte und weil es nichts Wichtigeres gab, als die Leben der anderen.

Manche Geschichte habe ich nicht in dieses Buch genommen, weil sie mir zu privat oder zu klischiert erschien. Auf einer Fahrt etwa flirtete ich mit einer Frau, die einen Blinden begleitete, und ich wusste bis zuletzt nicht, ob sie verheiratet waren oder in einer anderen Beziehung zueinander standen. Ich brach den Augenkontakt, der sehr beredt war, ab, auch weil ich dem Leben misstraute und dachte, was sich wie ein Film anfühlt, kann doch nicht echt sein.

Ein Kapitel, das ich unter der Überschrift »Jena Paradies« schreiben wollte, blieb ungeschrieben, weil nicht das passierte, was ich erwartet hatte. Ganz vernarrt in den Namen des Bahnhofs dachte ich, es müssten sich auch Geschichten dazu finden lassen, doch das Einzige, was auf dem Weg nach Jena geschah, war der Diebstahl meines Portemonnaies. Gerade als ich in Jena aussteigen wollte, mein Fuß schon den Bahnsteig berührte, merkte ich beim kontrollierenden Wühlen in den Hosentaschen, dass die Börse mit allen Papieren, unter anderem auch meiner Mobility Bahncard 100, verschwunden war. Ich hetzte zurück in den Zug, durchsuchte fieberhaft alles, ermittelte in meiner Erinnerung zwar noch den Dieb, erfuhr aber von der Schaffnerin, die ihn auch verdächtig fand, dass er bereits in Leipzig ausgestiegen war. Immerhin wölbte sich ein tröstlicher Regenbogen über Jena Paradies, als ich dort das zweite Mal ausstieg, das war auch schon alles, was dieser Bahnhof mir an Erlebnissen bescherte.

Auch die Geschichte eines Mannes, dessen Ehe daran scheiterte, dass Kinder ausblieben, sparte ich aus, weil der Mann (vielleicht war es auch eine Frau?) zu kummervoll war und ich die Geschichte nicht aufs Papier brachte. Sie war so kompliziert, so verästelt, so von medizinischen Diskursen geprägt, dass sie nicht in ein Kapitel gepasst hätte.

Bisweilen musste ich an das Gedicht »Augen in der Großstadt« von Kurt Tucholsky denken, wo es heißt:

Zwei fremde Augen, ein kurzer Blick,
Die Braue, Pupillen, die Lider –
Was war das? Vielleicht dein Lebensglück …
Vorbei, verweht, nie wieder.

Man verliebt sich in das Fremde, weil es fremd ist und weil im Fremden eine Welt aufscheint, in die man gerne eintauchen würde, weil man des eigenen Ichs müde ist, weil man die kleine Welt, in der man lebt, schon zu kennen glaubt. Jeder kennt dieses Gefühl, in sein Leben eingesperrt zu sein beziehungsweise zu viele andere Leben, die vorstellbar wären, nicht leben zu können. Aber die Erotik der Fremde funktioniert eben nur auf Distanz, in Bewegung, im raschen Aneinandervorbei. In diesem Sinne wollte ich im Speisewagen fremdfahren, fremde Wege gehen, sehen, wie andere ihr Ich als Biographie auf die Tischdecke kritzeln.

Ich bin immer noch in den Speisewagen verliebt, und er fehlt mir schon jetzt. Die Rendite des Speisewagens kann man nicht in Zahlen ausdrücken, weil er selbst denen etwas gibt, die ihn gar nicht aufsuchen. Dass ein Zug einen Speisewagen mit sich führt, weitet den Platz, an dem man sitzt, fühlbar aus, denn die Stärkung, die er verspricht, kann uns in vielfacher Hinsicht zuteilwerden: als Genuss, als Gespräch, als Schule der Geduld, als Obdach. Der Speisewagen ist ein Roman, den man lesen kann, wenn man sein Buch vergessen hat. Ich hoffe, es wird den Speisewagen noch geben, wenn ich mit meinen Enkeln ins Abenteuerland des Speisewagens aufbreche, und ich hoffe, es gibt dann noch ein paar gleichgesinnte Mitreisende, die sich lieber mit mir als mit ihrem Laptop unterhalten.

Der Speisewagen ist genauso vom Aussterben bedroht wie manche Tierart, aber wir retten ihn nicht, indem wir ihn unter Naturschutz stellen oder der Bahn politisch eine Bestandsgarantie abhandeln. Der Speisewagen als öffentlicher Raum lebt gerade von Tugenden wie Zivilität, Einfühlsamkeit, Zuhören, Abenteuerlust, Gastfreundschaft, Geduld, Hilfsbereitschaft, Nachdenklichkeit, Empfindsamkeit, Interesse, Dialogbereitschaft und Toleranz. Wenn wir jedoch diese Tugenden nicht pflegen und wertschätzen, sterben vor dem Speisewagen die Gäste, die ihn besuchen könnten. Der Speisewagen, so wie ich ihn beschrieben habe, ist keine Utopie, kein frommer Traum. Ich habe ihn nicht immer gefunden, aber doch oft. Gönnen Sie sich den Speisewagen, wenn Sie mal wieder Gelegenheit dazu haben. Sie werden den Speisewagen, so wie ich ihn beschrieben habe, nur finden, wenn Sie Ihr Leben ins Spiel bringen.

Es war ein *merk-würdiges* Jahr. Ein kostbares, ein glückliches und reiches Jahr im Speisewagen.

Danksagung

Ich möchte all denen danken, die Lust hatten, sich mit mir im Speisewagen zu unterhalten. Ohne ihre Bereitschaft, sich Zeit zu nehmen, sich zu öffnen und einem Fremden ihre Geschichte zu schenken, hätte dieses Buch nicht geschrieben werden können. Ich habe mich bemüht, diskret zu sein, obwohl ich etwas erzähle, was nur für mich bestimmt war. Dank auch an die Freunde, mit denen ich über das Manuskript gesprochen habe. Anregungen, Hinweise und manch schöne Beobachtung haben Franz und Matthias Vitt, Christina Heinen, Hans Joachim von Gottberg, Barbara Weinert, Detlef Mangler, Nancy Krahlisch, Andrea Schwarz, Dieter Anschlag, Stephan Fugel, Christopher Langer, Werner Ettl, Martin Regenbrecht, Christa und Johannes Körner, Fritz Wolf, Monika Wojtyllo, Matthias Struch und Mai Horlemann geliefert. Wer hier vergessen wurde, bringe sich bitte bei mir in Erinnerung.

Ein besonderer Dank geht an meinen Verleger Jörg Bong, der das Projekt von Anfang an mit beherzter Großzügigkeit förderte, ebenso danke ich dem Programmleiter Sachbuch Felix Rudloff, der mich ermutigte, das Buch zu einem unerwarteten Zeitpunkt zu beginnen, stets regen Anteil nahm, mich auf einer langen Fahrt begleitete und sich dabei als Bahnkenner furchterregenden Ausmaßes entpuppte. Ebenso herzlich möchte ich mich bei meiner aufmerksamen, konditionsstarken und stets aufmunternden Lektorin Alexandra Kosian-Krishnabhakdi bedanken, bei der ich den Text immer in den besten Händen wusste. Danke auch an die Mitarbeiter im Verlag, die sich des Buches angenommen haben, Andrea Engen, Gisela Thomas und Bruno Back. Insgesamt ein großes Dankeschön an den Scherz-Verlag, der Sorgfalt walten lässt und weiß, dass es Zeit braucht, um etwas zu finden, das zu erzählen lohnt.